НИКОЛАЙ АЛЕКСАНДРОВИЧ БЕРДЯЕВ

ФИЛОСОФИЯ СВОБОДЫ

ORTHODOX LOGOS PUBLISHING

ФИЛОСОФИЯ СВОБОДЫ

Николай Александрович Бердяев

© 2025, Orthodox Logos Publishing, The Netherlands

www.orthodoxlogos.com

ISBN: 978-1-80484-198-3

This book is in copyright. No part of this publication may be reproduced, stored in a retrieval system or transmitted in any form or by any means without the prior permission in writing of the publisher, nor be otherwise circulated in any form of binding or cover other than that in which it is published without a similar condition, including this condition, being imposed on the subsequent purchaser.

НИКОЛАЙ АЛЕКСАНДРОВИЧ БЕРДЯЕВ

ФИЛОСОФИЯ СВОБОДЫ

ORTHODOX LOGOS PUBLISHING

СОДЕРЖАНИЕ

Вступление ... 7

Предисловие ... 10

Часть первая ... 13
Глава I. Философия и религия ... 14
Глава II. Вера и знание ... 45
Глава III. Гносеологическая проблема ... 85
Глава IV. Об онтологической гносеологии ... 122

Часть вторая ... 157
Глава V. Происхождение зла и смысл истории ... 158
  Введение ... 158
  1) О происхождении зла и грехе.
    О Троичности божества ... 164
  2) Об истории мира до ХристА.
    О Ветхом Завете и язычестве ... 190
  3) Христос и Новый Завет ... 198
  4) О христианской истории
    и историческом христианстве ... 205
  5) О третьем завете и его связи
    со смыслом истории ... 217
  Заключение.
  О страдании и ответственности ... 238

Глава VI. О христианской свободе ... 247

Приложение. Утонченная Фиваида ... 264

Примечания ... 292

Биография: Николай Александрович Бердяев ... 307

ВСТУПЛЕНИЕ

«Философия свободы» Николая Александровича Бердяева является одной из самых глубоких и значимых работ в русской философской традиции. Эта книга представляет собой уникальное размышление о свободе как о центральной категории человеческого существования, которая пронизывает все сферы бытия – от индивидуальной жизни человека до социальных, культурных и духовных процессов. Бердяев не ограничивается чисто теоретическим анализом свободы, а раскрывает её в контексте своей личной философии, наполненной экзистенциальными переживаниями и христианской этикой.

Для понимания этой книги необходимо учитывать исторический и культурный контекст её создания. Николай Бердяев родился в 1874 году в семье аристократов, что оказало влияние на его мировоззрение и культурные предпочтения. В юности он прошёл через этапы марксизма и революционного настроения, однако вскоре отказался от утопических идеалов и обратился к более глубоким философским и религиозным исканиям. Эта личная эволюция ярко отражается в «Философии свободы», где автор стремится найти ответы на фундаментальные вопросы человеческого бытия.

Бердяев рассматривает свободу как неотъемлемую сущность человека. По его мнению, свобода – это не просто отсутствие внешних ограничений, а духовная основа личности, через которую человек становится творцом своей судьбы. В своей работе он противопоставляет истинную свободу – свободу духа, свободное самоопределение – ложной свободе, подчинённой материальным и эгоистическим интересам. Такая интерпретация позволяет Бердяеву рассматривать свободу как ключевой элемент не только индивидуального, но и общественного прогресса.

Философ поднимает вопросы, которые звучат актуально и сегодня: как соединить свободу и ответственность? Как избежать деспотизма, возникающего из анархии? Какова роль Бога в человеческой свободе? Эти вопросы делают книгу глубоко личной и универсальной одновременно, что объясняет её популярность среди читателей разных эпох.

«Философия свободы» была написана в период интенсивного творчества Бердяева, когда он находился в активном поиске синтеза философских идей экзистенциализма, персонализма и христианства. Это делает книгу не просто философским трактатом, но и духовным путеводителем для тех, кто ищет ответы на сложные вопросы своего существования.

Если кто из вас думает быть мудрым в веке сем, тот будь безумным, чтоб быть мудрым. Ибо мудрость мира сего есть безумие пред Богом…

(1Кор.3:18–19)

ПРЕДИСЛОВИЕ

Заглавие этой книги требует разъяснения. Философия свободы не означает здесь исследования проблемы свободы как одной из проблем философии, свобода не означает здесь объекта. Философия свободы значит здесь – философия *свободных*, философия, исходящая из свободы, в противоположность философии рабов, философии, исходящей из необходимости, свобода означает состояние философствующего субъекта. Свободная философия есть философия религиозная, философия интуитивная, философия сынов, а не пасынков. Путь этой книги исходит из свободы в самом начале, а не приводит к свободе лишь в конце. Свободу нельзя ни из чего вывести, в ней можно лишь изначально пребывать. И божественную истину нельзя вывести, она открывается в блеске молнии, она целостно дана в откровении. Эта незыблемая, непоколебимая вера в то, что истина дана в мистическом восприятии, что нельзя двигаться, нельзя подниматься, не имея под собой твердыни божественного, не имея благодатной помощи, будучи оставленным и покинутым, от вселенской души отрезанным, определяет характер изложения этой книги. В ней сознательно проводится метод *исхождения*, а не *прихождения*, исхождения из того, что открылось, увиделось как свет, а не прихождения к тому, что еще не открылось, не увиделось и погружено в тьму. Путем этим шли все мыслители-мистики; шел, например, близкий мне по духу Франц Баадер. Христианская философия, или теософия, этой книги не претендует на «научность», но претендует на истинность. Претензия эта оправдывается тем, что истина не мною выдумана и открыта, ибо я исповедую религию Христа. Научность не есть ни единственный, ни последний критерий истинности.

В книге этой, думается мне, есть внутреннее единство и внутренняя последовательность, хотя и нет достаточного внешнего единства и внешней последовательности. Отдельные части этой книги писались в разное время и отрывками печатались в «Вопросах философии и психологии». Теперь отрывки эти переработаны, написаны новые части, и все претворилось в книгу, не систематическую, но отражающую цельное религиозно-философское миросозерцание и мирочувствие. Я был бы счастлив, если б книгой этой обострил в современном сознании ряд жгучих религиозно-философских проблем, особенно в сознании людей, вступивших на путь религиозно-мистический. Ныне не время созидания систем, законченных и обоснованных. Ныне религиозная философия должна быть выражением и творчеством жизни. Ныне парадоксальность философствования может быть верным отражением антиномичности религиозной жизни.

В основе «философии свободы» лежит деление на два типа мироощущения и мироотношения – *мистический* и *магический*. Мистика пребывает в сфере *свободы*, в ней – трансцендентный прорыв из необходимости естества в свободу божественной жизни. Магия еще пребывает в сфере *необходимости*, не выходит из заколдованности естества. Путь магический во всех областях легко становится путем *человекобожеским*. Путь же мистический должен быть путем *богочеловеческим*. Философия свободы есть философия богочеловечества.

Январь. 1911 года.

ЧАСТЬ ПЕРВАЯ

ГЛАВА I. ФИЛОСОФИЯ И РЕЛИГИЯ

В новые времена иссякает в господствующем сознании творческое дерзновение. Думают *о чем-то*, пишут *о чем-то*, но были времена, когда думали и писали *что-то*, когда было то, о чем теперь вспоминают, о чем пишут исследования. Наша эпоха потому, быть может, так «научна», что наука говорит *о чем-то*, а не *что-то*. Наука вообще, и частности историческая науки, дает превосходные исследования о религии, о мистике, о Пифагоре, например, или о бл. Августине. Но вот сам бл. Августин не был наукой, он был *что-то*, то, о чем пишут научные исследования. Мало кто уже дерзает писать так, как писали прежде, писать *что-то*, писать *свое*, свое не в смысле особенной оригинальности, а в смысле непосредственного обнаружения жизни, как то было в творениях бл. Августина, в писаниях мистиков, в книгах прежних философов. Великие учителя Церкви писали *что-то*, раскрывали жизненные тайны христианства, а теперь имеют смелость писать лишь об учителях Церкви, о их дерзновении. Сами не дерзают уже. Теперь пишут исследования о былых мистиках, о былых метафизиках, о Платоне, о Скотте Эригене, о Мейстере Эккерте, о Якове Беме и о св. Терезе. А сама мистика, сама метафизика, сам опыт религиозный? Не дерзают уже. Почтенно писать *об Эккерте*, *о Беме*, но неприлично писать то, что писал Эккерт или Беме, *так, как* Эккерт или Беме писали.

Мы стыдливо прячемся за исторические исследования *о чем-то*, боимся науки, которая требует, чтобы говорили лишь *о чем-то*. Когда обращаемся к прошлому, часто поражаемся творческому дерзновению наших предков: они дерзки *быть*, мы же потеряли смелость *быть*. Мы дерзаем обнаружить лишь свое *о чем-то* и не дерзаем быть *чем-то*. Нашу эпоху разъедает болезненная рефлексия, вечное сомнение в себе, в своих правах на обладание истиной, принижает нашу эпоху дряблость веры, слабость избрания, не осмеливаются слишком страстно и непоколебимо объясняться в любви к чему-то и к кому-то, мямлят, колеблются, боятся, оглядываются на себя и на соседей. Раздвоение и расслабление воли уничтожает возможность дерзновения. Духовная робость неизменно сопровождает слабость волевого избрания.

Все эти печальные симптомы так характерны для *критических эпох*. Лишь *органические* эпохи имеют дерзновение в вере, в любви, в избрании. Критические эпохи по преимуществу – *о чем-то*, органические эпохи по преимуществу – *что-то*. Неизбежный процесс дифференциации зашел слишком далеко, и на всех концах культуры зреет потребность в процессе интегрирующем, восстанавливающем органическую целостность. Великое значение Ницше для нашей эпохи в том и заключается, что он с неслыханной дерзостью решился сказать *что-то;* он нарушил этикет критической эпохи, пренебрег приличиями научного века, был *самой жизнью*, криком ее глубин, а не – *о жизни*. Прославленная научная добросовестность, научная скромность, научное самоограничение нашей эпохи слишком часто бывает лишь прикрытием слабости, робости, безволия в вере, влюбви, нерешительности избрания. Слишком много светских приличий и условностей, прикрывающих внутреннюю пустоту. Нет *чего-то* как сущности жизни, и потому считают приличным говорить лишь *о чем-то*, допускают лишь общеобязательную науку *о чем-то* в царстве безвольного, безлюбовного скептицизма, в царстве расслабленного безверия. Субъект и объект болезненно расщепились, и исчезло *что-то* – нумен, осталось лишь *о чем-то* – лишь феномен. Когда люди не имеют абсолютной, непоколебимой уверенности, то легче и лучше говорить и писать *о чем-то*, а не *что-то*, – меньше ответственности.

Могут сказать, что эпоха наша оскудела гениями и дарованиями и потому в ней все больше *о чем-то*, чем *что-то*. Нужен гений или огромный творческий дар, чтобы сказать *что-то*, сказать же *о чем-то* можно и при гораздо более скромных дарованиях. Где, скажут, в нашу эпоху Платоны, бл. Августины, Эккерты и им подобные? Выше своей головы не прыгнешь. Я думаю, что это обычное рассуждение в корне ложно. Наша эпоха страдает *волей к бездарности*, волевым отвращением от гениальности и даровитости. Эпохи бывают бездарны, бедны гениями по собственной вине, это грех людской, а не слепая случайность, обделившая данное время дарами свыше. И в нашу эпоху, как и во всякую, немало есть дарований, но они ложно направлены, они чахнут в атмосфере воли к бездарности. Прав Вейнингер, когда говорит, что в каждом человеке заложено начало гениальности и каждый может быть в иные минуты жизни гениальным. Должна быть *воля к гениальности*, а ее-то и нет. Да и не только гении и дарования, не только бл. Августины, Я.Беме и Платоны могут сказать *что-то*. Речь идет о качестве жизни, о направлении нуменальной воли, а не о количестве даровитости, не о великих только людях. Был бл. Августин, но ведь возможно то же нуменальное направление, что и у бл. Августина, то же качество жизни и без его гениальности. Лучше быть третьестепенным Августином, рядовым творцом *духа «чего-то»*, чем первостепенным провозвестником *духа «о чем-то»*. Это не право, не привилегия, а обязанность. Человек обязан быть дерзновенным, дерзновением воли стяжает он благодатные дары Духа. Когда он будет не один, когда Дух будет жить в нем, тогда отпадет человечески самолюбивый и суетный вопрос о размерах дарований. Человек имеет не право, а обязанность быть глашатаем высшей полноты истины, т. е. говорить он прежде всего должен *что-то*, а не только *о чем-то*. Дерзновение же дается лишь верой. Хомяков хорошо говорит о своей властной уверенности, о своем дерзновении, о своем непомерном притязании: «этим правом, этой силой, этой властью обязан я только счастью быть сыном Церкви, а вовсе не какой-либо личной моей силе. Говорю это смело и не без гордости, ибо неприлично относиться смиренно к тому, что дает Церковь»[1]. Церковь делает человека гениальным, обладателем Духа. И ложное смирение и самоограничение есть лишь слабость церковного самосознания и самочувствия. Все, что я скажу в этой книге, будет дерзающей попыткой сказать *«что-то»*, а не *«о чем-то»*, и дерзость свою я оправдываю так же, как оправдывал ее Хомяков. Я не чувствую себя покинутым в познании бытия, и гносеология моя не есть гносеология покинутости. Этим определяется и мой взгляд на соотношение философии и религии.

Все признают, что философия переживает тяжелый кризис, что философствующая мысль зашла в тупик, что для философии наступила эпоха эпигонства и упадка, что творчество философское иссякает. А наряду с этим возрождается интерес к философским проблемам, с новой силой ощущается потребность в философском пересмотре основ миросозерцания, вновь беспокоит вековечно-метафизическое. И почти нельзя уже встретить людей, которые верили бы в философию так, как верили в Греции, как верили в Германии в эпоху ее философского расцвета. Вера в философию подорвана. Последним подлинно верующим был Гегель, быть может, величайший из философов в собственном смысле этого слова. В гегельянстве философия дошла до самообожествления, гегельянство — невиданная гордыня отвлеченного философствующего разума. Гегель был величайшим и последним из гностиков-рационалистов. Вместо живого Бога поклонился Гегель своему философскому гнозису, отвлеченному своему разуму. И после того как философия была превращена Гегелем в идол, философия была свергнута, она пала так низко, как не падала еще никогда в истории человеческого самосознания. Материализм был Немезидой гегельянства, Божьей карой за грех идолосотворения и идолопоклонения. Потом пошел позитивизм, смягчивший грубости, крайности и нелепости материализма. Потом в той же классической философской стране Европы раздался клич «назад к Канту», и в разных формах неокантианства произошло как бы возрождение философской мысли. Германец опять зафилософствовал, стал писать бесконечные гносеологические трактаты, дошел в этом деле до большой утонченности. Но пафос философии был, по-видимому, безвозвратно утерян, философского эроса нет уже в современном неокантианстве. Движение это явно носит печать эпигонства и упадочности. Утерян центр, все раздробилось. Некоторые переходят от неокантианства к неофихтеанству. Намечается возможность и дальнейшего движения к неогегельянству. Но философская мысль этим путем не движется творчески вперед, не выходит из тупика. Неофихтеанство и неогегельянство легко может опять перейти в неоматериализм и неопозитивизм, и так до бесконечности. В конце концов все возможные типы и комбинации философской мысли уже испробованы и гениально были выражены. Нового почти ничего нельзя уже выдумать. Нужно выйти из круга, а для этого необходимо сознать, что происходит не только философский кризис, каких немало было в истории мысли, а *кризис философии*, т. е. вкорне подвергается сомнению возможность и правомерность отвлеченной рационалистической философии.

В чем же сущность этого кризиса? Вся *новейшая* философия – последний результат всей *новой* философии – ясно обнаружила роковое свое бессилие познать *бытие*, соединить с бытием познающего субъекта. Даже больше: философия эта пришла к упразднению бытия, к меонизму[2], повергла познающего в царство призраков. Критическая гносеология начала проверять компетенцию познания и пришла к тому заключению, что познание не компетентно связать познающего с объектом познания, с бытием. Реалистическое чувство бытия и реалистическое отношение к бытию – утерянный рай. И нет, по-видимому, философских путей к возвращению в этот рай. Кант оставил познающего с самим собою, гениально формулировал его оторванность от бытия, от действительности, от реальности и искал спасения в практическом разуме. Критическая гносеология радикально уже отрицает изначальную цель познания – соединение познающего с бытием, конструирует познание вне реального, живого, внутреннего отношения познающего субъекта к познаваемому объекту. Познающий издревле хотел разгадать загадку бытия, проникнуть в тайну наиреальнейшей действительности, а на вершине философской мысли цель познающего оказалась упраздненной. Познание перестало быть браком, у познающего отняли невесту. Критерий истины стали искать внутри самого познающего субъекта, в его отношении к себе, а не к бытию. Познание у современных гносеологов превратилось в паразита, который ведет самодовлеющее существование. Так кончилось блуждание по пустыням отвлеченной мысли, такова кара отвлеченного рационализма, давно уже допущенного и теперь лишь выявляющего свои результаты. Болезнь современной философии – болезнь питания. Утеряны источники питания, и потому философская мысль стала худосочной, потому бессильна она соединиться с тайной бытия, с вековечной целью своих стремлений. Философская мысль не может питаться из себя, т. е. не может быть отвлеченной, самодовлеющей. Не может она питаться и одной наукой. Да и зависимость от науки знаменует собой потерю самостоятельности философии. Выход из кризиса философии есть отыскание питания, воссоединение с истоками и корнями. Древо познания начинает увядать и покрывается паразитами. Современная гносеология губит древо познания, отягчает его своим паразитарным существованием. И радикальна сейчас не гносеологическая критика философии, ее задач и ее компетенции, а *критика религиозная*, воистину предшествующая всякому философскому познанию и воистину главенствующая над ним.

Древнее питание философии было питание религиозное. Философия, да и всякое познание, была функцией жизни, а жизнь была органически религиозна. На религиозном питании, на органической связи с народной жизнью была основана философская мудрость Гераклита и Пифагора. Вот почему в досократовской философии было так много здорового реализма, был хороший примитивизм, чувствовался запах земли. И мудрость божественного Платона связана, быть может, с посвящением в Элевзинские мистерии. У учителей церкви, у средневековых мистиков была посвященность в тайны христианства, было приобщение к таинственным реальностям. Без посвящения в религиозные тайны и без приобщения к религиозным таинствам нет питания; знание становится худосочным и отвлеченным, порывает с живым бытием. Вся новая философия, начиная с Декарта и кончая неокантианцами, отрицает необходимость посвящения и приобщения для стяжания знания, гнозиса, и потому тайны бытия и таинства жизни для философии закрываются. Философия перестала быть сакраментальной, как была в древности и в средние века, она подверглась обмирщанию и стала философией полицейской, неблагодатной. Гениальный образец чисто полицейской философии дал Кант[3]. Полицейская философия имеет некую связь с полицейским государством, с обществом секуляризированным. Из священного гнозиса превратилась философия в полицейский распорядок отвлеченной мысли, в охрану, в градоначальство, к которому обращаются за разрешением устроить то или иное в царстве мысли и познания. Гносеология несет чисто полицейскую службу и сама себя сознает полицейской. Но полиция не освобождает, не освобождает и уподобившаяся ей гносеология. Полицейская философия роковым образом разрывает с корнями жизни, как и полицейское государство; полицейская философия неизбежно лишена реализма и превращает бытие в призрак. Только сакраментальная философия может быть органической функцией жизни, полицейские философия есть механически отсеченная, отвлеченно мертвая часть. Потому философия и зашла в тупик, потому кризис ее и представляется таким безысходным, что она стала мертвой, самодовлеющей отвлеченностью, что она порвала со всеми формами посвящения в тайны бытия, и философ превратился из священника в полицейского. *После всех испытаний, всех странствований по пустыням отвлеченного мышления и рационального опыта, после тяж-*

кой полицейской службы должна возвратиться философия в храм, к священной своей функции, и обрести там утерянный реализм, вновь получить там посвящение в тайны жизни. Острота проблемы, перед которой мы стоим, совсем не в том, должна или не должна философия быть автономной и свободной (конечно, должна быть автономной и свободной); острота проблемы в том, должна ли автономная и свободная философия сознать свободно необходимость религиозного питания, религиозной полноты опыта. Религия может обойтись без философии, источники ее абсолютны и самодовлеющи, но философия не может обойтись без религии, религия нужна ей как пища, как источник живой воды. *Религия есть жизненная основа философии, религия питает философию реальным бытием.* Философия не может претендовать быть всем, не достигает всеединства, как утверждал Гегель, она всегда остается частной и органически (не механически) подчиненной сферой. Вл. Соловьев породил недоразумение, дав повод думать, что возможен философский универсальный синтез, философское достижение всеединства. Тут чувствуется в Соловьеве отрыжка гегельянства и склонность к гностическому рационализму. Всем может быть только религия, а не философия, только религиозно достижим универсальный синтез и всеединство. Философия может быть лишь органической функцией религиозной жизни. Первые славянофилы, Киреевский и Хомяков, яснее Вл. Соловьева сознавали, что лишь религиозно, а не философски, лишь в полноте жизни, а не в гнозисе достижим универсальный синтез, всеединство, так как свободнее были от рационализма. Но религиозный синтез не может быть дан лишь в конце, лишь в результате аналитико-дифференцирующего процесса, лишь для будущих поколений, он дан и в начале, дан для всех живших и живущих, дан как истина, хранимая вселенской Церковью, как древняя мудрость[4].

Истинное решение проблемы *реальности*, проблемы *свободы*, проблемы *личности* – вот настоящее испытание для всякой философии. Бессилие решить проблемы реальности, свободы, личности или ложное решение этих проблем – верный показатель плохих качеств философии, ее внутренней импотенции, ложности избранного ею пути. Подозрительна та философия, для которой реальность – призрачна, свобода – призрачна, личность – призрачна. Не верьте этой философии, ищите иной. И вот, если подойти с этим испытанием ко всей современной философии, то результаты получатся самые печальные. Современная философия отрицает реальность, свободу, личность или утверждает их призрачно. Современная философия – философия иллюзионистическая[5] по преимуществу, ее гносеология отвергает не только реальность отношения к бытию, но и само бытие, лишает человека изначального сознания свободы, свободы безмерной и безосновной, разлагает личность на дробные части, отвергая ее изначальную субстанциональность. Призрачно спасти реальность, свободу, личность современная философия всегда сумеет, для этого существуют многочисленные орудия софистики и гносеологической эквилибристики. Живому человеку не легче от этих гносеологических ухищрений, его повергают в царство призрачности, лишают и личности, и свободы, и реальности бытия. Но несправедливо во всем винить современную философию, она расплачивается за грехи прошлого. Вся новая философия пошла по тому отвлеченно-рационалистическому пути, на котором не могут быть решены поставленные нами проблемы. В философском рационализме отразилась греховная раздробленность духа. Ни природа реальности, ни природа свободы, ни природа личности не могут быть постигнуты рационалистически, идеи эти и предметы эти вполне трансцендентны для всякого рационалистического сознания, всегда представляют иррациональный остаток. Потому что поистине: рациональная реальность, рациональная свобода, рациональная личность – лишь призраки отвлеченной, самодовлеющей мысли. Даже германский идеализм начала XIX века, идеализм Фихте, Гегеля и Шеллинга, при всей своей творческой мощи не в силах был справиться с этими роковыми для всякой философии проблемами. Фихте и Гегель идеалистически и рационалистически отрицали реальность, утверждали свободу лишь призрачно и иллюзорно, в онтологии их не осталось места для конкретной личности. Это слишком хорошо известно. Даже Шеллинг, который пытался вырваться из заколдованного круга рационалистического идеализма к конкретному бытию и мистике, даже Шеллинг бессилен был справиться с этими проблемами. И для него нет ни подлинной свободы, ни подлинной личности, ни подлинной реальности, он все еще остается пантеистическим идеалистом[6]. А в пантеистическом идеализме, как в океане, тонет и личность, и свобода, и конкретная реальность. В силах был справиться с проблемами лишь один Франц Баадер, но путь его был особый, не тот, что у всей философии. Германский идеализм довел до пределов, до абсурда идеалистическое течение, в котором в призрак и отвлеченность превратились реальность, свобода, личность. Весь опыт новой философии громко свидетельствует о том, что проблемы реальности, свободы и личности могут быть истинно поставлены и истинно решены лишь для посвященных в тайны христианства, лишь в акте веры, в котором дается не призрачная, а подлинная реальность и конкретный гнозис. Только христианская метафизика утверждает реальность бытия и реальность путей к бытию, постигает великую тайну свободы, ни на что не разложимой и ни к чему не сводимой, и признает субстанцию конкретной личности, заложенной в вечности. Лишь в мистическом гнозисе христианства все это дано и нигде более. Христианский гнозис приводит к трансцендентному реализму, к конкретному персонализму, к *философии свободы*. Свобода, прежде всего свобода – вот душа христианской философии и вот что не дается никакой другой, отвлеченной и рационалистической философии. Но что такое религиозная философия, христианский гнозис?

Христианская философия не есть «гнозис» в смысле Валентина и не есть «теософия» в смысле Р. Штейнера, хотя в своем собственном смысле она и гнозис, и теософия. Гностицизм признает путь познания путем спасения. Чисто гностический путь, в известном смысле, есть путь люциферианский. Гностицизм учит познанию истины, а не стяжанию истины, гностицизм проповедует дерзновение в познании без подвига отречения. Гностицизм в существе своем есть рационализм, какое бы мистическое одеяние он ни одевал, это рафинированный, с трудом распознаваемый рационализм. Для гностицизма религия есть знание, тайное и явное, есть посвящение в учение. Гностицизм смешивает оккультное знание с религией, подменяет им религию, в то время как оккультное знание должно рассматриваться как форма знания, как расширенная наука, а не как религия. Идеальный тип гностика есть тип учителя, мудрого. По гностическим учениям истина открывается мудрым, а не младенцам. В христианстве истина открывается младенцам, а не мудрым, и гнозис есть плод религиозной жизни. Будьте как дети, тогда лишь войдете в царство Небесное. В истине Христовой есть божественная простота. Истина стяжается жизнью и подвигом, усилием воли и целостным духом, а не одним познанием. Само познание есть лишь функция религиозной жизни. Идеал христианина есть скорее идеал святого, чем *мудрого учителя*. Христианский гнозис требует акта самоотречения, отречения от гностической гордости, от притязаний разумного познания. Христианский гнозис есть стяжание себе разума божественным безумием. В нем нет уже и следов рационализма и натурализма, которые в утонченной форме присутствуют в гностицизме. Современная теософия есть одна из форм гностицизма, и все бесплодие гностических притязаний сказывается в ней еще сильнее, чем в старом, классическом гностицизме. Для теософии религия есть универсальный гнозис, преемственно передаваемый путем посвящения, путем обучения у мудрых учителей. Религиозные догматы и религиозные таинства приобретают в теософии исключительно гностический характер. Для мудрого, для посвященного истины религиозной жизни, истины веры оказываются знанием. Все истолковывается в духе истонченного эволюционного натурализма. Лишь для вульгуса есть чудесное, чудесное есть понятие экзотерическое. Чудесного нет для настоящего гностика и теософа, для посвященного в эзотерическое знание. Для него и Воскресение Христа есть факт естества, постижимый, например, при допущении эфирного тела[7]. Гностики и теософы лучше метафизиков и философов, поскольку они требуют посвящения для религиозного раскрытия истины, но и они «интеллигенты-отщепенцы» в мировом смысле этого слова, оторванные от корней, живущие гипертрофией интеллекта, безблагодатные. В последней глубине христианская вера есть гнозис, знание посвященных через отречение, но до глубины этой не доходит гностическая теософия.

Христианские догматы – не интеллектуальные теории, не метафизические учения, а факты, видения, живой опыт. Догматы говорят о пережитом и увиденном, догматы – факты мистического порядка. У величайшего из людей, у Апостола Павла, были встречи и видения потрясающей силы и реальности, он выразил их в догмате искупления. Философ католического модернизма Леруа борется лишь с католической схоластикой, лишь с богословским интеллектуализмом, отрицая интеллектуально-теоретический характер догматов. Церковь никогда не утверждала интеллектуально-теоретического характера догматов, это делала лишь богословская схоластика. Философского, интеллектуального, теоретического характера нельзя открыть в церковных догматах, его можно открыть в гностических ересях, всегда в большей или меньшей степени рационалистических. Догматы Церкви никогда не были рационалистичны и интеллектуалистичны, они раскрывали лишь мистические факты, рационалистичны и интеллектуалистичны были еретические учения. Даже великий Ориген, поскольку он уклонялся от вселенской истины Церкви, был интеллектуалистом и рационалистом, впадал в ложный гностицизм. Арианство было вполне рационалистично. Почти все ереси отвергали безумие и мистичность церковных догматов и пытались выразить истину более разумно и рационально. Арианство[8], конечно, рационалистичнее Никейского символа. Монофизитство[9], конечно, рационалистичнее церковного учения о соединении в Христе природы человеческой и божеской. В церковных догматах – всегда максимум мистики, максимум безумия, максимум антиномичности. В ересях – всегда рационализм, ослабление антиномичности, боязнь безумия, движение по направлению наименьшего сопротивления. Безумная мистика церковных догматов не побоялась утверждать Троичность Божества, дерзнула сказать об одном и том же в одно и то же время – *один* и *три*. Рационалистические ереси всегда обходили трудности и антиномичности, не дерзали на безумие и говорили *один* об одном, а *три* о другом, *один* тогда-то, а *три* совсем в другое время. Безумная мистика Церкви дерзала сказать, что Христос был и совершенным человеком и совершенным Богом, что обе природы были в Нем совершенно соединены, что воля человеческая была в Нем претворена в волю Пославшего Его; рационалистические ереси всегда говорили, что Христос был только Бог, а человеческая природа была в Нем призрачна или что Христос был только человек, что воля в Христе была лишь одна. Не выносило еретическое сознание антиномичности. Теория Гарнака о том, что догматы были рационализацией христианства, интеллектуализмом, внесением начал греческой философии, опровергается всей историей Церкви, которая учит, что все догматы были мистичны и безумны, опытны и для разума человеческого антиномичны, ереси же были рационалистичны, человеческим разумом устраняли антиномичность, были выдумкой человеческой. Афанасий ли Великий рационализировал христианство при помощи греческой философии? Он получил мудрость свою от аскетических подвигов пустынножителей, опытно добывавших свет. Философия не нужна для догматов религии, но догматы религии нужны для философии, питают ее, посвящают ее в последние тайны.

Философия отвлеченная, существующая сама по себе, из себя черпающая свою мудрость, прекращает свое существование. Позитивизм является одной из форм прекращения существования отвлеченной философии: он подчиняет философию позитивной науке и в ней лишь приказывает искать источников питания. Мистицизм является другой формой прекращения существования отвлеченной философии: он подчиняет философию позитивной религии и в ней приказывает искать источников питания. Но позитивизм окончательно губит философию, мистицизм же возрождает философию, возвращает ей утерянную цель и жизненную ценность, приобщая ее к бытию. Философия станет тем, чем она была в древности, станет священной, вновь соединенной с тайнами жизни. Всего менее это значит, что философия должна стать прислужницей теологии, от чего она освободилась с таким трудом. Не только философия не должна быть прислужницей теологии, но, быть может, и самой теологии не должно быть. Философия должна быть органической функцией религиозной жизни, а не прислужницей теологии — это разница огромная. Философия не может и не должна быть богословской апологетикой, она открывает истину, но открыть ее в силах лишь тогда, когда посвящена в тайны религиозной жизни, когда приобщена к пути истины. Философия, которая будет искать своей пищи в религиозном опыте, не только не будет схоластикой, но именно она будет противоположна всякой схоластике. Скорее можно было бы назвать схоластикой отвлеченную философию и современную гносеологию, так как они порвали с духом жизни, жизни себя противопоставили. Мы же хотели бы возвратить философии полнокровность, приобщить ее к духу жизни, т. е. окончательно освободить ее от всякой схоластики. Современная отвлеченная гносеологическая философия и есть секуляризированное схоластическое богословие. Схоластическое богословие и есть разобщение с тайнами религиозной жизни, оно свидетельствует о том, что опыт религиозный иссяк, и подменяет опыт отвлеченным мышлением. Нужно только сказать, что на средневековых мыслителей теперь слишком принято клеветать. Средневековая философия совсем не была такой безнадежной схоластикой, как принято думать, к ней вновь и вновь будут возвращаться. И теперь ведь мучит средневековая проблема номинализма и реализма.

У современных гносеологов гораздо больше худосочной схоластики, чем у мыслителей средневековых. Новейшая гносеология есть, в сущности, схоластическая апологетика – апологетика науки. Она так же несвободна, как и схоластическая теология, она лишь представляется свободной. Но схоластически-апологетическое отношение к науке так же вредно, как и схоластически-апологетическое отношение к вере. Религиозная философия должна победить и гносеологическую схоластику, и теологическую схоластику, т. е. дух жизни должен победить всякий отвлеченный рационализм.

Философия, восстановившая свое жизненное, религиозное питание, и будет философия свободная; то будет освобождением, а не порабощением философии. Возвратить философии ее цель и путь к осуществлению цели не значит поработить философию. Истина освобождает, а путь к истине открывается лишь посвящением в тайны религиозной жизни. Воссоединение с бытием не может быть постыдным порабощением философии, оно восстанавливает ее цель. Пресловутая «автономия» философии, ее самопогруженность, отвлеченность, рационализм привели к ужасу небытия и пустоты, к царству призраков. Оторванность от жизни и бытия есть порабощение, порабощение необходимости и иллюзионизму. Религиозная вера всегда есть освобождение и спасение, только в этом ее смысл, и все, что связывает себя с религиозной верой, в ней ищет питания, все то освобождается и спасается. Иная, не освобождающая религия – ложь и обман. И существуют слишком глубокие причины, в силу которых философия неизбежно должна будет искать питания в религии, возвратиться к своим истокам. Индивидуальный разум, индивидуальное усилие не могут открыть универсальной истины. Непомерные притязания индивидуального сознания по всем линиям терпят поражения. Человек, предоставленный самому себе, оставленный с самим собой и своим «человеческим», бессилен и немощен, ему не открывается истина, не раскрывается для него смысл бытия, не доступен ему разум вещей. Весь ход человеческой культуры, все развитие мировой философии ведет к осознанию того, что вселенская истина открывается лишь *вселенскому сознанию, т. е. сознанию соборному, церковному*[10]. Философия, т. е. раскрытие разумом вселенской истины, не может быть ни только индивидуальным, ни только человеческим делом, она должна быть делом сверхиндивидуальным и сверхчеловеческим, т. е. соборным, т. е. церковным. Лишь вселенскому церковному сознанию раскрываются тайны жизни и бытия, лишь в приобщении к церковному разуму возможно истинное дерзновение, там лишь гарантия против всякого иллюзионизма и призрачности, там подлинный реализм, реализм мистический. Философия должна быть церковной, но это не значит, что она должна быть богословской или клерикальной. Философия должна быть свободной, она и будет свободной, когда будет церковной, так как только в Церкви – свобода, освобождение от рабства и необходимости. Философия церковная есть философия, приобщенная к жизни мировой души, обладающая мировым смыслом – Логосом, так как *Церковь и есть душа мира*[11]*, соединившаяся с Логосом*. Философия отвлеченная, рационалистическая, «гносеологическая», схоластическая порывает с мировой душой и теряет пути к ней. Лишь церковная философия восстанавливает эти пути. Лишь церковная философия в силах решить проклятые вопросы, лишь ей доступны проблемы свободы и зла, личности и мирового смысла, реализма и брачной тайны познания.

Развиваемая здесь точка зрения не нуждается в «гносеологическом» оправдании, и противоречиво было бы требовать от этой точки зрения чисто гносеологического обоснования. Гносеология слишком привыкла к роли судьи, следователя, прокурора, но и она должна попасть на скамью подсудимых. Господство и верховенство гносеологии, признание за ней высшей функции контроля, ожидание от нее обоснования и оправдания одного, осуждения и отвержения другого – все это уже есть рационализм и интеллектуализм, против которого и поднимается знамя восстания. *Высшей судебной инстанцией в делах познания не может и не должна быть инстанция рационалистическая, и интеллектуалистическая, а лишь полная и целостная жизнь духа*[12]. Позволительно подвергнуть сомнению то произвольное предположение, что критерий истины непременно интеллектуалистичен и рационалистичен. Отвлеченно-интеллектуальная истина – фикция. Логически нелепо было бы требовать гносеологического обоснования точки зрения, которая с самого начала отвергает подобную компетенцию гносеологии. Можно не принять вызова на дуэль со стороны гносеологии, потому что позволительно не драться на дуэли с чинами полиции. С самого начала я прекращаю всякий разговор на чисто гносеологической почве потому, что отрицаю самую эту почву. Первое слово гносеологии я считаю уже ложью, уже уклоном, я отвергаю место, на котором она стоит. Поэтому оправдывать себя перед гносеологами по критериям, выдуманным самими гносеологами, я отказываюсь, и отказываюсь вполне правомерно: я отрицаю их критерии, не признаю их суда, считаю противозаконной всю их деятельность. Каждого человека справедливо судить по законам его страны. Законы моей страны – не гносеологические законы, в своей стране я не совершаю гносеологических преступлений, потому что такой буржуазной классификации преступлений не существует на моей родине. Поэтому и оправдываться я должен только перед законами собственной страны. Не религиозная философия должна быть оправдана перед судом гносеологии, а гносеология должна быть оправдана перед судом религиозной философии. Во избежание недоразумений особенно следует подчеркнуть, что речь идет совсем не об оправдании гносеологии психологией, метафизикой, онтологией. На этой почве гносеологи одержали немало побед. Очень ошиблись бы те, которые заключили бы нашу мысль в интеллектуально-рационалистические категории. Гносеология требует *жизненного* оправдания, т. е. оправдания перед полной и цельной жизнью духа, а не перед какой-нибудь дисциплиной *знания* вроде психологии или метафизики. Полная и цельная жизнь духа и есть жизнь религиозная, и потому гносеология требует *религиозного* оправдания – не теологического, как и не метафизического, а религиозного, т. е. жизненного.

Современный прагматизм по-своему подходит к этому сознанию необходимости жизненного оправдания знания. У Джемса и Бергсона[13] прагматическая точка зрения не есть еще религиозная, у Леруа она становится уже религиозной. Я не сторонник прагматизма, но думаю, что симптоматическое его значение огромно. Прагматизм знаменует собой кризис отвлеченного идеала знания, кризис гносеологии кризис рационализма и интеллектуализма, возвращение к знанию, введенному в жизненную полноту. Прагматизм отказывается от отвлеченно-рационалистических критериев знания, от интеллектуалистической гносеологии. Должен оговориться, что под гносеологией я все время имею в виду гносеологию критицизма, гносеологию Канта и неокантианцев. В этом смысле гносеологию я с самого начала радикально отрицаю, но вообще гносеологию я, конечно, признаю. Без гносеологии не может быть философии и никогда не было. Тот взгляд на связь философии с религией, который я здесь высказываю, может и должен найти свое гносеологическое выражение; моя точка зрения предполагает и определенную гносеологию, резко отличную от гносеологии «критической». На протяжении этой книги я все время буду отстаивать определенную гносеологию, но гносеология эта такова, что она, по существу, не есть верховная инстанция, не может строиться без предпосылок, она подчинена, она вторична. Гносеология, как и все на свете, требует своего оправдания в религиозной жизни. Гносеология хороша лишь тогда, когда она посвящена в религиозную истину. Тогда лишь гносеология понимает смысл тех категорий, над которыми бессильно рефлектирует гносеология критическая. Для познания научного я утверждаю прагматический позитивизм, для познания высшего – мистический реализм, для критической гносеологии – этой дурной метафизики – не остается места.

Только смирение гностико-рационалистической гордыни рождает религиозный гнозис как зрелый плод религиозной жизни, цельной жизни духа. Гнозис нужно стяжать себе, а путь отвлеченно-гностический не есть стяжение. Рассудочно, рационально бытие не дается познающему, истина не постигается. Вот почему религиозное восстановление духовной цельности в познании есть не порабощение познающего разума, а его освобождение, раскрытие ему путей к истине, к бытию. Философия не должна иметь религиозной тенденции, упаси Боже; тенденция в философии так же плоха, как и в искусстве. Не должна философия играть внешне служебной роли, служить она должна лишь истине. Но свободно должна сознать философия, что служить истине она может лишь тогда, когда будет иметь религиозное питание, когда «опыт» ее будет обширнее и глубже того, которым пользуется рационализм, позитивизм и критицизм. Отвлеченная истина – призрачна, она – порождение рационалистического блуждания по пустыням отвлеченного мышления. Истина – живая, истина есть также путь и жизнь. И вот живая истина, цельная истина не может раскрываться лишь интеллектуально, рассудочно, рационально; с ней можно соприкоснуться лишь в опыте религиозной жизни. Разум должен прекратить свое изолированное, отсеченное существование и органически воссоединиться с цельной жизнью духа, тогда только возможно в высшем смысле разумное познание. Бытие дано лишь в опыте, но оно никогда не бывает дано в опыте рационализированном, рассудочном. Бытие дано до рационалистического рассечения духа и до раздвоения на субъект и объект. До раздвоения на субъект и объект бытие дано лишь в религиозном, мистическом опыте. Только там и можно искать пищи для философии, материала для нее. Религия и мистика есть корень философии, ее жизненная основа. Философия станет жизненной, будет жизнью и будет учением о жизни. Такой она была прежде и такой вновь должна стать после всех испытаний и блужданий. Философия не может быть ни отвлеченно-интеллектуалистической, ни отвлеченно-волюнтаристической, она должна быть философией конкретного духа, в которой нет уже рассечения, в которой восстановлена цельность. Но рационализм тогда лишь будет побежден, когда он будет осознан как грех нашей умопостигаемой воли. Тогда и современная критическая гносеология будет признана греховной. Роковым заблуждением было бы думать, что кризис современной философии и грех современной гносеологии могут быть преодолены новой философией и гносеологией. Преодолеть может лишь новая жизнь, новый опыт. Иначе мы не выйдем из рационалистического, порочного круга.

Роль гносеологии в последних плодах новейшей философии свелась к функциям лакейским и полицейским. Встречает вас критическая гносеология в передней и не пускает в жилые комнаты. Новейшая гносеология слишком долго держит в передней и в конце концов заявляет, что хозяев видеть нельзя и что даже их совсем нет. Это — философия передних. Пора перейти к философии жилых комнат. В то же время роль гносеологии можно сравнить с функцией полицейской. Она составляет протоколы, следит, чтобы не был нарушен философский порядок, не пускает, тащит в участок. Столь исключительное торжество лакейско-полицейских начал в философии становится утомительным и оскорбительным. Творческий дух угашается. После того как философия отвергла брачную тайну познания, она стала паразитом. Объект познания, вековечная цель его — бытие и его тайны — утеряны в рассудочной и критической философии. Обрести вновь объект и цель можно лишь на том пути, который здесь намечен. Тогда только будет творческое возрождение философии, когда будет решительное преобладание проблем онтологии над проблемами гносеологии, т. е. когда философия вновь займется бытием, а не собой. Господство гносеологии и есть болезненная рефлексия, раздвоенность, неуверенность в себе. В конце концов, власть гносеологии есть порождение скепсиса. Живая и сильная вера исключает возможность болезненной рефлексии, а следовательно, и разъедающей волю гносеологии. Вечно рефлектирующая гносеология есть безволие, и воля должна положить этому предел. Творческая воля должна вновь дать место онтологии, исследованию тайн бытия без этой вечной оглядки, раздвоения, рефлексии, без вечного сомнения в возможности познания и в реальности бытия. Состояние нашей воли, нашего цельного духа должно быть изначально твердым, упорным, непоколебимо уверенным, исключающим всякий скепсис, всякую рефлексию, всякое разъедающее сомнение. Интеллектуально, рационалистически нельзя преодолеть скепсиса и скептическую рефлексию, можно лишь укрепить их. Скептическая рефлексия побеждается целостным духом и крепкой волей. Волевой скепсис и опасен, он и отдает во власть интеллектуализма и рационализма, он доводит до власти «гносеологии» над жизнью и бытием. Поэтому опустошительной власти «гносеологии», разъедающей рефлексии рационалистического сознания должно противопоставить властное и твердое – «не хочу», «отвергаю с самого начала», «хочу иного». Судьба истины зависит не от ума только, но и от воли. Актом решившейся, совершившей избрание воли должно заявить, что не принимаем, полнотой жизни не принимаем самой «гносеологической» постановки проблем, самой плоскости, в которой все это совершается. Скептицизм, рефлексия, вечная оглядка на себя да будут признаны позорными и волею к новой *органической* эпохе да будут вытеснены с лица земли. Критическая расслабленность может быть побеждена лишь органическим духом, лишь решившейся волей. Только вера знает, что рефлексия критической гносеологии над тем, реально ли бытие и может ли оно быть познано, есть ложь. Что же случилось, почему передовое сознание человечества соблазнилось рефлектирующим критицизмом, какова религиозная подпочва этого явления?

Кант был гениальным выразителем серьезной болезни в бытии человеческом, он философски формулировал роковой разрыв с корнями и истоками бытия. Философия Канта оставляет человека перед бездной пустоты, предоставляет человеку субъективно воссоздать объективно утерянное бытие. Только оставленный с самим собою человек, человек покинутый, изолированный мог и должен был создать философию Канта. Вот почему на кантианство нельзя смотреть просто как на гносеологическое учение, как на направление теоретической философии, которое не должно вызывать слишком сильных страстей. Кантианство – явление неизмеримо более глубокое и страшное, факт самой жизни, самого бытия. Отравленный кантианством не может уже иметь живых, реалистических связей с бытием, его мироощущение надорвано. Наивно было бы думать, что можно исповедовать кантианство как теорию знания, как научную методологию, а в самой жизни, в самом бытии быть чем угодно. Нет, кантианство ставит роковые дилеммы для самой жизни, для самого бытия, а не только для познания, для науки. Кантианство убивает не метафизику, не учение о бытии, это была бы невелика беда, оно убивает само бытие, вернее, оно выражает, отражает в жизни совершившееся угашение бытия, его отдаление от покинутого человека. Кантианское сознание в значительной степени определяет ход европейской культуры, культуры германской, во всяком случае, кантианство – факт жизни, а не только познания. Кантианство целиком направлено против христианского реализма, христианского богоматериализма, против самой возможности утверждать христианскую церковь как natura creata creans[14]. Нельзя быть кантианцем и исповедовать веру в реальность Воскресения Христа или ждать реального конца истории. Тут нужно выбирать, нужно чем-нибудь пожертвовать. И до мозга костей рационалист тот, кто выбирает кантианство, кто жертвует христианским реализмом. Глубокая и неискоренимая противоположность существует между философским рационализмом и религиозным реализмом: философский рационализм не выходит из круга идей, мышления, интеллектуальности, рассудочности, религиозный реализм живет в царстве бытия, реальностей, целостной жизни духа.

Кантианство есть один из роковых и внутренне неизбежных моментов развития протестантизма. Положение это совершенно неоспоримо для истории умственной и духовной культуры Запада, особенно Германии. Кант был продолжателем Лютера, творцом философского протестантизма, но протестантизма уже далеко зашедшего. Лютер был еще взбунтовавшимся католиком и подлинным мистиком. Кант уже окончательно перестал быть католиком и весь полон пафоса рационалистического, религии в пределах разума[15]. Протестантско-рационалистическое богословие XIX века (Ричль, Гарнак) заложено в кантианстве. Протестантизм порвал мистические нити, связывавшие человека с церковью, с соборностью, с душою мира, т. е. с бытием и таинственной его преемственностью. Поэтому протестантизм перенес центр тяжести жизни и познания в субъективный мир человека, в изолированную, предоставленную себе душу. После протестантского разрыва личность почувствовала себя оторванной от объективного бытия, погруженной в себя и стала рефлектировать, потеряла личность источники питания, не имеет уже доступа к сокам бытия. Вся германская философия развилась на этой почве, в Канте достигла вершины субъективного самоуглубления, в Гегеле перешла в ложную, рационалистическую объективность и только в Шеллинге пыталась выйти в ширь мировой души, но не вполне удачно. Протестантизм, порвав с объективным бытием, перевел человека в мир внутренней субъективности и тем породил крайнюю, отвлеченную духовность. Пафос протестантизма полон ложной духовности. Протестантизм всегда обвиняет католичество и православие, вообще церковь, в язычестве, в языческом материализме, в языческом реализме, и сам гордится тем, что превратил христианство в религию чистой духовности. Церковь может принять это обвинение и с гордостью сказать: да, в Церкви христианской много языческого материализма и реализма, потому что в ней есть душа мира, та душа мира, которая в язычестве раскрывалась для восприятия Логоса. Церковь христианская приняла в себя всю великую правду язычества – землю и реалистическое чувство земли. Земли нет в протестантизме. Язычество было церковнее духовного христианства протестантизма, в нем была мистическая земля, мировая душа, были мистерии, которых нет уже в протестантизме с его ложной духовностью. Протестантизм весь переходит в субъективный мир духа, он порывает с тайнами и таинствами объективного бытия, соборной души мира, матери-земли. Для церковно-христианского возрождения необходимо возвращение к старой истине язычества, к реализму матери-земли. Церковный реализм, в котором непосредственно дано сущее, ближе к язычеству, чем к духовному христианству[16]. Это прямо нужно сказать. Кантианство и есть порождение ложной, болезненной духовности, в Канте действительно нет уже никакого язычества, так как нет матери-земли. Нет матери-земли и во всей современной философии, порожденной протестантизмом. В соборном, церковном опыте дано бытие, душа мира, мать-земля до рационалистического распадения на субъект и объект, до всякого отвлеченного знания. Соборность же может быть лишь изначально и чудесно обретена, к ней нет путей через протестантский индивидуализм. Выход из философского кризиса и есть выход из субъективности и отвлеченной духовности протестантизма в соборность и церковность, возврат к реализму и онтологическому объективизму.

Отречение от разума мира сего – безумие в Боге есть высший подвиг свободы, а не рабство и мракобесие: отречением от малого разума, преодолением ограниченности логики обретается разум большой, входит в свои права Логос. Малый разум есть ratio, он рационалистичен, большой разум есть Logos, он мистичен[17]. Малый разум функционирует как отсеченная часть, большой разум функционирует в цельной жизни духа. Малый разум всегда противопоставляет субъект и объект, большой разум постигает тождество субъекта и объекта. Малый разум – дискурсивен, большой разум – интуитивен. Логоса нет в новой и новейшей философии, нет его даже у Гегеля, нет его там, где царствует рационализм. Сама идея Логоса есть идея священной, религиозной философии, она чужда философии полицейской, мирской. Вновь обрести утерянный Логос философия может лишь путем посвящения в тайны религиозной жизни, лишь приобщением к жизни Логоса приобретается он как орган познания. В рационалистической логике есть болезненная ограниченность – последствие греха, в Логосе – беспредельность здоровья. Рационалисты любят видеть рационализм и интеллектуализм именно там, где его нет, где он преодолевается, – в религиозных догматах, в религиозном объективизме и религиозном реализме. И те же рационалисты не видят рационализма и интеллектуализма в ограничениях веры разумом и наукой, в отдании всего объективного и реального во власть малого разума. Канта не считают рационалистом, того Канта, который допускал веру лишь в пределах разума, который рационалистически отвергал чудесное, который все бытие сковал рациональными категориями, поставил реальность в зависимость от познающего субъекта. Но на том же основании, на котором Кант не признается рационалистом, рационалистами должны быть признаны Эккерт и Беме, блаженный Августин и Скотт Эригена, католики и православные, все верующие в Церковь и все, все те, кого в истории принято называть мистиками. Этому злоупотреблению словами пора положить предел.

Именно те, которые переносят веру и мистику исключительно в субъективную действительность человеческого духа, те, которые отрицают мистическую реальность бытия и пути соединения с ней, отрицают чудесную тайну преосуществления в мире объективном, в мировой душе, те должны быть признаны рационалистами. Мистиками остаются те, которые всегда ими были, те, для которых вера выше знания и разумом не ограничивается, для которых таинства и чудеса реальны и объективны. Номиналисты обычно рационалисты, реалисты обычно мистики. Рационалисты те, для кого утрачено реальное содержание и реальный смысл слов и понятий, мистики те, для кого слова и понятия полны живого, реального содержания и смысла. Субъективная мистика не есть мистика подлинная, она иллюзорна, только объективная мистика — мистика подлинная. Об этом будет еще речь.

Сознательный переход от отвлеченной философии самодовлеющего рассудка к конкретной философии целостной жизни духа, не философии чувства, а философии органического духа, раскрывает возможность положительного решения проблем реальности, свободы, личности. Рационалистическая философия бессильна разрешить проблему отношения ratio — рассудка к иррациональной действительности. Для мистической философии такого затруднения быть не может. Действительность иррациональна для отвлеченного рассудка, но для органического разума раскрывается органический разум действительности. Для Логоса в познающем субъекте раскрывается Логос в познаваемом бытии. Для философии, которую мы называем мистической в отличие от рационалистической, реальность бытия не может быть подорвана никакой рассудочной рефлексией. Реальность дана непосредственно, и дан путь соединения с ней через цельную жизнь духа, через разум органический. Для рационалистической философии свобода непостижима и всегда сводится к необходимости или оказывается иллюзией. Для мистической философии свобода есть исходное, она утверждается в ее безмерности и бездонности и ни на что не сводима. Свобода, как и реальная действительность, иррациональна для рационалистической, интеллектуалистической философии, но постижима для философии цельного духа. Личность иррациональна для рационалистической философии и всегда разложима и на что-нибудь сводима; пантеистический монизм или атомистический плюрализм оказываются роковыми пределами рациональной мысли. Для мистической философии личность изначальна, неразложима, постижима в единственности своего вечного бытия. Рационалистическая философия бессильна решить проблему зла, так связанную с проблемой свободы и личности. Для мистической философии проблема зла разрешима, это ее пробный камень.

Те, которые верят в миссию России, а внее можно только *верить*, те всегда видели и всегда будут видеть это призвание в творческом достижении религиозного синтеза, религиозного синтеза и в жизни и в сознании. Отвлеченная философия не может у нас создать ничего замечательного, ее работа у нас в лучшем случае лишь педагогическая. Если существует своеобразный дух России, то дух этот ищет истины как пути и жизни, т. е. истины живой, конкретной. Только в этом может быть наше всемирно-историческое дело. Путь этот был уже указан основоположниками славянофильства Киреевским и Хомяковым, на пути этом стояли такие светочи, как Достоевский и Вл. Соловьев, и по пути этому хотят идти представители наших новейших мистических течений. Все попытки заглушить эту великую традицию традицией дифференцированной и отвлеченной культуры могут иметь значение лишь элементарное и второстепенное. Смешно было бы противопоставить духу Достоевского дух Когена или Риккерта.

Философия должна быть свободной, должна искать истину, но именно *свободная философия, философия свободы* приходит к тому, что лишь религиозно, лишь жизни цельного духа дается истина и бытие.

Да простит мне читатель интуитивно-афористическую форму изложения, преобладающую в этой книге. Но форма эта не случайно явилась и не выдумана, форма эта *внутренне* неизбежна, она вытекает из основного устремления духа и не может быть иной. Для меня вера есть знание, самое высшее и самое истинное знание, и странно было бы требовать, чтобы я дискурсивно и доказательно обосновывал и оправдывал свою веру, т. е. подчинял ее низшему и менее достоверному знанию.

ГЛАВА II. ВЕРА И ЗНАНИЕ

I

Не так давно еще «передовому» сознанию представлялся решенным и упраздненным древний спор знания и веры. Сама постановка этого вековечного вопроса производила впечатление анахронизма. Кто только не повторял контовского учения о трех фазисах развития и не пел победного гимна третьему, позитивно-научному периоду? Передовая интеллигенция всех стран переживала в юности пафос окончательной победы знания и безвозвратного поражения веры, а интеллигенция русская со свойственной ей склонностью к крайностям, со страстной верой пережила это поражение всякой веры и поверила в знание. Но за последние годы картина изменилась. Теперь отрицание веры и исключительное утверждение знания становится анахронизмом. Спор знания и веры вновь обостряется и требует пересмотра. Наша эпоха стоит под знаком богоискания. Богоискание отразилось в современной литературе, о богоискании пишут газеты и журналы, о богоискании громко говорят в обществах и собраниях. Факт коренного изменения настроения почти не требует доказательства. Но чувствуется ли возможность выхода, созревает ли внутренняя сила для свыше посланного виденья истины о знании и вере? Вопрос этот требует философского и психологического углубления, так как он не может быть решен исключительным отданием себя субъективным настроениям.

Существует три типических решения вопроса о взаимоотношении знания и веры, и, как увидим ниже, решения эти, несмотря на различия, сходятся в том, что одинаково признают коренную противоположность знания и веры, не ищут общей подпочвы в глубине. И потому типические решения эти предлагают выбирать между знанием и верой и неизбежно выбирают или знание, или веру, или известную пропорцию знания и известную пропорцию веры, взаимно друг друга ограничивающие. Три решения я бы формулировал так: 1) верховенство знания и отрицание веры, 2) верховенство веры и отрицание знания, 3) дуализм знания и веры. Первое решение долгое время господствовало и считалось самым передовым. Отщепленной от народного целого интеллигенции всего мира поверилось, что она окончательно вступила в третий фазис развития, окончательно освободилась от пережитков прошлого, что знанием для нее исчерпывается восприятие мира и сознательное отношение к миру, что все человечество тогда лишь станет на высоту самосознания, когда вырвет из своей души семя веры и отдастся гордому, самодержавному, всесильному знанию. Воинствующий рационализм так характерен для второй половины XIX века, хотя позитивный дух этого века значительно отличается от просветительного духа века XVIII. Романтическая реакция начала XIX века оплодотворила свой век историзмом и идеей развития. Подвергнем анализу этот опыт окончательной замены веры знанием.

Знание не может уничтожить веру и заменить веру. Это прежде всего должно быть психологически признано. Психологию веры мы встречаем у самых крайних рационалистов, у самых фанатических сторонников научно-позитивного взгляда на мир. На это много раз уже указывалось. Люди «научного» сознания полны всякого рода вер и даже суеверий: веры в прогресс, в закономерность природы, в справедливость, в социализм, веры в науку – именно веры. Возьмите самых крупных глашатаев наступления позитивной веры, тех, которые во имя будущего человечества страстно отрицали религиозную веру, – Конта, Фейербаха, Спенсера, Маркса. О. Конт был не только верующий по своей психологической природе, но и настоящий мистик: он верил в человечество, которое сближалось для него с вечной женственностью христианской мистики, и кончил построением позитивной религии человечества с культом, напоминающим католичество. Л. Фейербах по природе своей был религиозным атеистом и страстным глашатаем религии человечества. Спенсер верил в свое Непознаваемое и в мировое развитие. Маркс верил в социализм, в будущее общество, в разумную диалектику материального экономического процесса; психология веры лежит в основе рационалистического, «научного» марксизма. Все эти люди отрицали веру своим сознанием, но они верили в разные вещи, часто столь же невидимые, как и объекты подлинно религиозной веры. Видимая ли вещь социализм, или прогресс, или всеобъемлющая наука, и могут ли эти вещи быть предметами знания? Все это психологически предметы веры. Быть может, тут избираются недостойные предметы веры, быть может, тут совершается идолопоклонство, живой Бог подменяется ограниченными и относительными вещами, но само психологическое состояние веры не упраздняется, оно остается в силе. Даже в единственность и верховенство научного знания можно лишь верить, научно, позитивно, доказательно нельзя утверждать этой самодержавности и окончательности науки. Позитивистические верования – тоже ведь верования, хотя, может быть, и плохие. Требование научного обоснования веры, доказательства истинности веры психологически нелепо и обнаруживает непонимание самой природы веры. Требование это ведь не выполняется противниками религиозной веры и сторонниками веры позитивистической, социальной; их вера также не научна, не доказательна, не убедительна для тех, у кого воля направлена в другую сторону. Наступление совершенного состояния в социалистическом обществе так же недоказуемо, как и наступление совершенного состояния в царстве Божьем. Поэтому позволительно предпочесть веру в царство Божье. Пролетариат, например, такая же невидимая вещь, как и нация. Поэтому позволительно избрать нацию предметом своей веры. А догматы материализма так же вненаучны и так же недоказуемы, как и догматы христианского богословия. Три фазиса Конта не хронологически сменяют один другой в истории, а сосуществуют в человеческом духе. У каждой живой души есть не только научное, но и метафизическое и мифологическое отношение к миру.

Вера в бога науки ныне пошатнулась. Кризис совершается не только в верхах философской мысли, но и в низах положительной научной работы. Не только философия и гносеология, но и сама наука снизу преодолевает множество идолов и божков и расшатывает те общепринятые основы знания, которыми наивно питалась материалистическая и позитивистическая философия[18]. Научный кризис зашел так далеко, что нынешнее естествознание отрицает само существование материи, унижает материю в той области, которую она считала безраздельно своей. Стоит указать только на электромагнитную теорию современной физики, на энергетизм и т. п. явления. Современная наука также расшатывает основы дарвинизма и недавно еще господствовавшей теории развития. Витализм все более и более побеждает механизм. Преодолевается самодовольство ученых, их догматическое отношение к незыблемым основам науки заменяется отношением критическим. В область научного знания вторгаются новые явления, которые казенный догматизм ученых недавно еще отвергал как сверхъестественное, допускаемое лишь суеверием[19]. От веры в единую, всеобъемлющую, догматическую науку, постигающую тайну мирового механизма, от веры в материализм, в механизм, в эволюционизм и проч. не остается камня на камне. А с другой стороны, философия и гносеология выяснили, что наука сама себя не может обосновать, не может укрепить себя в пределах точного знания. Сами первоосновы науки требуют иного, философского обоснования. Своими корнями наука уходит в глубь, которую нельзя исследовать просто научно, а верхами своими наука поднимается к небу. На этой почве совершается гносеологический кризис, который начался с призыва к Канту, а в дальнейшем своем развитии должен преодолеть и кантианство, эту для многих элементарную школу, в которой научное знание защищают от скептицизма и лишают его абсолютной притязательности.

Наука отрицает разум и опирается на разум, опирается на опыт и ограничивает опыт. Тут скрыты антиномии науки, на которые должен быть пролит философский свет. Ниже мы увидим, почему обычные обоснования научного знания неудовлетворительны. Даже для людей научного сознания становится все ясней и ясней, что наука просто некомпетентна в решении вопроса о вере, откровении, чуде и т. п. Да и какая наука возьмет на себя смелость решать эти вопросы? Ведь не физика же, не химия, не физиология, не политическая экономия или юриспруденция? Науки нет, есть только науки[20]. Идея науки, единой и всеразрешающей, переживает серьезный кризис, вера в этот миф пала, он связан был с позитивной философией и разделяет ее судьбу; сама же наука пасть не может, она вечна по своему значению, но и смиренна. Методологический плюрализм все более и более торжествует в современной научно-философской мысли. Наука ничего не знает о том едином разуме, который в силах был бы отрицать чудесное. Шеллинг и Вл. Соловьев больше признавали разум, чем Спенсер и Милль, чем Коген и Авенариус, и они же больше признавали возможность чудесного.

Требование «научной» веры, замены веры знанием есть, как мы увидим, отказ от свободы, от свободного избрания и от вольного подвига, требование это унижает человека, а не возвышает его. Никакая философия не может дать веры и заменить веры, она может лишь подвести к вере, лишь устранить некоторые препятствия. Приведу исторически поучительный пример взаимоотношения между верой и знанием. Ориген был самым гениальным умом среди учителей церкви, его справедливо сравнивают с величайшими философами. Философскими усилиями разума пытался Ориген проникнуть в тайну соотношения между Богом Отцом и Сыном, и мудрости Оригена не дано было вполне постигнуть эту тайну. Ориген слишком рационалистически решал христологическую проблему и дал повод к арианской ереси. Афанасий Великий не обладал философским умом Оригена; он был не философ, а простой человек, почти младенец по сравнению с Оригеном. И вот тайна природы Христа, тайна соотношения между первой и второй ипостасью открылась именно Афанасию, и за Афанасием пошел весь христианский мир. Гностики первых веков христианской эры были могучими умами, с творческой фантазией, среди них были такие гении, как Валентин. Но их подмена веры знанием, их неспособность к волевому подвигу веры вела к религиозному бессилию и бесплодию, к блужданию по пустыням собственной мысли и собственного воображения. С религиозными реальностями гностики были разобщены, так как не принимали их иррационально. Соблазн гностицизма коренится в отрицании вины, не допускающей полноты знания. В акте веры есть уже начало искупления вины, и в нем дано виденье невидимых вещей иного мира. В теософических течениях нашего времени нельзя не видеть возрождения гностицизма; это все то же желание узнать, не поверив, узнать, ни от чего не отрекаясь и ни к чему не обязываясь, благоразумно подменив веру знанием. Рационалистический позитивизм есть одна из форм замены веры знанием, гностицизм и теософия – другая форма того же; первая форма – для людей, лишенных фантазии и воображения, дорожащих ограничениями знания, вторая форма – для людей с фантазией и воображением, дорожащих расширением сферы знания. Но волевые корни позитивизма и гностицизма те же – отрицание свободного акта веры, требование, чтобы все вещи стали видимыми и тогда лишь опознанными.

Но и вера не может заменить знания. Нельзя верой решать вопросов физики и химии, политической экономии и истории, нельзя текстами св. писания возражать против выводов науки. Автономия науки так твердо укреплена в современном сознании, что и защищать ее нечего. Второй тип решения проблемы, ограничивающий знание, носит явно мракобесный характер и почти не заслуживает рассмотрения. Если вера есть свободный подвиг, то научное знание есть тяжелый долг труда, возложенный на человека. Принудительная замена знания верой почти никем сейчас не отстаивается.

Третий, дуалистический тип решения вопроса о взаимоотношении знания и веры нужно признать господствующим, наиболее соответствующим современному переходному состоянию человечества и разорванному его сознанию. Этот компромиссный дуализм признает и знание, и веру, но в известных пропорциях, с ограничениями, и пытается установить ложный мир знания и веры. Можно ли примириться с дуализмом знания и веры, дуализмом двух разумов и двух критериев истины? Дуализм этот очень соблазняет современного культурного человека, уже не мирящегося с полным отрицанием веры, в глубине сердца своего жаждущего веры, но не имеющего сил преодолеть рационализм сознания. Современное либеральное (в широком смысле этого слова) сознание не отрицает веры, но видит в вере произвольное, субъективное, необязательное прибавление душевной жизни и только знанию придает объективное и общеобязательное значение. Пути к подлинным реальностям утеряны. Рационалистическим сознанием и самопогружением в субъект пытаются воссоздать утерянное. Утеряли Бога и стали выдумывать богов. Богосознание заменилось богоизобретением. Этот роковой процесс смерти живого Бога в человеческом сознании нашел свое гениальное отражение в философии Канта, духовно властвующего и до сих пор над европейским сознанием. Именно Кант философски формулировал эту оторванность от живых истоков бытия, это бессилие воспринять живое конкретное бытие и живого конкретного Бога. Человек остался одиноким сам с собой, перед бездной пустоты, отрезанным от живой конкретности, и ему осталось лишь постулировать утешительное, лишь субъективно воссоздавать утерянную божественность в мире. Кант и есть основоположник дуалистического решения спора знания и веры. Он признает веру и защищает автономность веры, независимость ее от знания. Но автономность эта – самая жалкая, независимость эта – вполне кажущаяся. Кант –

крайний, исключительный рационалист, он отвергает все чудесное, рационализирует веру, вводит религию в пределы разума и не допускает веры нерациональной, не разрешает религии, противной знанию. Рациональное знание продолжает господствовать, с ним должна сообразоваться вера и ограничивать себя велениями просвещенного разума. Дуализм этот, допускающий веру, но ограничивающий ее рациональным сознанием, очень характерен. Кантианство есть порождение отрицательных сторон протестантизма, порвавшего с традицией соборного сознания. Не только протестанты, но и неокатолики, подавленные современностью, стыдятся своей веры и гордятся своим знанием. Религиозная вера вырождается в морализм и в постулаты воли, так как перестают видеть реальность бытия и реальность Божества, оторвавшись от источника. У неопротестанта Гарнака и неокатолика Луази ничего уже не осталось от реальной веры; сознание их исключительно рационалистично. Как мы увидим ниже, вера есть функция воли, но вера как субъективное и произвольное психологическое состояние, зависящее от ограничения знания и от настроений, есть или эстетическая забава, или моральное малодушие. Рационалистическое вырождение протестантизма в религию в «пределах разума» есть компромисс и отказ от подвига самоотречения, всякой верой предполагаемого, но с сохранением утешительных постулатов.

II

Теперь обратимся к философскому анализу природы знания и веры. В разных формах распространенное учение о противоположности знания и веры, противоположности, понятой внешне и не осмысленной, требует пересмотра. По классическому и вечному определению веры, одинаково ценному и в религиозном, и в научном отношении, *вера есть обличение вещей невидимых*. В противоположность этому знание может быть определено как *обличение вещей видимых*. Само собою разумеется, что слово «видимый» и «невидимый» нужно понимать всеобъемлюще, не в смысле зрительного восприятия и не в смысле внешнего восприятия, а в смысле принудительной данности или отсутствия принудительной данности. Видимые, т. е. принудительно данные вещи – область знания, невидимые, т. е. не данные принудительно вещи, вещи, которые должно еще стяжать, – область веры. Современность признает лишь область видимых вещей, лишь принудительное принимает, невидимые же вещи в лучшем случае признает лишь как символы внутреннего состояния человека. Вот почему современность так притязательно и деспотически требует *доказательной веры*, т. е. принудительной, т. е. направленной на видимые вещи. Замкнувшись в царстве видимых вещей, рациональная современность отрицает веру и делает вид, что не нуждается в ней. Но посмотрим еще, на чем покоится эта уверенность в видимых вещах и твердость знания о них. Не потому ли так сильна эта уверенность, что уверовали в них?

Вникая в природу знания и веры, мы прежде всего должны констатировать огромное психологическое различие между этими двумя состояниями. Психологическая противоположность знания и веры бросается в глаза даже человеку, не склонному к философскому анализу. *Знание – принудительно, вера – свободна*. Всякий акт знания, начиная с элементарного восприятия и кончая самыми сложными его плодами, заключает в себе принудительность, обязательность, невозможность уклониться, исключает свободу выбора. Воспринимаемая мною чернильница принудительно мне дана, как и связь частей суждения; она меня насилует, как и весь мир видимых вещей; я не свободен принять ее или не принять. Через знание мир видимых вещей насильственно в меня входит. Доказательство, которым так гордится знание, всегда есть насилие, принуждение. То, что мне доказано, то уже неотвратимо для меня. В познавательном восприятии видимых вещей, в доказательствах, в дискурсивном мышлении как бы теряется свобода человека, она не нужна уже. Акт знания не есть акт волевого избрания[21], и потому акт знания испытывается как что-то твердое и обязательное, тут почва не колеблется. Принуждение, которому мы подвергаемся в акте знания, мы обязательно испытываем как твердость знания, насилие называется нами обязательностью. Пока мы стоим на почве психологического описания, но нужно перевести эти психологические свойства знания на гносеологический язык. Как обосновывается твердость знания, как гарантируется общеобязательность знания? Ученые слишком часто бывают наивны. Они не отдают себе отчета в том, на чем покоится вся их работа. Но философ не имеет права быть наивным; он ищет гносеологических оснований твердости знания и изобретает ряд теорий. Существует много гносеологических учений, но можно установить три основных типа: эмпиризм, рационализм, критицизм. Присмотримся к этим оправданиям знания.

Эмпиризм – одно из самых могущественных направлений в теории знания, и власть его особенно сильна в положительной науке. Эмпиризм видит источник и оправдание знания в опыте, в опыте же ищет и гарантий твердости знания. Что в эмпиризме заключена огромная и неопровержимая часть истины, об этом почти не может быть спора. Но вот на что слишком мало обращают внимания. «Опыт» эмпириков подозрительно рационализирован, опыт этот тенденциозно конструирован и ограничен пределами, не самим опытом поставленными. Эмпирики слишком хорошо знают, что в опыте никогда не может быть дано; они слишком уверены, что чудесное никогда не было и никогда не будет в опыте дано. Но откуда такая уверенность, из опыта ли она почерпнута? Опыт сам по себе, опыт не конструированный рационально, опыт безграничный и безмерный не может ставить пределов и не может дать гарантий, что не произойдет чудо, т. е. то, что эмпирикам представляется выходящим за пределы их «опыта». Не рационализированный, первичный, живой опыт и есть сама безмерная и бесконечная жизнь до рационального распадения на субъект и объект. Поразительно, что так мало обращают внимания на рационализм эмпиризма, на фальсификацию опыта у эмпириков. Ведь слишком ясно, что эмпиризм признает только опыт в рациональных пределах, к опыту же не рациональному он относится отрицательно, как к мистике. Ведь опыт, сам по себе взятый, как источник всякого познавательного питания не уполномочивал эмпириков говорить за себя. Вышло же, что не опыт повелевает эмпириками, а эмпирики повелевают опытом и ему навязывают свою рассудочность и ограниченность. Лучший, добросовестнейший из эмпириков Д. С. Милль почти что сознавал то, о чем здесь идет речь, но рационалистический дух давил его и мешал сделать смелые выводы. Новейший же эмпиризм в духе Авенариуса, Маха и др. опять принимает бессознательно рационалистическую форму. Когда кантианец так твердо знает, что в опыте не может быть чуда, то это понятно, потому что опыт кантианца конструирован рациональными категориями, он сознательно в тисках, на живой опыт надет намордник, и он укусить не может. Но почему же не кусается опыт эмпириков, почему он обезврежен от мистических опасностей? Эмпиризм есть бессознательная и потому низшая форма рационализма, он имеет дело не с первичным и живым опытом, а с вторичным и рационализированным; твердость знания у эмпиризма есть твердость рационализма, контрабандным образом проведенного. Но в последнее время начинается движение против господства этого рационализированного опыта за восстановление в правах первичного, живого, беспредельного опыта, в котором может быть дано не только «рациональное», но и «мистическое». Так, например, русский философ Лосский оригинально защищает мистический эмпиризм, который берет опыт нерационализированно и расширяет до бесконечности сферу возможностей. Эмпиризм Лосского не есть позитивизм, т. е. не есть эмпиризм, ограниченный, замыкающий горизонты, как то фатально оказывается у обычного эмпиризма. Талантливый американский психолог и философ Джемс также отстаивает расширение опыта за пределы рационального. Знаменательно, что Джемс, трезвый англосаксонец, признает за опытом святых и мистиков такой же фактический характер, как и за всяким другим опытом. Джемс, как и Лосский, борется за расширение сферы опыта, преодолевает рационализм эмпирический во имя эмпиризма подлинного, не фальсифицированного и не конструированного[22]. Новым, не рационалистическим духом веет также от философии Бергсона. Все вышесказанное позволяет сделать заключение, что то гносеологическое направление, которое принято называть эмпиризмом, не достигает обоснования и оправдания твердыни знания; оно неизбежно разлагается на рационализм и мистицизм в зависимости от того, принимает ли ограниченный, вторичный и рационально-конструированный опыт или неограниченный, первичный и живой опыт.

Критицизм, который претендует преодолеть дефекты эмпиризма и рационализма, является такой же формой рационализма, как и традиционный эмпиризм, так как оперирует с рационализированным сознанием и рационализированным опытом. Кант так далеко заходит в своем рационализме, что для него вся действительность, все живое бытие есть продукт знания, мышления: мир созидается категориями субъекта, и ничто не в силах из этих тисков освободиться, ничего не является само по себе, независимо от того, что навязывается субъектом. В критицизме формулируется потеря путей к бытию, к живым реальностям, в критицизме познающий субъект остается сам с собой и из себя все должен воссоздать. В последних и самых утонченных своих плодах критический идеализм отрицает брачную тайну познания. Когда зародилось познание из недр самой жизни, оно хотело быть браком познающего с бытием. Теории познания могли быть лишь свидетелями законности бракосочетания. Но свидетели прогнали жениха и невесту, отвергли всякое отношение познания к бытию, и их свидетельская роль превратилась в самодовлеющую и замкнутую жизнь. Критическая гносеология на вершине своей превращается в паразита на древе познания. Талантливая философия Риккерта, столь ныне модная, есть reductio ad absurdum[23] критицизма, в ней окончательно упраздняется бытие и отрицается вековечная цель знания. Лишь рационалистическое рассечение целостного человеческого существа может привести к утверждению самодовлеющей теоретической ценности знания, но для познающего, как для существа живого и целостного, не рационализированного, ясно, что познание имеет прежде всего практическую (не в утилитарном, конечно, смысле слова) ценность, что познание есть функция жизни, что возможность брачного познания основана на тождестве субъекта и объекта, на раскрытии того же разума и той же бесконечной жизни в бытии, что и в познающем. В основе знания самого высшего лежит знание житейское, обыденное, знание как жизнь. Когда я житейски говорю, что твердо знаю о существовании души у моего ближнего, то этим я утверждаю элементарную метафизику, основу метафизики наукообразной. Критическая теория познания неопровержимо показала невозможность обосновать себя на психологии или метафизике, поскольку психология и метафизика являются уже знанием. Но отсюда никак не следует, что теория познания не предполагает психического и метафизического, т. е. не знаний, не дисциплин, а самих сил бытия. В этом только смысле можно сказать, что всякая теория познания имеет онтологический базис, т. е. не может уклониться от утверждения той истины, что познание есть часть *жизни*, жизни, данной до рационалистического рассечения на субъект и объект. Рационализм кантовской и вообще критической философии я вижу в сознательном отвлечении познания от целостного процесса жизни. Это привело к формализму, который не имеет отношения к бытию и к содержанию познания и ни от каких скептических опасностей не охраняет. Все гносеологические попытки обосновать и оправдать знание являются скрытыми или открытыми формами рационализма. Что же можно сказать о самом рационализме, силы и значения которого отрицать нельзя?[24]

Мышление, которым так гордятся рационалисты, есть мышление дискурсивное, выводное. В дискурсивном мышлении нет непосредственной данности бытия, а есть посредственность и выводимость. Все знание протекает в плохой бесконечности дискурсивного мышления. Для дискурсивного мышления все начала и концы оказываются скрытыми в темной глубине, начала и концы вне той середины, которая заполнена дискурсивным мышлением. Дискурсивное рациональное познание лишь выводит, лишь заполняет посредствующие звенья; оно не восходит к истокам. Таким образом, твердые первоосновы знания не даются дискурсивным мышлением, их нужно искать в другом месте, вне рациональной дискурсии. Нелепо было бы отрицать значение дискурсивного мышления; без него мы не можем познавать, так как слишком удалились от первоисточника света; но нельзя искать основ знания в дискурсивном мышлении. Познание протекает через дискурсивное мышление, но восходит к интуиции, упирается в элементарную веру, в обличение уже невидимой вещи. Совершенно произвольно называть знанием только суждения; в такой же мере могут быть названы знанием и непосредственные интуиции. Критическая теория познания не опровергла возможности интеллектуальной интуиции. Почти вся наука покоится на законе сохранения энергии; но закон сохранения энергии дан лишь вере, как и пресловутая атомистическая теория, на которой долгое время покоилось естествознание. Да и само существование внешнего мира утверждается лишь верой. Все ведь признают, что аксиомы недоказуемы, что они предмет веры, но как бы непроизвольной, обязательной, связывающей веры. Все исходное в знании недоказуемо, исходное непосредственно дано, в него верится. И все недоказуемое и непосредственное оказывается тверже доказуемого и выведенного. Все, в сущности, признают, что в основе знания лежит нечто более твердое, чем само знание, все вынуждены признать, что доказуемость дискурсивного мышления есть нечто вторичное и зыбкое. Мы пока ничего не утверждаем о твердой «вере», первично испытываемой, лежащей в основе знания, но констатируем, что вся твердость знания в этой «вере» коренится. И потому нет оснований утверждать, что знание имеет преимущество перед верой. Знание питается тем, что дает вера, и различие тут лишь в характере самой веры. Рационализм держится лишь тем, что не углубляется до первооснов, не восходит до истоков. В истоках же всегда находим веру. Это начинают все более и более признавать философски мыслящие ученые. Чем же отличается «вера», на которой покоится знание, от веры религиозной, почему эта вера связана с особенной твердостью, обязательностью, принудительностью? Гносеология сама по себе не в силах разрешить этого вопроса; она может лишь констатировать, что знание всегда упирается в веру, дальнейшее же углубление возможно лишь для метафизики.

Почему мы знаем этот видимый, эмпирический мир, в мир же иной, мир невидимый мы только верим? Почему бытие этого мира кажется нам таким несомненным, таким принудительным, бытие же мира иного кажется сомнительным и необязательным? Актом нашей умопостигаемой воли, в таинственной глубине бытия, до времени, предмирно совершили мы избрание этого мира, поверили в него, определили себя к бытию в данной действительности, связались с этим миром тысячами нитей. Воля наша избрала данный нам в опыте мир, «этот» мир, объектом своей любви, и он стал для нас принудителен, стал навязчив. «Поверив» в этот мир, мы стали «знать» его; от силы веры нашей в этот мир знание наше этого мира стало обязательным и твердым. От мира же иного воля наша отвернулась, наша вера в иной мир или слаба, или совсем отсутствует, поэтому мы не знаем иного мира, наше отношение к нему необязательно и непринудительно. Разгадки двойственности мира этого и мира иного, вещей видимых и вещей невидимых нужно искать в тайне нашей умопостигаемой воли. Мы видим и знаем то, что полюбили и избрали, а то, от чего отпали, что отвергли, то перестаем видеть и знать. Лишь новым актом избрания, лишь новым актом любви можно сделать невидимые вещи видимыми и узнать их. Воля наша связала себя с так называемой «действительностью», и все в этой действительности кажется нам достоверным и твердым. Все же относящееся к забытым, иным мирам кажется нам зыбким, неопределенным, проблематическим, сомнительным; с мирами иными у нас нити порваны, воля наша отвращена от этих сфер бытия. Так тверда наша вера в этот мир, что наше отношение к этому миру принимает форму принуждающую, обязывающую, связывающую, т. е. форму знания. Мы не говорим уже, что верим в видимые вещи, мы знаем их; все, что к ним относится, обладает доказательной силой. Только о мире вещей невидимых говорим мы, что верим в них, а не знаем их, т. е. свободно избираем их или не избираем. Для данного мира действительности, мира видимого, объекта знания, волевой акт свободного избрания, т. е. акт веры, уже совершен, совершен в таинственной глубине бытия; для мира же иного, мира невидимых вещей, мы вновь должны совершить акт свободного волевого избрания, избрания того мира предметом своей любви, т. е. акт веры. Мир невидимых, нами утерянных вещей дается нам лишь вольным подвигом отречения, лишь риском и опасностью веры. Для обличения мира невидимых вещей нужна активность всей человеческой природы, общее ее напряжение, а не активность одного лишь интеллекта, как то мы находим в знании мира видимого. Знание этого мира основано на исконной и исключительной вере в него; знание мира иного предполагает прежде всего отречение от этой исключительной и исконной веры и свободную веру в иной мир.

Попробуем характеризовать еще с другой стороны психологическую противоположность знания и веры. Знание носит характер насильственный и безопасный, вера – свободный и опасный. В вере, в обличении невидимых вещей, в волевом избрании иных миров есть риск и опасность. В дерзновении веры человек как бы бросается в пропасть, рискует или сломать себе голову, или все приобрести. В акте веры, в волевой решимости верить человек всегда стоит на краю бездны. Вера не знает гарантий, и требование гарантий от веры изобличает неспособность проникнуть в тайну веры. В отсутствии гарантий, в отсутствии доказательного принуждения — рискованность и опасность веры, и в этом же пленительность и подвиг веры. Человек поверивший есть человек свободно дерзнувший, преодолевший соблазн гарантирующих доказательств. Требование от веры гарантий, даваемых знанием, представляется похожим на желание пойти ва-банк в азартной игре, предварительно подсмотрев карту. Вот это подсматривание карты, эта боязнь риска, эта неспособность к свободному дерзновению есть у всех подменяющих веру знанием, у всех согласных верить лишь с гарантией. Обеспечьте надежность результатов, гарантируйте, докажите, т. е. принудьте нас, — тогда поверим! Но тогда поздно уже будет поверить, тогда не нужно уже будет веры, тогда будет знание. В акте веры есть подвиг отречения, которого нет в акте знания; акт веры есть акт свободной любви, не ведающей доказательств, гарантий, принуждений. Я верю в Бога моего не потому, что доказано мне бытие Его, что принужден к принятию Его, что гарантирован я залогами с небес, а потому, что люблю Его. Я ставлю все на карту, рискую, отрекаюсь от благоразумной рассудочности. Потому только и получаю. Нужно совершить переизбрание, избрать новый объект любви, т. е. отречься от старой любви к данной действительности, уже мне гарантированной, мне навязанной, сбросить с себя ветхого человека и родиться к новой жизни в новой, иной действительности. Подмена же веры знанием в данных условиях мира есть отказ от свободного выбора, есть трусость перед опасностью, перед проблематическим, предпочтение гарантированного и безопасного, т. е. жизнь под принуждением данной природной действительности. Но, как увидим, и замена знания верой была бы отказом нести бремя мировой фактичности, с которой мы связаны по собственной вине. Знаменитое и непонятое выражение, приписываемое учителю церкви Тертулиану, – «credo quia absurdum est»[25] – характеризует психологическую природу веры. Нужно рискнуть, согласиться на абсурд, отречься от своего разума, все поставить на карту и броситься в пропасть, тогда только откроется высшая разумность веры. Но до этого акта веры, до вольного отречения и согласия на все во имя веры не может открыться разумность веры, так как это было бы принудительным знанием. Нужно распластаться в акте веры, отречься от себя, тогда поднимаешься, тогда обретаешь высший разум. В вере индивидуальный малый разум отрекается от себя во имя разума божественного и дается универсальное, благодатное восприятие. В последней же глубине вера и знание – одно, т. е. обладание полнотой реального бытия.

С нашей точки зрения, и знание предполагает веру, оказывается формой веры, но веры элементарной и неполной, веры в низшую действительность. Знание есть доверие к ограниченному, земному кругозору; в акте научного знания человек стоит на месте, с которого не все видно, виден лишь небольшой кусок. Вера есть тоже знание; знание через веру дается, но знание высшее и полное, видение всего, безграничности. Научное знание познает действительность, но не понимает ограниченности и болезненности этой действительности. Противоположность между знанием и верой, на которой основаны рассмотренные нами три типа решений спора, оказывается поверхностной. В глубине знание и вера – одно, знание есть вера, вера есть знание. Мир знания и веры условно даны как разные порядки, но они могут быть сведены к единству. Но все же то, что мы называем «знанием», и то, что называем «верой», глубоко различается, и мы старались пролить свет на это различие. Наша точка зрения предполагает окончательную победу гносеологического реализма над всеми формами гносеологического иллюзионизма. Рационалистические направления, отражающие разорванность и рассеченность человеческого духа и человеческой культуры, разъединяют субъект и объект. Эта утерянная связь субъекта с объектом должна быть не наивно, как в дни детства человечества, а сознательно восстановлена. Природа субъекта и природа объекта тождественны, сотканы из одного и того же божественного материала. Их противоположение есть лишь болезнь, лишь грех людей. Задача, перед которой ныне стоит гносеология, есть восстановление *бытия* в его правах и раскрытие *путей* к бытию. Весь путь разрыва с бытием уже пройден, и в самых тонких продуктах критицизма путь этот привел к окончательному упразднению бытия. Так, самое типическое и талантливое течение неокантианства, школа Виндельбандта и Риккерта, разрешает бытие в долженствование, все сводит к нормам и ценностям и не имеет противоядия от иллюзионизма, скептицизма и солипсизма. Школа Когена и Наторпа разрешает бытие в трансцендентальную методу и все сводит к рациональным идеям. Шуппе очень близок к солипсизму и старается победить дух небытия при помощи «сознания вообще». Вся германская философия заражена духом небытия, бытие боязнью, антиреализмом. Реализм представляется догматическим. Но философское грехопадение совершилось давно уже. Само зарождение автономной философии нового времени заключало уже в себе грех рационалистической разорванности и рассеченности, как мы видели в предшествующей главе. Философское мышление, оторванное от живых корней бытия, от бытийственного питания, начало блуждать в одиночестве по пустыне и пришло к упразднению бытия, к иллюзионизму. И сам опыт, в котором рационализм стал искать пищи от голода, оказался не бытием, а рациональной конструкцией. Способ лечения может быть лишь один: отказ от притязаний отвлеченной философии, возврат к *мистическому реализму*, т. е. к истокам бытия, к живому питанию, к познанию как функции целостного процесса жизни. Философ должен быть посвящен в тайны всенародной религиозной жизни и в них искать опоры. Но возврат к реализму не может быть просто новой гносеологией; корень беды не в рационалистических гносеологиях, в которых всегда есть много верного, а в том корень, что бытие наше стало плохим. Рационалистический разрыв до тех пор будет в силе, пока не вырван будет корень греха.

Два разума проходят через всю человеческую жизнь, через всю человеческую историю – разум малый и разум большой. Взаимоотношение этих двух разумов и составляет основную проблему философии. Это взаимоотношение лежит на дне всякой гносеологии, хотя бы ею и не сознавалось. Вечное религиозное выражение этой борьбы двух разумов дает Апостол Павел, когда говорит: «Будь безумным, чтобы быть мудрым», и еще: «Мудрость мира сего есть безумие перед Богом». Это и значит, что в «безумии», в отречении от малого разума есть стяжание себе большого разума, а в «мудрости мира сего», в торжестве малого разума отсутствует большой разум, есть «безумие перед Богом». Есть ограниченный разум, рассудок, разум рационалистов, и есть разум божественный, разум мистиков и святых. В безумном отречении от разума индивидуального приобретается разум универсальный. Величайшие философы, и христианские и языческие, те, для которых философия была священной, признавали существование высшего, божественного разума – Логоса, в котором субъект и объект тождественны, и открывали действие Логоса в человеке[26]. Основное свойство Логоса, отличающее его от разума малого, – то, что он присутствует в такой же мере в объекте, как и в субъекте. Это – разум вселенский, он так же открывается в природе и истории, как и в человеке. Логос есть тождество субъекта и объекта; в нем дана общность человека и космоса, микрокосма и макрокосма. Через отречение от малого разума, от рассудка и приобщение к большому разуму, к Логосу, человек прозревает сквозь хаос, сквозь фатум природы Разум мира, Смысл мира. От Логоса Филона Александрийского к Логосу Иоанна Богослова можно перейти лишь актом веры, лишь религиозным восприятием. Акт веры, религиозное восприятие лежит и между учением о Логосе Гегеля и учением о Логосе Вл. Соловьева. Живой Логос мира, Смысл мира дан лишь в религиозном откровении. Но и философам в естественном откровении дан Разум – Логос только в частных его определениях. Лишь религиозные философы окончательно возвышаются над «мудростью мира сего» и становятся «безумными», т. е. «мудрыми». Но и в естественных откровениях философии и теософии человек прикасается к мировому, вселенскому Разуму. Только в современной философии окончательно исчез Логос. Рационалисты и позитивисты отстаивают «безумие перед Богом», отрицают мировой разум и поклоняются рассудочности человеческой, отсекающей от объекта, от космоса, от вселенной. Какая терминологическая путаница происходит, когда *эмпирики* не признают полного и подлинного опыта, а лишь ограниченный и конструированный, когда *рационалисты* не признают полного и подлинного разума, а лишь ограниченный и оторванный от мировой жизни. *Настоящими эмпириками и рационалистами, т. е. защитниками полноты опыта и вселенскости разума, должны быть признаны мистики* и святые.

Современная философская мысль подходит к дилемме: интеллектуалистический гностицизм или волюнтаристический прагматизм. С нашей точки зрения, гностицизм и прагматизм, интеллектуализм и волюнтаризм одинаково должны быть преодолены, так как должна быть сознана изначальная данность в нас божественного. Так же должна быть сметена противоположность рационализма и скептицизма. Скептицизм всегда корыстен, всегда есть болезненная гипертрофия чувства своего малого «я». Та же неспособность выйти из своего «я» есть и в рационализме. Вера есть раскрытие в своем «я» иного, божественного, выход из «я» и отдавание себя высшему. Поэтому в вере преодолевается и корыстное сомнение, и корыстное самовозвеличение.

III

Наука бессильна решить вопрос о чуде. Бессилие науки возразить против веры в чудесное слишком ясно для непредубежденного. Все более открывается, что победоносные возражения науки против возможности чуда, в сущности, основаны на особенной вере, я бы даже сказал, на суеверии. Позитивисты и рационалисты не знают и не могут знать, возможно или невозможно чудо; они верят, что невозможно, их воля на это устремлена. То, что я скажу, по внешности покажется парадоксальным, но по существу неопровержимо: наука и религия говорят одно и то же о чуде, согласны в том, что в пределах порядка природы чудо невозможно и чуда никогда не было. Для религиозной веры не страшно, когда наука говорит, что по законам природы чудо невозможно, допущение чудесного нелепо; вера и сама это хорошо знает, ей и не надо чуда, совершающегося в порядке природы и во исполнение ее законов. О силах же сверхприродных, о вещах невидимых, раскрывающихся для веры, наука ничего не может сказать ни положительного, ни отрицательного. Скажу более. Тогда лишь сознательно укрепляется идея чуда, когда устанавливается и противоположная идея закономерности природы. Для первобытного человека все одинаково чудесно, все естественное, природное одинаково таинственно и объяснимо лишь силами сверхъестественными. На этом уровне сознания чудесное не приобретает еще специфического значения, оно расплывается в таинственности всей природы. Лишь с сознанием закономерности хода природы связано сознание чудесного как порождения сил сверхприродных, как действия Божией благодати. Согласно нашему пониманию природы веры, не вера должна рождаться от чуда, в чем было одно из искушений, отвергнутых Христом[27], а чудо дается для веры. Вера от чуда была бы насилием, принуждением. Это все то же желание знать невидимые вещи и неспособность в них верить, отказ от подвига веры.

Чудо, в которое верит религия, не уничтожает и не отрицает законов природы, открытых научным знанием. Закономерность остается в силе и в том случае, если произошло чудо. *Чудо есть победа благодатных, сверхприродных сил над теми природными силами, которые обязательно действуют планомерно, а не отмена закономерности в порядке природы.* Закон не должен быть персонифицирован, закон есть лишь способ единообразного действия данных сил. Сам закон остается в силе даже в том случае, если данные силы побеждаются силами иными. Он опять будет иметь место, когда данные силы будут действовать в чистом виде. Действие всякого закона может быть обнаружено лишь путем изоляции и эксперимента. В сложном взаимодействии сил природы мы не наблюдаем действия закона в чистом виде, так как он всегда может быть парализован законами иными. Допустим, закон тяготения есть истина неизменная, общеобязательная, неотвратимая для данного природного мира. Но сверхприродные благодатные силы могут победить ту тяжесть мира, которая есть область действия этого закона. Чудо отменяет не закон, а ту природную сферу, которая есть область действия этого закона. Представим себе эту комнату; в ней даны такие-то силы и действуют закономерно. Мы можем изучать эти силы и их единообразное действие. Из имманентного действия этих сил не может произойти ничего абсолютно нового и неожиданного. Но представим себе, что стены разбиты и ворвались в эту комнату силы иного, трансцендентного по отношению к ней мира, силы, отличные от действующих в этом помещении. Ясно, что может произойти что-то неожиданное, новое, как бы «чудесное» для тех, для кого мир исчерпывался данным помещением. И весь мир, весь природный порядок есть замкнутое помещение, в котором закономерно действуют данные в нем силы. Эти силы не могут имманентно себя перерасти, создать чудесное. Но в замкнутое помещение нашего мира могут прорваться силы иного мира, силы божественные, благодатные. Тогда произойдет чудо.

Но сама возможность этого чуда не противоречит закономерности природы и не опровергает этой закономерности. Ведь закономерность действия сил природы ничего не говорит о невозможности существования иных сил и ничего не знает о том, что произойдет, когда иные силы войдут в наш мир. Факт закономерности природы совершенно неопровержим и нимало не отрицает возможности чудесного. Факт этот лишь говорит: если дано то-то, то будет то-то, если же иное дано, то будет иное. Отрицание же сил иного мира – вне компетенции науки, призванной лишь открывать закономерность данного мира. Чудесное есть победа над природой и над роковыми результатами действующих в ней сил, но не отмена законов природы, не отрицание науки, открывающей законы природы. Ведь, в сущности, магия может быть признана таким же закономерным научным знанием, как и физика, и столь же отличным от всякой религиозной веры.

Я приведу основной пример из религиозной жизни, из которого ясна будет и сущность чудесного, и сущность веры в ее отношении к знанию. Основное верование христианского мира есть верование в громовое чудо мировой истории, в чудо воскресения Христа. В чуде воскресения нет доказательного насилия, его нельзя знать, оно открывается лишь для поверившего и полюбившего. Что Христос умер на кресте смертью раба, что Правда была распята, – это факт, который все знают, который принуждает и насилует, его признание не требует ни веры, ни любви; этот страшный факт дан всему миру, познан миром. Что Христос воскрес, что Правда победила в мире зло, вырвала корень зла – смерть, это не дано как факт принудительный и доказательный. В победу правды жизни над злом смерти нужно верить, нужно любить Спасителя, чтобы открылось чудо Его воскресения. Спаситель явился миру в образе раба, а не царя, и был раздавлен силами этого мира, и принял смерть по законам этого мира. Поэтому дело спасения не было делом насилия над человеком: человеку предоставлена свобода выбора, от него ждут подвига веры, подвига вольного отречения от разума этого мира и от смертоносных сил этого мира во имя разума большого и сил благодатных и спасающих. Лишь тот, кто увидел в униженном и раздавленном, в образе раба, в распятом – Царя и Бога, тот приобщается к тайне спасения. Но для этого необходимо освободиться от исключительной власти этого мира, от гипноза царящих в нем смертоносных сил. Воскресение Христа есть победа благодатных, животворящих сил Божьих над смертоносными силами природы, это отмена порядка природы благодатным порядком Божьего Царства. Но чудо воскресения не есть упразднение законов природы. По законам природы смерть по-прежнему косит жизнь, тление царит в мире. Но для веры открывается безумие и беззаконие самой смерти. *Воскресение Христа есть единственный абсолютно разумный факт мировой жизни; в победе жизни над смертью, правды над злом есть Разум, Смысл. Царствующие в природе смерть и тление безумны и неразумны.* На примере веры в воскресение ясно можно видеть природу веры вообще. Вера в воскресение есть акт свободы, свободного избрания, свободной любви к Христу и, вместе с тем, акт отречения от своей ограниченности и ограниченности мира. На этом же примере ясно видна и природа чудесного. Чудо воскресения не противоречит закономерности природы и даже предполагает эту закономерность; чудо воскресения есть победа над смертоносным порядком природы, преодоление смерти не имманентными силами природы, а трансцендентными божественными силами. И чудо воскресения, как и всякое чудо, дано лишь для веры, для свободы. Те, что живут под исключительной властью мировых сил, для кого существует лишь принудительное и кто принимает лишь доказанное, те знают, что Христос умер, и не знают, что Христос воскрес. Если бы можно было доказать, что Христос воскрес, то чудо воскресения потеряло бы свой спасительный смысл, оно вошло бы в круговорот природной жизни. Весь смысл чуда Воскресения в том, что оно невидимо, недоказуемо, непринудительно, что оно всегда обращено к свободе человеческой любви человеческой. Чудо воскресения есть вещь невидимая, и обличается оно лишь верой. После акта веры открывается смысл вещей, рождается гнозис.

Возьмем другой, еще более сложный пример. Рационалисты не могут примириться с верой в Троичность Божества. Идею Троичности считают исключенной законом тождества, основным законом мышления. Чтобы пролить свет на это соотношение, нужно уяснить себе природу логических законов, этих тисков, из которых мы не можем вырваться. Каков онтологический смысл законов логики? Законам логики может быть дано не только гносеологическое, но и онтологическое истолкование. Реалистическая теория познания должна признать примат бытия над мышлением. Мы мыслим по законам логики потому, что живем в данных формах бытия. Не природа создается нашим ограниченным разумом, а ограниченный разум (с законами логики) создается нездоровым состоянием природы. Наше бытие сдавливает наше мышление, ставит нам на каждом шагу ограничительные дилеммы. Закон тождества и есть необходимое для мышления выражение ограниченного состояния мира, приспособление нашей разумной природы к состоянию естества. В данном мире и в отношении к данному миру можно мыслить лишь по законам логики, лишь в согласии с законом тождества. В ограниченном мире А не может быть в одно и то же время и А и не А, третье в этом мире исключается. И это дефект бытия, ненормальная температура мышления, неизбежная реакция мышления на поставленные самим бытием затруднения. Логика есть приспособление мышления к бытию. Вера в Троичность есть вера в иной мир, в здоровое, неограниченное бытие, которое не связано ни законом тождества, ни законом исключения третьего. Идея Троичности не санкционируется законами логики, но санкционируется законами Логоса. Что три и один – одно, эта истина не вмещается дискурсивным мышлением, но вмещается интуитивным мышлением, свободным от власти ограниченного бытия, в котором ничто не может быть разом три и один, а должно быть или три или один. Законы логики – болезнь бытия, вызывающая в мышлении неспособность вместить полноту. Но в принудительно данном мире закон тождества и другие законы логики остаются обязательными и не могут быть отменены. Обязательность их не распространяется на другое состояние бытия, на здоровую полноту бытия. Неумирающая в нас связь с большим разумом открывает нам возможность мыслить такое бытие, в котором третье не исключается, в котором все может быть и А и не А, и белым и черным, равно как может быть вневременным и внепространственным. Болезнь организма неизбежно дает повышение температуры и целый ряд ненормальных явлений, но тот же организм в здоровом состоянии иначе функционирует и дает иную картину. Все ограничения нашего мышления – лишь болезненные функции мирового организма. Здоровому, ничем не ограниченному разуму раскрываются все сверхрациональные и иррациональные тайны бытия. Но для этого нужен иной опыт.

Гносеология рефлектирует над категориями, но не в силах понять источник категорий и причину ограниченности нашего знания. Большая часть философов допускает, что в нашем познании есть какой-то дефект, что наш познавательный механизм – не здоровый, а больной. И многие чувствуют, но не многие лишь сознают, что за дефектами нашего познания, за его болезнью и ограниченностью скрывается *вина*. Вина, совершенный грех, и есть онтологическая основа ограничивающих категорий нашего разума, источник дефектов познания. Вина умопостигаемой воли всей мировой души и всех существ мира отрывает от истоков бытия, рождает раздор и вражду в мире. Вина делает мир подвластным закономерной необходимости, пространственности и временности, заключает познающее существо в темницу категорий. Дефекты познания и ограниченность познающего разума коренятся в направлении воли, в дурном выборе, в нелюбви к Богу и в любви к данной ограниченной действительности. Мы получили то, чего сами захотели. Брак наш оказался неудачным и несчастным, но все-таки это был брак по любви. Несчастное избрание дурного предмета любви связало, сковало нас по рукам и ногам, сделало жизнь нашу тюремной жизнью. Стены нашей тюрьмы, все эти гносеологические категории, давящая нас пространственность, временность, необходимость, закон тождества воздвигнуты нашим грехом, нашей виной перед Смыслом мира, изменой Отцу.

Рационалисты и позитивисты очень злоупотребляют ссылками на разум. Они позволяют себе слишком многое отвергать как неразумное, как противное разуму. Но имеют ли они право поминать самое имя разума? Разум есть *онтологическое*, а не исключительно гносеологическое понятие. Согласно философским традициям допущение разума совершается по согласию онтологии и гносеологии и ведет к тождеству объекта и субъекта. В онтологическом своем значении разум есть положительный *Смысл* бытия, его верховный центр, его источник и цель. Отрицание мирового смысла есть вместе с тем и отрицание разума. Когда разуму было придано исключительно гносеологическое или субъективно-психологическое значение, он потерял свой вселенский характер и превратился в разум малый, в человеческий рассудок. Между разумом вселенским и разумом человеческим произошел болезненный разрыв. Начало выветриваться всякое содержание из идеи разума, и теряется право оперировать с самим словом разум. Современная философия окончательно порвала с разумом и вряд ли имеет право ссылаться на неразумность чего-либо. Неразумность, бессмысленность всего мира признается современной философией, и потому не смеет она говорить о неразумности и бессмысленности чудесного. Чудо разумнее необходимости, чудо согласно со смыслом мира. В чуде возвращается разум и смысл, осуществляется высшее назначение бытия, а вот умирание по законам природы неразумно и бессмысленно, отрицает назначение бытия. Нельзя смешивать разум с необходимостью, как то делают рационалисты. Давящая закономерность природы порождена совсем не разумом, и потому она лишь необходима. Победа чудесного над порядком природы есть победа разума и смысла. Разумен – порядок свободы, а не порядок природы.

В научном знании открываются подлинные тайны природы, природы в данном, хотя бы и дефектном, болезненном ее состоянии. Это откровение тайн враждебной природы дает возможность победы над природой. Природный человек освобождается путем труда, научное же знание есть основа этого труда, главное его орудие. Но значение естествознания не только практическое, естествознание имеет и теоретическое, чисто познавательное значение. Чистое естествознание есть откровение естества, низших, элементарных сил природы. Если природа болезненна, то это не значит, что познавать ее не надлежит. Я реально воспринимаю сыпь на лице, но здоровая сущность лица не в сыпи. Дефекты науки не в самой науке, а в ее объекте. И вера должна уважать знание как необходимое добро в данном дефектном состоянии мира и человечества. Истина веры не зависит от науки, но наука этим не унижается. В науке есть элементы высшего гнозиса, в ней как бы приоткрываются человеку тайны Божьего творения. Как это ни парадоксально покажется, но нужно сказать, что именно христианство расчистило духовно почву для развития научного естествознания и техники. Христианство освободило языческий мир от демономании, изгнало демонов из природы, механизировало природу и тем открыло путь для подчинения природы. В древнем, дохристианском мире потому нельзя было овладеть природой, что она была наполнена духами, от которых человек зависел. Таинства древних религий были только природны, в них сказывалась зависимость человека от природы. Чтобы научно познать природу, овладеть ею и подчинить ее себе, человек должен был освободиться от духовной власти естества, от трепета перед демонами природы. Таинства языческих религий были таинствами зависимости человека от природы, таинства же христианской религии – таинства, освобождающие человека от власти естества. Это христианское освобождение человеческой личности от естества привело к временной смерти великого Пана, к механизации природы, к изгнанию пугающих духов природы. Процесс этот имел огромное положительное значение и создал почву для развития естествознания и техники. Природа, населенная духами по-язычески и вызывавшая чувство страха перед демонами, не могла быть познана, и ею нельзя было овладеть. Естествознание и техника XIX века обязаны своим развитием христианству, хотя и не сознают этого, так как сбивает с толку средневековье, бывшее прямым последствием христианства. Но роль христианства в этом процессе еще не закончена, пройден только один фазис в воспитании человечества. Человек овладевает природой, познает ее, освобождается от ее власти. Он не страшится уже духов природы, но страшится ныне мертвого механизма природы. В христианстве же скрыты силы для нового одухотворения природы, для возрождения Пана, для раскрытия тайн Божьего творения, живого, а не мертвого. То, что прозревал Гете, не было простым рецидивом язычества, Гете возможен только после христианства. Мироощущению Гете открывалась природа как Божье творение. На примере Гете виден высший смысл науки.

IV

Чтобы осветить еще с другой стороны вопрос о взаимоотношении знания и веры, обратимся к анализу причинности, этой основы всякого знания. Существует двоякое понимание причинности, и каждое из этих пониманий имеет свою историю и свои традиции. Та причинность, с которой оперирует наука и без которой не может обойтись, не проникает в интимную связь вещей. Тайна соотношения между причиной и следствием остается закрытой для научного взгляда на мир. Во внутреннее существо природы, в творческую связь вещей научное знание не проникает, оно обходится без такого понимания причинности. Наука освобождается от метафизического понимания причинности и может быть, по-видимому, совсем освобождена. Для научного понимания причинность целиком сводится к функциональному соотношению. Новейшие философы-позитивисты, как, например, Мах и Авенариус, пытаются окончательно вытравить всякий метафизический привкус из идеи причинности. Они сводят причинность исключительно к функциональному соотношению и пытаются даже совсем отделаться от причинности, слишком, по их мнению, зараженной метафизикой. И нужно сказать, что попытка Маха и Авенариуса имеет положительное значение. Эти философы верно отражают научное отношение к этому вопросу. Вообще нужно сказать, что в теории научного знания Маха есть большая доля истины, большая, чем в неокантианстве. Лучше положительной науке освободиться от метафизических предрасположений, это лучше и для науки, и для метафизики. Наука открывает внешнюю закономерность природы, функциональную связь одного явления с другим. Но эта связь причины со следствием остается для науки неосмысленной, неразумной. Осмыслить связь причины со следствием, очевидно, можно только изнутри, лишь под другим углом зрения. Научному пониманию мира в категории причинности открывается в мире только закономерность и необходимость, но не открывается в мире разум, смысл. В закономерном ходе природы по видимости нет разума и смысла. Нам чуждо это роковое сцепление явлений. Открытие причинности в закономерном ходе вещей помогает нам овладеть природы, но оно же констатирует наше рабство у чего-то чуждого, инородного. Мы не знаем, почему подчинены этому роковому сцеплению событий, почему причина неизбежно порождает следствие, почему не можем разбить закономерности. Остается какая-то тайна, на которую наука не может пролить света. Должно существовать другое, метафизическое истолкование причинности, которое имеет свою историю и которого не может уничтожить ни Мах, ни все ему подобные.

Никакой позитивизм не в силах искоренить из человеческого сознания метафизическое понимание причинности. То, что Мах и Авенариус называют остатками мифологии, то заключает в себе здоровое зерно и истинную основу причинности. Философы сознавали, что за причинными отношениями скрывалась активность живых субстанций, что тайна связи причины со следствием раскрывается в акте воли. Метафизическое учение о причинности как о волевой активности субстанций блестяще было формулировано русским философом Лопатиным[28]. Лопатин подвел итоги длинной истории метафизического учения о причинности и дал лучшее в современной философской литературе учение об отношении причинности к свободе[29]. Внутренняя, осмысленная связь причины со следствием есть связь волевой активности, причинения с порождаемым результатом. Причинность, понимаемая изнутри, есть творческий акт живого существа. Причина созидает, творит следствие. Причина есть творческая энергия и предполагает существо, обладающее этой энергией. Причинность невозможна без творящего, созидающего. Это верно ощущалось в мифологическом мировоззрении. И на вершинах философской мысли должна быть оправдана эта мифология, в ней ключ и тайна связи между причиной и следствием. То, что Вундт называет психической причинностью, очень близко к этому, но отличается метафизической половинчатостью. Причинность предполагает *субстанциональность* существ, творящих следствия. Причинность связана с субстанциональностью и со свободой. Причинение как творческий акт субстанции есть акт свободы. Субстанция наделена творческой свободой и из нее созидает. Такое понимание причинности изменяет взгляд на соотношение свободы и необходимости. *Необходимость есть продукт свободы, рождается от злоупотребления свободой. Направление воли свободных существ создает природную необходимость, рождает связанность. Материальная зависимость есть порождение нашей свободной воли. Необходимость есть лишь известное, дурно направленное соотношение живых и свободных субстанций разных градаций.* Разрыв всех существ мира, распад божественного единства ведет к связанности, к скованности необходимостью. Все оторванное от меня, далекое, чуждое я воспринимаю как давящую материальную необходимость. Все близкое, родное, со мной соединенное я воспринимаю как свободу. Материальность есть порождение ненависти и отчужденности в мире. Актом свободного избрания порожден порядок необходимости. По нашей вине природа омертвела, и космическое призвание человека – микрокосма оживить природу – макрокосм, вернуть жизнь всей иерархии естества, вплоть до камня. Омертвевшее по вине нашей естество нас инфицирует и нам угрожает. Этот порядок природы скрывает от нас внутреннюю, свободную связь вещей, творческую причинность. Такое понимание причинности, свободы и необходимости изменяет взгляд на чудесное. Необходимость, закономерность природных явлений не должна быть персонифицирована, это лишь способ действия мировых сил, лишь формулировка того направления, которое приняло взаимодействие субстанций. Но если сама необходимость есть продукт свободы, если причинность есть творческая активность, если свобода есть субстанциональная мощь, то возражения против чудесного падают.

V

Предлагаемое здесь решение вопроса о взаимоотношении знания и веры принципиально отличается от трех типических решений, нами отвергнутых. При нашей постановке вопроса между знанием и верой не существует той противоположности, которую обыкновенно предполагают, и задача совсем не в том заключается, чтобы взаимно ограничить области знания и веры, допустив их лишь в известной пропорции. Мы утверждаем беспредельность знания, беспредельность веры и полное отсутствие взаимного их ограничения. Религиозная философия видит, что противоположность знания и веры есть лишь аберрация слабого зрения. Религиозная истина – верховна, вера – подвиг отречения от благоразумной рассудочности, после которого постигается смысл всего. Но окончательная истина веры не упраздняет истины знания и долга познавать. Научное знание, как и вера, есть проникновение в реальную действительность, но частную, ограниченную; оно созерцает с места, с которого не все видно и горизонты замкнуты. Утверждения научного знания – истинны, но ложны его отрицания. Наука верно учит о законах природы, но ложно учит о невозможности чудесного, ложно отрицает иные миры. И в скромности знания – высшая гордость науки. Тот высший гнозис, который дает нам вера, не отменяет истин науки как низших. Низших истин нет, все истины равны. Религиозный гнозис лишь превращает частную научную истину в истину полную и цельную, в истину как путь жизни. Но гнозис веры дается внутренним подвигом самоотречения, который и допускает к высшим реальностям. Созерцание общих идей как реальностей дается лишь победой над ограниченной чувственностью и рассудочностью, благодатным расширением опыта. Ограниченность позитивизма и материализма жизни и мысли есть рабство у чувственного мира, от которого можно освободиться лишь всей полнотой жизни. Благодать веры стяжается усилием и направлением воли. Не верят те, которые не хотят верить в глубине своего умопостигаемого характера, так как слишком хотят по своему рассудку и произволу устроить мир. Потому и не знают. Скептицизм есть прежде всего дефект воли. Скептицизм интеллектуальный сам по себе не страшен. Паскаль был интеллектуальным скептиком, но он же был и верующим, т. е. преодолел скептицизм волевой, свободно избрал себе предмет любви. Требования, которые обычно предъявляют скептики к вере, поражают своей нелепостью, своим непониманием природы веры. Скептики требуют от веры *гарантий*, т. е. упраздняют сущность веры, хотят знания. Скептики не хотят отречься от рассудочности, от власти этого мира, не могут совершить избрания, сосредоточить своей воли. Отсутствие благодати, на которое жалуются скептики, есть лишь обратная сторона их направления воли, их рассудочности, их привязанности к чувственному миру видимых вещей. Скептики прежде всего должны отречься от своих требований к вере, тогда лишь можно с ними говорить о вере. Многие говорят, что хотели бы верить, но не могут. Это не значит, что вина не в них, это лишь значит, что недостаточно сильно хотят, или хотят, но без риска и отречения, с сохранением всех гарантий и предубеждений.

Доверие к абсолютной науке, к возможности построить научное миропонимание, удовлетворяющее природу человека, подорвано. Также подорвано и доверие к абсолютной философии; в отвлеченную философию почти никто уже не верит. Гегель был последним великим гностиком; он обоготворил философию, превратил ее в религию. Крушение гегельянства, этой титанической гордыни философии, было вместе с тем кризисом отвлеченной философии, поражением рационализма. Рационализм и ограничивает опыт, и противится божественному разуму. Европейская мысль перешла от отвлеченного рационализма Гегеля к материализму и эмпиризму, искала в «опыте» утерянное живое бытие. Но в этом «опыте» нельзя найти бытия. Материализм есть самая несостоятельная форма онтологии.

В русской философии совершается переход от отвлеченного идеализма к идеализму конкретному. Рационализм переходит в мистицизм. Творческий почин в этом принадлежит Киреевскому и Хомякову, которые дали глубокую критику Гегеля. Потом Вл. Соловьев пытался построить систему конкретного идеализма, а кн. С.Трубецкой продолжал его дело. Конкретный идеализм имеет свое питание в мистическом опыте и воссоединяет знание с верой, философию с религией. Для конкретного идеализма критицизм есть такое же рационалистическое направление, как и эмпиризм, как и старый рационализм. Полнота живого опыта дана лишь в мистическом восприятии; без религиозного питания, без непосредственной интуиции философия чахнет и превращается в паразита. Философия должна питаться и опытом научным, и опытом мистическим. Вера, на которую люди боятся рискнуть, так как дорожат своей рассудочностью, ничего не отнимает, но все возвращает преображенным в свете божественного разума. И наука, и философия должны подчиниться свету религиозной веры не для упразднения своих истин, а для просветления этих истин в полноте знания и жизни. Позитивизм не есть наука, рационализм не есть философия, и судьбы их не совпадают. И наука, и философия подводят к великой тайне; но та лишь философия хороша, которая проходит путь до последней тайны, раскрывающейся в религиозной жизни, в мистическом опыте.

ГЛАВА III. ГНОСЕОЛОГИЧЕСКАЯ ПРОБЛЕМА

§ 1

Проблеме гносеологической бесспорно принадлежит центральное место в умственной жизни нашей эпохи. Критическая гносеология – тончайший плод умственной культуры. Мимо гносеологии, ее сомнений, ее вопрошений, ее запретов пройти нельзя. Если вникнуть в жизненную основу и жизненный смысл проблемы критической гносеологии, в ее психологию, в скрытое за ней мироощущение, то должно будет признать, что проблема эта является результатом болезненной рефлексии, раздвоенности, почти что какой-то мнительности. Гносеологический критицизм есть гамлетизм в сфере философии, рефлектирующая нерешительность действовать в области познания вследствие нарушения жизненной цельности. Мы не столько познаем, сколько рефлектируем над познанием, проходим все стадии раздвоения, чувствуем себя покинутыми. Гносеологический гамлетизм с самого начала предполагает познание отсеченным от цельной жизни духа, субъект оторванным от объекта и ему противоположным, мышление выделенным из бытия и где-то вне его помещенным. Но наступают времена, когда мысль, утомленная болезненным гамлетизмом, должна вернуться к здоровому дон-кихотизму. Этот гносеологический дон-кихотизм вот с чего начнется.

Мышление не может быть отделено от универсального бытия и противоположно ему; познание не может быть отделено от универсальной жизни и противопоставлено ей. Мышление есть плоть от плоти и кровь от крови универсального бытия, познание есть плоть от плоти и кровь от крови универсальной жизни. Мышление есть бытие, оно в бытии пребывает, познание есть жизнь, оно в жизни совершается. Оперировать с субъектом, который вне бытия, над бытием и бытию всегда противоположен, значит оперировать с чистейшей фикцией. Всякая гносеология должна различать субъекта и объекта, но это различение не есть различение субъекта и бытия. Бытие не есть непременно объект, как склонны утверждать критические идеалисты, оно в такой же мере и субъект. Субъект и объект – одинаково бытие. Бытию принадлежит изначальный и абсолютный примат. Различение субъекта и объекта совершается внутри самого бытия, и гносеология не может претендовать на то, чтобы занять место вне бытия. Вне бытия нет места ни для кого и ни для чего, разве для царства дьявола. Безумие – рассматривать бытие как результат объективирования и рационализирования познающего субъекта, ставить бытие в зависимость от категорий познания, от суждения. Познающий субъект со своими категориями, своими суждениями, своим объективированием есть часть бытия, часть жизни. Бытие ни в каком смысле не зависит от мышления и познания, оно предшествует самому первоначальному познавательному акту, оно скрыто за самим этим познавательным актом. Отношение познающего субъекта к познаваемому объекту есть отношение внутри бытия, отношение бытия к бытию, а не «мышления» к «бытию» как противостоящих друг другу. Предрассудок, что гносеология должна быть без предпосылок.

Никогда она не могла избавиться от предпосылок. Да и откуда известно, что предпосылок не должно быть? Предпосылкой гносеологии является не психология и биология, а изначальная, от познающего не зависящая реальность бытия и духовной жизни. Ниже станет ясно, что эта точка зрения ничего общего не имеет с так называемым «психологизмом», который несет с собой вечную опасность релятивизма. Гносеология покоится не на психологии и не на онтологии, вообще не на «логии» какой-нибудь, не на науке и знании каком-нибудь, а на психологическом и онтологическом, на бытийственном. Сама жизнь духа, а не наука о жизни духа, предшествует гносеологии, в самой жизни духа, в самих силах бытия нужно искать предпосылок гносеологии, а не в психологии или другой какой-нибудь «логии». На это не направлены возражения гносеологов против психологизма. Жизнь духа, само бытие, во всех смыслах предшествует всякой науке, всякому познанию, всякому мышлению, всякой категории, всякому суждению, всякому гносеологическому субъекту. Не учение о бытии, а само бытие предшествует учению о познании. Гносеологи же хотят само бытие вывести из гносеологии, превратить его в суждение, поставить в зависимость от категорий субъекта. В бытии, а не в мышлении, оторванном от бытия, должно искать твердых основ знания. В жизни духа можно открыть все качества логики, противоборствующие релятивизму и скептицизму. Гносеологи побеждают психологизм как направление, подчиняющее гносеологию психологии, но никогда не победят они направления, утверждающего само бытие до всякой гносеологии. Не о психологической или биологической гносеологии речь будет идти, а о гносеологии церковной и космической.

§ 2

Гносеология должна начать с установления различия между первичным нерационализированным сознанием и сознанием вторичным, рационализированным, в то время как обычно она начинает с сознания уже рационализированного и иного не признает. Но сознанию вторичному, рационализированному не дано сущее, и нет путей к сущему через рассудочную деятельность этого сознания. Сущее дано лишь в живом опыте первичного сознания, до рационалистического распадения на субъект и объект, до рассечения цельной жизни духа. Только этому первичному сознанию дана интуиция бытия, непосредственное к нему касание. Сознание первичное не объективирует и не умерщвляет, оно живет познавая и познает живя. Риккерт и его ученики скажут, что это первичное сознание есть лишь иррациональное «переживание», с которым не имеют никакого дела гносеология и философия, что тут можно только «переживать» и нельзя познавать. Но в этом ведь вся проблема. Откуда известно, что познание не есть переживание, оторвано от переживания и противоположно ему? Может ли быть полнота переживаний, иррациональная полнота, в которой не оказывается места для познания? Я именно и утверждаю, что в так называемом «иррациональном переживании» или, по моей терминологии, в первичном нерационализированном сознании совершается самое подлинное познание бытия, совершается то касание сущего, которое не может не быть и познанием. Гносеологи произвольно конструируют природу познания и все, что не соответствует их конструкции, не хотят называть познанием. Гносеологи хотят иметь исключительно дело с фактом положительной науки; Кант – даже исключительно с фактом математического естествознания. Но материал, с которым оперируют гносеологи, оказывается слишком беден и узок, чтобы построить полное учение о познании. Нужно решительно порвать с тем гносеологическим предрассудком, что всякое познание есть рационализирование, объективирование, суждение, дискурсивное мышление. Критические гносеологи имеют дело лишь с частной и ограниченной формой познания. Кроме их царства есть еще безмерные и безграничные области познания. Гносеологи же видят у врат этих иных царств лишь предел, за которым начинаются иррациональные переживания, – неизреченная область хаоса и тьмы. Из иррационального хаоса и тьмы изнимается лишь маленькая область рационализированного и объективированного, область суждения, в котором царит ценность истины. Мы же полагаем, что в безмерной области первичного, нерационализированного сознания есть царство света, а не только тьмы, космоса, а не только хаоса. В этой области раскрывается Логос, смысл мира. Хаос и тьма, «мир сей», даны именно рационализированному сознанию, сознанию же иному, первичному, дан «мир иной», мир истинно сущего. Различение двух сознаний, о которых идет речь, и есть различение рассудка и разума, или малого и большого разума. Разум, большой разум познает, познает сущее, его сфера не есть исключительно сфера переживаний, не имеющих никакого отношения к знанию. Сами гносеологи выходят из той сферы, которую считают единственной сферой познания, так как делают объектом своего познания познающий субъект, который не поддается объективированию. В этом основное противоречие гносеологии. Ведь у гносеологии нет органа ее специфического познания, обычное дискурсивное мышление тут недостаточно. Гносеологи хвастают, что работа их предшествует познанию, что сами они над познанием, но они не в силах постигнуть тайну познания и трагедию познания. Гносеологи все хотят поднять себя за волосы. У них нет точки опоры, и потому ничего они не могут сдвинуть и перевернуть. Положительная наука есть в конце концов единственная точка опоры гносеологов, но сама положительная наука может обойтись без их услуг. «Гносеологи» – паразиты науки.

§ 3

Критические гносеологи жаждут освободиться от психологизма и антропологизма и ставят эту проблему очень остро, иногда даже остроумно. Но претензии на полную свободу от психологизма – смешны. Роковым для гносеологов является тот факт, что философствует человек, что познание совершается в антропологической среде. Гносеологи пытаются преодолеть этот непреодолимый факт тем соображением, что познание совершается в «сознании вообще», в трансцендентальном сознании, а не в индивидуальном психологическом сознании, что сверхиндивидуальный субъект производит суждения и оценки. Но тут гносеологи явно переходят на почву метафизическую и делают предположения онтологического характера. Так шло развитие от гносеологии Канта к метафизике Фихте, Шеллинга и Гегеля. Новейшие неокантианцы также не в силах удержаться от этого рокового перехода к метафизике и онтологии. С одной стороны, гносеологов подстерегает метафизика и онтология (сверхиндивидуальный субъект, сознание вообще и т. п.); с другой, подстерегает психология и биология (психофизическая организация, субъект психологический и биологический). Таким образом, критическая гносеология фатально разлагается на метафизический онтологизм и психобиологический позитивизм. Она не в силах удержаться на острие иголки и неизбежно падает вправо или влево. Проблема, так остро поставленная Гуссерлем и взволновавшая весь философский мир, не может быть разрешена «критицизмом» и критической гносеологией. Сам Гуссерль выходит из пределов гносеологии. Для критической гносеологии познание есть все же дело человеческое, и потому освобождение от психологизма есть поднятие себя за волосы. И трансцендентальный человек – все же человек. Лишь тогда познание будет свободно от психологизма и антропологизма, если определяться оно будет не трансцендентальным человеком, а трансцендентальной вселенной, т. е. церковью. Критицизм остается компромиссом метафизики (трансцендентальное сознание и сверхиндивидуальная оценка) и позитивизма (отрицание трансцендентных реальностей, имманентизм, психобиологизм в генетической точке зрения). По-прежнему остается выбор между психологизмом и онтологизмом, между психологической и антропологической логикой и онтологическим и мистическим Логосом. Логика – человеческая и относительная, лишь Логос – сверхчеловеческий и богочеловеческий. Школа Когена делает нечеловеческие усилия признать познание трансцендентным человеку. Но такая победа над психологизмом достигается тем, что познание перестает иметь какое-либо отношение к человеку: познание, конструируемое когенианством, просто недоступно человеку. И приходится думать о том, чтобы поднять человека, найти в нем универсально-божественные начала.

Чтобы окончательно освободиться от психологизма и антропологизма, необходимо перейти к космической, *церковной гносеологии*, утвердиться на почве *соборного сознания*. Критицизм есть продукт протестантского индивидуализма, его антропологическая и психологическая подоплека может быть исторически вскрыта. Критическая гносеология – человеческого происхождения, и где же ей возвыситься над антропологизмом, как хочет Гуссерль и др. Только гносеология не человеческого происхождения, только гносеология, открывающая действие Духа Божьего в философском познании, только такая соборная, церковная гносеология, исходящая от изначальной данности Божественного Логоса в нас, может возвыситься над антропологическим и психологическим релятивизмом. Органом философствования является Божественный Логос, а не человеческий рассудок. Поэтому опасность психологизма и антропологизма остается лишь для тех, которые не в силах совершить того акта самоотречения, через который человек приобщается к универсальному разуму. Но Божественный Логос живет, действует и сообщает дары благодатного познания лишь в церкви, лишь в ее мистическом вселенском организме. Вне церкви нет соборности, нет большого разума. Вот истина, которая не была достаточно постигнута германским идеализмом, так много сделавшим для утверждения идеи универсального разума, но воспринявшим и впитавшим протестантский индивидуализм. Даже Гегель не преодолел антропологизма и психологизма, потому что его Логос не был церковен, его путь философствования был рационалистический. Даже Шеллинг был слишком рациональным гностиком. Поэтому германский идеализм, значение которого огромно, показал лишь бессилие диалектической мысли в конечных ее выводах, он обнаружил саморазложение разума как начала рационалистического. На верном пути стоял, быть может, лишь один Франц Баадер. Да великий Гете остается представителем истинно научного духа, полного здорового объективизма, реализма, интуитивизма, врагом болезненного субъективизма и критицизма. Гете был в глубочайшем смысле слова церковнее, ближе к мировой душе, чем Кант, Фихте и Гегель, и потому осуществлял в своей жизни идеал цельного знания.

Церковно-соборное сознание предшествует разделению и распадению на субъект и объект. Вне церковного опыта субъект и объект неизбежно остаются разорванными, разделенными и мышлением не могут быть воссоединены. Неудача Шеллинга тем объясняется, что он пытался чисто *философски* утвердить тождество субъекта и объекта, в то время как тождество это должно быть сначала утверждено *религиозно*, а потом уже формулировано церковной философией. Точка зрения церковного сознания должна быть открыто провозглашена философией. Все твердые основы знания, устраняющие опасности релятивизма и скептицизма, даны в церковном сознании, не в «сознании вообще» — призраке, выдуманном в кабинетах гносеологов, а в сознании церкви как сущего, как живой души мира, соединившейся с Логосом, в Софии[30]. Только церковное сознание познает сущее, сущее не дано рассудочному и индивидуальному сознанию. Мистическое и религиозное познание не менее общеобязательно и твердо, чем познание научное и рациональное, потому что растет из недр церковного сознания и церковного разума.

§ 4

Коген, самый крайний и, быть может, самый последовательный гносеолог-неокантианец, полагает, что гносеология должна быть ориентирована на факте положительной науки, преимущественно математического естествознания. Сама положительная наука от гносеологии не зависит и в гносеологии не нуждается, но гносеология исключительно питается фактом существования науки. В сущности, не твердость науки обосновывается гносеологией, а твердость гносеологии обосновывается наукой и без твердости науки никакой почвы не имеет. Не гносеология побеждает скептицизм и релятивизм, а факт существования положительной науки побеждает. В качестве паразита «гносеология» ничего побеждать не может. Гносеологи вынуждены даже признать, что гносеологические категории могут меняться в зависимости от состояния положительных наук. Если я попробую усомниться в твердости математического естествознания, то вся кантианская гносеология распадется в прах. Гносеология претендует быть апологетикой науки, но, в сущности, наука оказывается апологетикой гносеологии, наука нужна, чтобы гносеология процветала. Зачем же существует гносеология? К познанию бытия гносеология отношения не имеет, твердости науки не обосновывает, скептицизма и релятивизма не побеждает. По-видимому, гносеология есть товар на любителя, есть ценители ее самодовлеющих красот. Но тогда зачем же претендовать на общеобязательность и научность? Гносеология не только имеет предпосылки, но она вся сплошь состоит из одних предпосылок, в ней ничего нет, кроме предпосылок. Предпосылкой в гносеологии является наука, и притом та наука, которую она захочет принять, гносеология же не является предпосылкой науки. В последней главе гносеологии заключено не больше, чем в первой главе. Гносеология – схоластика чистой воды, она схоластичнее всякой схоластики. Гносеология цветет в пустыне самодовлеющей мысли, оторванной от корней и соков. Гносеологические цветы – не живые цветы, а искусственные, бумажные. На всем пути гносеологии нет органического развития.

Риккерт захотел ориентировать гносеологию не только на факте естественных, генерализирующих наук, но и на факте наук исторических, индивидуализирующих. У него получилась несколько иная, чем у Когена, гносеология, в сердце которой заложена ценность. Гносеология как наука о ценностях очень остроумна, но заслуга ее главным образом в том, что она есть reductio ad absurdum критицизма. Это ведь всегда большая заслуга. И вот я спрашиваю. Можно ориентировать гносеологию на *факте* естественных наук, можно ориентировать на *факте* исторических наук, нельзя ли ориентировать гносеологию на *факте* религиозного откровения? В факт религиозного откровения нужно поверить, чтобы что-нибудь на нем ориентировать. Но ведь и в факт положительной науки нужно поверить, чтобы что-нибудь на нем ориентировать. Раз принят факт науки, он питает. Питает и факт религиозного откровения, раз он принят. Наука и религия должны были бы быть признаны по меньшей мере равноценными как пища для философии. Если не унижает гносеологию зависимость от науки, то почему же унизит зависимость от религии? Почему научная философия свободна, а религиозная философия – не свободна? Это смешной предрассудок нашей «научной» эпохи. Лишь гносеология, которая будет ориентирована не только на факте науки, но и на факте веры, факте откровения, только такая цельная гносеология прикасается к живому сущему, постигает познание как тайну брака познающего с сущим. Факт веры, открывающей сущее, факт откровения сущего в вере и есть изначальный факт, из которого должна исходить гносеология и философия. Факт науки есть факт *мыслительный*, факт веры и есть факт *сущий*. Сущий факт первичнее мыслительного. Кантианская гносеология, ориентированная лишь на факте науки, есть вторичная, второсортная гносеология. Первичная, первосортная гносеология ориентирована на факте веры, которая есть познание и бытие разом.

§ 5

Для Риккерта и родственных ему гносеологических направлений бытие есть лишь форма экзистенциального суждения. Природа дана лишь в естествознании, душевная жизнь – лишь в психологии, история – лишь в исторической науке. Вне научного знания, в котором и дано всякое рационализированное бытие, а бытие для них само уже есть продукт рационализирования, остаются лишь иррациональные переживания, которые не есть бытие, которых нет. Иррациональные переживания – этот предел «критицизма», – которые иные произвольно называют мистикой, есть темный хаос, в котором ничего нельзя узнать и назвать. В этот темный хаос вносят свет лишь ценности и нормы, но они сами рационалистические дети сознания. Свет есть только в рационализированном сознании, в знании, до этого и вне этого нет света и нет бытия. Это – страшный, убийственный рационализм, для которого не только наука, знание, но и сам мир, само бытие есть результат рационализирования, суждения. Но ведь безумие думать, что бытие может зависеть от познания, что оно дано лишь в науках, что вне суждения не может быть и речи о бытии. Нужно очень глубокое повреждение здоровья, чтобы придавать познанию такое поистине демоническое значение. Правда, эта демоническая роль познания разыгрывается только в книгах по гносеологии, только в книгах этих бытие упраздняется, подчиняется суждению. Но сами эти книги отражают болезнь, поразившую уже саму жизнь. Ведь для Канта не только наука, знание, но и сам мир, сама природа созидаются познавательными категориями, судящим субъектом. Природа потому только существует, что существует математическое естествознание, а математическое естествознание предполагает гносеологические категории. От логики и гносеологии зависит не только существование науки и философии, но и существование самого мира. Это утверждение примата познания над бытием последовательно проводит Коген. Для него научное знание и есть бытие; его рационализм не ограничивается никаким вторжением иррационального, как у Риккерта. Эта точка зрения фатально должна прийти к метафизике панлогизма, так как признает исключительно рациональность, логичность бытия и бытийственность исключительно рационального, логического. Наука и есть истинно-сущее. Такой ход к гегельянству намечается в современном неокантианстве. Гегель остается навеки образцом демонического и титанического рационализма. Для Риккерта бытие создается суждением, устанавливающим ценности. Это – неофихтеанство. Для Когена бытие создается категориями, логическим методом. Это – неогегельянство. Неокантианство движется по тому же кругу, по которому двигалось и кантианство. Не породит ли оно нового фейербахианства и материализма? Нужно проверить саму исходную посылку рационалистического философствования. Нельзя безнаказанно оторвать растение от корней его. Не может жить оно без питания корнями. Нормальное же питание в новой философии давно, уже нарушено.

§ 6

Бытие, мировую жизнь можно принять лишь изначально, до суждения, принять полнотой своего духа, нерационализированным своим сознанием. К бытию, к жизни мира нельзя прийти, от него можно только изойти. Бытие дано в начале, а не в конце, его нельзя вывести, дедуцировать. Есть интуиция бытия, но нет к нему путей дискурсивного мышления. Только безумие рационализма могло превратить бытие в категорию, пристроить его в суждении, поставить в зависимость от познания. Что бытие непосредственно, интуитивно дано нашему первичному, целостному сознанию, этого нельзя доказать, нельзя ни из чего вывести, это можно только открыть и принять. Нельзя достаточно часто повторять, что из бытия мы исходим, а не приходим к нему. Истинная философия, религиозная философия всегда открывает изначальную данность, но открытие этой изначальной данности есть сложная работа вследствие помрачения, в котором мы живем. Как к бытию вообще, так и к бытию абсолютному, бытию Божьему нельзя прийти, нельзя доказать Бога, можно только изойти от Бога, изначально открыть Бога в себе. Но для этого нужен подвиг освобождения от помрачения – некая мистическая активность. Во вторичном, рационализированном, рассеченном уже сознании бытие для нас опосредствывается, отдаляется; мы мыслим посредственно во всех смыслах. Это неизбежная кара. Идеалистическому визионизму кажется, что в опосредственном познании рационализированного сознания бытие конструируется познающим субъектом и от него зависит. В действительности, рационалистическое сознание и опосредственное познание есть лишь болезненное состояние самого бытия, в нем совершившийся разрыв. Но рационалистическая гносеология этого не может видеть, это видно лишь религиозной философии, посвященной в тайны бытия.

Но что же в таком случае знание, зачем знание, в чем ценность знания? Рационалисты по-одному, эмпирики (рационалистические) по-другому видели в знании отражение действительности в познающем, или адекватное отражение, или отражение измененное, точно в кривом зеркале. Познающий субъект оказывался копировальной машиной, «разум» и «опыт» копировали действительность. Но при таком понимании природы познания знание оказывалось дублированием действительности, ненужным каким-то ее повторением. Если знание есть пассивное отражение и копирование, то непонятно, в чем творческая ценность знания. Критицизм справедливо восстал против такого превращения знания в пассивное копирование и дублирование действительности и захотел утвердить творческую ценность знания как порожденного активностью субъекта. Но не удалось этого сделать критицизму, потому что сам он заражен всеми грехами рационализма. Рационализм изначально предполагает познающего и познаваемое раздельными и противоположными. Тогда начинается рефлексия над тем, каково взаимоотношение этих двух раздельных и противоположных начал. Критицизм целиком принимает эту раздельность и противоположность. Только у познающего субъекта, оторванного от объекта, отсеченного от бытия, может явиться соблазн быть зеркалом, отражением действительности, быть верной копией действительности. У познающего субъекта, живущего в недрах самого бытия, может быть лишь желание активно творить ценности в самом бытии, развивать бытие к совершенству. Другим соблазном оторванного познающего субъекта является желание признать себя творцом бытия, увидеть в действительности как бы копирование самого себя. При этом творческая ценность знания оказывается иллюзорной, ни на что не направленной, ничего не рождающей. Знание ни в каком смысле не есть отражение, копирование, дублирование бытия и ни в каком смысле не есть создание, конструирование бытия. Познающий субъект не есть пассивный отражатель бытия и не есть активный его создатель, он живой деятель в бытии, развиватель бытия, повышающий творческую энергию бытия, создатель ценностей бытия. Что же такое есть знание, в чем его ценность, если смотреть на само знание как на бытие, на смысл познания как на осуществляющийся в бытии?

§ 7

Знание само есть бытие, живая функция бытия, ценность развития бытия. Знание есть акт самосознания и самопознания универсального бытия, к которому и мы приобщаемся, – функция универсального развития. Знание не есть отражение бытия и не есть конструирование бытия, а есть самораскрытие бытия, его расчленение и оформление. В акте познания с самим бытием, с самой реальной действительностью происходит нечто такое, в силу чего бытие творчески совершенствуется, развивается, осуществляет ценность. И это происходит не в индивидуальном психологическом сознании, а в недрах универсального бытия. Знание есть путь от хаоса к космосу, от тьмы к свету, и не потому, что познающий субъект своим трансцендентальным сознанием оформливает бытие и распространяет на него рациональный свет, а потому, что само бытие просветляется и оформляется в акте самопознания. Эту точку зрения я бы назвал творческим реализмом и еще назвал бы мистическим реализмом. Да, знание есть ценность, в знании совершается творческий акт, но ценность в самом бытии, творчество в его развитии. Познание дерева есть развитие, совершенствование дерева, реальное осуществление ценности в растительном мире. Познание – солнечный свет, без которого бытие не может возрастать. Это звучит парадоксально лишь при поверхностном слушании. Как раньше уже было установлено, мы исходим из того положения, что познание совершается в церковном, соборном, вселенском, божественном сознании и разуме. В церковном сознании дано тождество субъекта и объекта, познающего и познаваемого, мышления и бытия. В церковном сознании всякое познание есть самопознание универсального бытия, переход его к светлому космосу. То, что гносеологам представляется лишь идеальной, познавательной ценностью, то обладает ценностью реальной, бытийственной. То расчленение, и дифференциация, и объединение, и синтезирование, которые даны в знании, совершаются в самом бытии, в нем самом побеждают хаотическую тьму. Еще раз подчеркиваю: не в индивидуальной душе знание есть оформление и просветление, т. е. творческое развитие бытия, а в самом универсальном бытии. Чтобы дерево росло, цвело и совершенствовалось, оно должно познаваться в соборном, вселенском сознании, и это познание есть в то же время самопознание. Истинное познание какого-нибудь объекта есть также и самопознание этого объекта, этот объект – также и субъект, субъект и объект – тождественны. Гносеология – биологична в смысле церковной, соборной, вселенской биологии. Критерий знания, критерий ценности – не этический, а биологический. Это критерий бытия и небытия, жизни и смерти, развития и упадка. Так утверждается тождество бытия и мышления, не рационалистического тождества в духе панлогизма, а мистического тождества в духе панонтологизма.

В знании творческим, созидающим ценности фактором является Логос, большой разум, смысл и солнце мира. Деятельность Логоса, разума, осмысливает бытие, просветляет бытие, соединяет творение с Творцом. Поэтому в знании совершается не пассивное отображение, а активное, солнечное овладение. Знание потому есть жизнь самого бытия, и потому в самом бытии происходит то, что происходит в знании, потому так, что в познающем субъекте и в познаваемом объекте, в мышлении и в бытии живет и действует тот же универсальный разум, Логос – начало божественное, возвышающееся над противоположностями. Разум не есть начало рассудочное, интеллектуальное, это цельный, солнечный дух в мире и в человеке. Знание потому есть ценность, что в нем бытие возвращается к первоисточнику, т. е. побеждает безумие хаотического распада. Но такой возврат совершается лишь в живом, цельном знании, знании подлинно брачном. По гениальному выражению Фр. Баадера: *познавать истину значит быть истинным*. Ценность знания в том и заключается, что в нем бытие становится более истинным. Но истину нужно заслужить, и потому познание истины есть подвиг цельной жизни духа, есть творческое совершенствование бытия. Истина заслуживается подвигом отречения от разума индивидуального во имя стяжания разума церковного. Только в церкви растение растет и познается, вне церкви оно погибает и погружается в тьму, так как лишено солнечного света.

§ 8

Язык – очень несовершенное и опасное орудие, он нас подводит на каждом шагу, рождает из себя противоречия и запутывает. Особенно труден стал язык с тех пор, как реальный смысл, реальное содержание слов почти утеряно, значение слов стало номинальным. Теперь в философии приходится спорить из-за каждого слова, улавливаться о значении на протяжении целых томов. Пустые, утерявшие реальный смысл слова не подпускают людей друг к другу. Мы хотели бы прийти друг к другу и поговорить по душе, но слова не пускают дальше передней. Гносеология не только подчиняется этой власти номинализма, но и закрепляет эту власть. Гносеологические споры – главным образом споры о словах, гносеологические разногласия – многозначность слов. Мы все улавливаемся, что значат слова, непосредственный смысл которых утерян. Развращающая власть словесности над философией, номинализма над реализмом тогда лишь будет побеждена, когда будет восстановлена непосредственная мистика слов, не магия слов, всегда заколдовывающая; а мистика слов, всегда освобождающая. «Мысль изреченная есть ложь»[31]. Этими проникновенными словами поэта (тоже изреченной мыслью) слишком теперь злоупотребляют. Нас хотят уверить, что всякая изреченность есть рационализирование, т. е. убиение жизни, скрытой за изреченным. Но божественное Слово было изреченностью смысла мира, и не было оно ложью. И всякая изреченность, всякое слово, приобщенное к Логосу, не есть ложь, есть истина. Слова заложены в таинственном существе мира, слова – онтологичны. Реальный смысл слов восстанавливается от соединения с Словом – Логосом, это слово не есть уже рационализация. Когда я говорю с братом по духу, у которого есть та же вера, что и у меня, мы не уславливаемся о смысле слов и не разделены словами, для нас слова наполнены тем же реальным содержанием и смыслом, в наших словах живет Логос. Рационализация слов, на которой так настаивает критическая гносеология, есть распад и разрыв. Номинализм – болезнь. Номиналисты-рационалисты не убеждены, что слова имеют реальное содержание, слишком часто для них они звуки пустые. Для одних слова – жизнь, реальность, действие, для других слова – лишь слова, лишь названия, лишь звуки. Для критической гносеологии всякое сочетание слов есть суждение, а всякое суждение есть рационализация. А объяснение в любви, выраженное словами, тоже – рациональное суждение? А поэзия, которая всегда есть изреченность, тоже – рациональное суждение? Не должна ли быть истинная философия объяснением в любви влюбленных? О, тогда поймут друг друга, тогда все слова будут полны реального содержания и смысла. Как ужасно, что философия перестала быть объяснением в любви, утеряла эрос и потому превратилась в спор о словах. Религиозная философия всегда есть объяснение в любви, и слова ее не рационализированы, значение ее слов не номинальное. Какая ложь, что познание исчерпывается рациональным суждением! Выражение любви есть изречение высшего и подлинного познания. Любовь к Богу и есть познание Бога, любовь к миру и есть познание мира, любовь к человеку и есть познание человека. Для одних сочетание слов есть рациональное суждение, дискурсивное мышление, для других то же сочетание слов есть интуиция, сочетание, полное реального смысла. Этот спор не разрешается гносеологией, это — спор о принадлежности к двум разным мирам, к миру, в котором все рационализировано и слова лишены реального значения, имеют лишь номинальное, и к миру, в котором все дано в мистической цельности и потому слова полны реального значения. Нельзя доказать, что бытие есть бытие, а не форма экзистенциального суждения, можно лишь пережить тот жизненный переворот, после которого покажется безумием превращение бытия в суждение. Откуда известно, что истина всегда может быть доказана, а ложь всегда может быть опровергнута? Возможно, что ложь гораздо доказательнее истины. Доказательность есть один из соблазнов, которым мы ограждены от истины.

§ 9

Несовершенство языка, страшный номинализм слов дает кажущееся оправдание тому учению современного критицизма, согласно которому бытие есть лишь форма экзистенциального суждения и вне суждения бытия нет. И само это утверждение подпадает под страшную власть номинализма слов. Всегда опасно оперировать с словосочетанием «бытие есть» или «бытия нет». «Бытие» прежде всего всегда «есть», и никогда не может быть, чтобы оно «не было». Но что значит «есть»? Неужели «есть» – только в суждении? «Есть» – связка суждения, часть суждения, причем и тут говорят, что «есть» есть часть суждения. Из суждения и его рокового круга нет выхода в номинальном царстве слов. Неужели же все «есть» только в суждении и вне суждения ничего нет? Но ведь «не есть», «нет» – тоже часть суждения. Получается какой-то страшный кошмар. Развязать этого узла нельзя, его можно только разрубить. Разрубить этот узел – значит радикально порвать с номинализмом слов, вернуть словам их реальное, онтологическое содержание и смысл. Мистика языка должна преодолеть кошмар формальной логики и номинальной словесности. Я не хочу, цельным духом своим не хочу находиться во власти номинализма языка и формализма логики, для которых «бытие» форма суждения, во всяком изреченном «есть» дана лишь часть суждения. И я знаю, что я прав, разрубая этот узел, что я служу истине, порывая со всяким формализмом и номинализмом. Если отдаться исключительно власти формально-рассудочного начала, то мы фатально попадаем в царство номинализма слов, слов, лишенных реального смысла, форм, лишенных реального содержания. Только усилием целостного духа можно противиться этому рассудочному формализму и номинализму. Я ведь отлично знаю, какой реальный смысл и реальное содержание имеет изреченная мною мысль, когда я говорю: «то-то есть», а «того-то нет». Я знаю, знаю, что не мое бытие и не бытие мира зависит ох суждения, от связки «есть», а суждение со всеми его частями зависит от моего бытия и бытия мира. Да и все это прекрасно знают. От меня же требуют, чтобы я притворился, что ничего не знаю и целиком завишу от формализма суждений и номинализма слов. Узел разрубается тем, что я исхожу из непосредственной и первичной интуиции бытия, сущего. Рационализированная изреченность в суждении мысли о бытии есть лишь условная форма, в которой для одних дано само бытие, для других дано лишь суждение. Одна и та же форма может иметь разное значение в зависимости от того, находимся ли мы во власти номинализма слов или освободились от нее. К бытию нельзя прийти путем суждения, нельзя его дедуцировать, нельзя рационально его вывести, из бытия можно лишь изойти и в нем пребывать. Знание предшествует суждению и в суждении находит лишь условную форму своего выражения, как могло бы его найти в жестах.

Нельзя ставить знак равенства между «бытием» и «есть» суждения. Относительно бытия недозволительна формально-номиналистическая игра со словом «есть». Этой софистике формализма и номинализма нет конца, если ей отдаться. Риккерт кладет в основу своей философии ценностью, которой окончательно заменяет бытие. Но и Риккерту не один раз приходится обмолвиться словом, что ценность *есть*, существует, т. е. что ценность – бытие. Если ценности *нет*, не существует, то ценность – небытие, что тоже нехорошо. *О ценности ничего нельзя изрекать словами, не может быть учения о ценности, потому что данность должна предшествовать суждению, не зависеть от суждения, а определять его*. Фрейбургская школа, как и всякая другая, не имеет органа для своего учения о ценностях. В изреченном суждении всякое учение, всякая философия ценностей рационализирована. С «ценностью» дело обстоит не лучше, чем «с бытием», и «ценность» и «бытие» одинаково для рационалистической философии помещаются в суждении. Поэтому позволительно предпочесть бытие. Критическая гносеология может быть обвинена в там, в чем она всех так любит обвинять. В ней нет ничего трансцендентального, все исходит из фактической данности, на которой она произвольно захотела себя ориентировать. Вне суждений, из которых состоит знание, не может быть никакой еще гносеологии, никакой философии ценностей. Гносеология оказывается невозможной с точки зрения гносеологии же. Гносеология есть лишь выражение власти номинализма слов. Только интуитивная гносеология внутренно непротиворечива. Актом воли цельного духа я прекращаю игру со словом «есть» и возвращаюсь к реализму. Я «есмь» не только в суждении, которое изрекает «такой-то есть», это я слишком хорошо знаю и все это знают. То же я знаю и обо всем объеме бытия, которое не зависит ни от какого суждения, хотя бы от суждения «сознания вообще», как утверждают гносеологи. Номинализм слов одинаково допускает сказать «бытие есть», «небытие есть», «бытия нет», «Бог есть» и «дыра в кольце есть». «Бытие» не зависит от того, что суждение изрекает свое «есть», так как эта часть суждения готова назвать существующей и дыру в кольце. Бытие = бытию. Это изначально.

§ 10

Риккерт и его школа, с одной стороны, прагматизм Джемса и Бергсона, с другой, – самые замечательные и злободневные явления современной философии. Бергсон и Риккерт – самые, быть может, значительные философские дарования современной Европы, и с ними поневоле приходится считаться. В этих последних результатах европейской философии обостряется до последней степени одна проблема – проблема отношения рационального и иррационального. Современная философия признает иррациональность бытия, и она же гносеологически утверждает рационализм. Это основное противоречие современной философии. Гносеология Риккерта до последней степени рационалистична, но тот же Риккерт вместе с Ласком выдвигает проблему иррационального, иррациональности действительности, иррациональности индивидуальности. Рациональность познания и иррациональность действительности оказываются несоизмеримыми. Познать действительности нельзя, так как рациональное не покрывает иррациональное, познающий субъект не в силах совладать с хаосом, да и действительности не существует как трансцендентной реальности. Против гносеологического рационализма восстает прагматизм Джемса и Бергсона. Прагматизм порывает с отвлеченным познанием, пытается восстановить связь познания с жизнью, вновь превратить познание в функцию жизни – он знаменует собою кризис рационалистической философии. Но прагматизм – плоть от плоти и кровь от крови рационализма, прагматический иррационализм есть лишь обратная сторона рационализма. Джемс и Бергсон – блестящие мыслители, заслуги их несомненны, они пытаются вырваться из ограниченности рационализма и отвлеченности. Но они остаются в том же кругу, так как рационализм и иррационализм пребывают в одной плоскости. Рационализм нельзя победить волюнтаризмом. Рационализм есть царство малого разума, рассудка. Волюнтаризм и иррационализм пасуют перед малым разумом, перед рассудком, и ограничивают его господство лишь темной, иррациональной волей. Субъект и объект остаются разорванными и для волюнтаризма, и для иррационализма, так как они не видят третьего начала, общего для субъекта и объекта, – большого разума, Логоса. Гносеология, в основе которой лежит идея Логоса, разума большого, объединяющего субъект и объект, будет не рационализмом и не иррационализмом, а *сверхрационализмом*. Рационализм и иррационализм, эти дети одной разорванности и разобщенности, побеждаются не слабосильным прагматизмом, а церковной гносеологией, церковным сознанием. Современная гносеология убивает живое брачное познание, потому что не в силах соединить рациональное и иррациональное. Бытие как иррациональное остается вне мышления как рационального, действительность остается недоступной познающему. Только допущение единого органического разума – Логоса в субъекте и объекте соединяет мышление и бытие, выходит за пределы противоположности рационального и иррационального. Но разум – Логос живет и действует только в церковном, соборном, вселенском сознании. Без Бога, без божественного сознания не только Бога, но и мира и человека нельзя познать, так как рациональность субъекта ничего не может поделать с иррациональностью объекта. Всякое подлинное познание есть приобщение к соборному разуму, преодолевающему противоположность рационального и иррационального, есть участие в самопознании абсолютного. Прагматизм Джемса, иррационализм Бергсона, reductio ad absurdum всей критической гносеологии у Риккерта – все эти явления имеют большое симптоматическое значение, помогают выйти из кризиса. Но выход может быть только к церковной гносеологии, к церковному сознанию. Тогда по-новому будут обретены утерянная ясность и утерянный реализм.

Вечным источником идеализма является Индия. В религии и философии Индии даны уже все образцы идеализма со всеми опасностями иллюзионизма. В религиозном и философском сознании Индии можно найти не только Шопенгауэра, но и Риккерта, и весь трансцендентальный идеализм. В трансцендентальном идеализме сказалось индийское отношение к бытию. Бытие становится призрачным, и эта призрачность бытия отлично соединяется с позитивной наукой, с эмпирическим реализмом. Вечным источником реализма является Греция. В философском и религиозном сознании Греции дано вековечное утверждение бытия, дано реальное восприятие души мира. Греческий реализм земли, реализм души мира перешел во вселенское церковное сознание. Новая религиозная философия имеет главной своей опорой не индийский трансцендентализм, всегда акосмический, а греческий реализм. Реализм этот хранится в церкви.

§ 11

Модное ныне риккертианство, которое пришлось ныне ко двору, есть в сущности разновидность фихтеанства. Фихте продолжил дело Канта в сторону окончательной замены бытия долженствованием. Фихтеанство не выносит никакого завершения в абсолютном бытии. Дух этот требует бесконечного процесса в осуществлении долженствования. Бога нет. Бог должен быть, но Бога никогда и не будет, так как процесс осуществления Бога – долженствования не имеет завершения, не имеет конца. Божественное – вечная заря. Поэтому дух фихтеанский находится во власти дурной множественности, плохой бесконечности. Духом этим пользуются те, которые хотят оставить за собой право выбора между бесконечным множеством последних истин. Выбор этот никогда не бывает последним, так как последнее требует завершения. Дух этот боится того завершения, конца, который дан в абсолютном бытии. Все дальше и дальше отодвигается то, что должно быть сотворено, и так без конца, без разрешения конфликта времени и вечности. Это и есть философия ценностей, которая неизбежно закрепляет дурную бесконечность. Только философия сущего ведет к хорошей бесконечности, к вечности, к концу. Неофихтеанская философия ценностей пленяет тем, что она выдвигает и обоготворяет творческий акт. Но этот творческий акт не идет от сущего и не идет к сущему, он остается призрачным. Абсолютное – становящееся, но не сущее. Живого Бога нет, есть лишь Бог норм и ценностей. Это – кошмар, кошмар дурной, поистине дурной бесконечности. Ведь и в философии сущего абсолютное становится в творческом акте, но абсолютное – и сущее, Бог – жив[32]. Наша эпоха тяготеет к философии отрицательной бесконечности. Но победит философия положительной вечности.

Риккерт очень злоупотребляет словом «переживание». Только чистое «переживание» не рационализировано, только в неизреченном и необъективированном «переживании» есть «мистика». Но эта чистая, свободная «мистика переживаний», которую, кстати сказать, признают решительно все, все позитивисты и рационалисты, оказывается самым ужасным рабством. Мне пикнуть не позволяют, не позволяют сделать никакого движения, ни в чем выразиться. Немедленно меня заключают под стражу рационализма, садят в темницу рационализирования. Мистика переживаний, которую любезно и либерально разрешают, ни в чем не может выразиться. В качестве мистики я ничего не могу делать, ничего говорить, ничего писать. Я могу объективировать себя лишь в качестве рационалиста. Это тоже какой-то кошмар. Ведь в известном смысле «переживание» есть все и все есть «переживание». «Переживание» нельзя отделить от познания, и само познание совершается внутри «переживаний». Риккерт предлагает пережить все то, что относит к иррациональному и последнему. Но что значит «пережить»? Почему знание, культура и проч.

не есть жизнь, не есть «переживание»? Жизнь есть все. Нельзя выделить из жизни философию, искусство, культ. Я «переживаю», когда познаю, мое познание всегда есть «переживание». Тем более художественное творчество есть «переживание». «Переживание» неизбежно объективируется и выражается. «Переживание» мы находим не только в душе человека, но и в душе мира, в истории, в культуре. Вся культура есть объективирование мистических «переживаний». Вся культура развивается из культа, это исторически и научно установлено; культ же есть объективирование религиозной мистики, и в нем нет никакой рационализации. Объективирование, изречение, воплощение в актах не есть рационализация, не есть умерщвление; это – продолжение творения мира, творчество совместное с Богом. Если вы творите совместно с Богом, то ваша философия, ваше искусство, ваша общественность не будут рационализированы и умерщвлены, все останется живым, творческий акт будет мистичен не только в своем источнике (в субъекте), но и в своих результатах (в объекте). В теургическом, совместном с Творцом творчестве субъект и объект тождественны, мистичен не только субъект, но и объект.

У риккертианцев получается очень смешной вывод: все мистики, те мистики, которых знает история, все эти Эккерты, Бемы, Сведенборги, Баадеры, Соловьевы, все они оказываются рационалистами. Те, которые писали мистические книги, совершали мистические действия, те не мистики, а вот мистики те, которые никогда ни в чем не выражали своей мистики, ни в словах, ни в действиях, у которых мистика оставалась в сфере чистого «переживания». И святые – не мистики, у них мистика всегда ведь в чем-то выражалась, раскрывалась, объективировалась, т. е. рационализировалась. А вот те, которых мы знаем как явных рационалистов и позитивистов, те, у кого жизнь не была реализацией и объективацией мистики, те, вероятно, настоящие мистики. Может быть, Риккерт и Коген или даже Маркс и Спенсер – настоящие чистые мистики; у них ведь, наверное, есть «иррациональные переживания», и они ни в чем этих иррациональных переживаний не выразили, не объективировали и не реализовали, т. е. не убили своей мистики рационализированием. Мистик тот, о ком даже и догадаться нельзя, что он мистик, и рационалист тот, кто является нам мистиком. Мы же на это говорим риккертианцам и другим критикам: руки прочь. Мистики те, которые живут мистикой, страдают мистикой, готовы всем пожертвовать для того, чтобы мистику объективировать и реализовать в мировой и исторической жизни. Тот лишь мистик, кто любит мир иной, божественный, и не мистик – слишком любящий мир этот.

§ 12

Реальность не может ни в каком смысле зависеть от рефлексии, от познания, от рационализирования. Всякая познавательно-рационалистическая рефлексия – вторична и производна, реальность же первична и не производна, она дана до всякого рефлектирования, до самого раздвоения на субъект и объект. Проблема реальности бытия, проблема трансцендентного, как любят говорить, не может быть ни поставлена, ни решена рационалистической гносеологией. Проблема эта разрешается положительно до всякой гносеологии, разрешается в «переживании», как сказал бы Риккерт, но «переживание» это есть уже познание. В критической гносеологии проблема трансцендентного бытия принимает призрачный характер и разрешается лишь номинально. В трансцендентном бытии никто серьезно, жизненно, полнотой духа не сомневается. Сомнения гносеологов – чисто словесные сомнения. Номиналистическая схоластика – вот что такое гносеологические исследования трансцендентного. Трансцендентное словесно побеждается гносеологией. Оно реально утверждается полной жизнью духа. Полнота же и цельность жизни духа заключает в себе познание, это не риккертовское «переживание». Интуитивное, целостное, органическое познание совершается в первичном, не рационализированном сознании. Модное же слово «переживание» лучше было бы окончательно бросить. Этим бессодержательным словом слишком злоупотребляют. Слово это имеет скверный привкус и запах, оно болезненно. Эпохе «переживаний» пора положить конец. Переживание есть полнота опыта – вот единственный смысл этого слова. А полноту опыта нельзя противополагать знанию.

Самую проблему трансцендентного пробуют устранить тем, что всякую реальную действительность рассматривают как содержание сознания. Но этим лишь призрачно и словесно отодвигают трансцендентное. Допустим, что всякое бытие есть лишь содержание сознания, имманентно ему, но содержание «сознания вообще», сверхиндивидуального сознания, сознания трансцендентального. В этом случае роковым образом само «сознание вообще» становится трансцендентным, как то и обнаружилось в германском идеализме начала XIX века. Сверхиндивидуальное сознание неизбежно принимает онтологический характер, или, как у позитивистов, оно принимает характер психологический и биологический. *Основное и неустранимое противоречие критической гносеологии я вижу в том, что для нее трансцендентальное сознание неизбежно превращается в объект, и должно предшествовать всякому объекту.* Но если трансцендентальное сознание есть объект, а сама гносеология есть познание, то должно быть нечто предшествующее этому объекту, т. е. предшествующее трансцендентальному сознанию, и должна быть гносеология гносеологии, теория гносеологического познания. И так до бесконечности. Никогда мы не достигнем того, что уже ничего не предполагает раньше, что уже не требует критического исследования. Критическая гносеология не имеет органа, которым могла бы оправдать свои операции, ее субъект является ее же объектом, и потому гносеология попадает в порочный круг. На этот неисправимый порок критической гносеологии упорно не хотят обратить достаточного внимания. В конце концов, гносеологический критицизм есть лишь одно из метафизических направлений, и притязания его быть выше всякой метафизики и предшествовать всякому познанию прямо смешны. Виндельбандт и Риккерт остроумно пробовали свести всю гносеологию к долженствованию, к ценности и этим привели ее к абсурду. Это – этически ориентированная метафизика, как у Фихте. В такой этической гносеологии нет никаких признаков объективной научности. Для этой гносеологии знание в конце концов сводится к вере, к свободе выбора, к этике воли. Тут я готов вступиться за объективную науку. Научное знание заключает в себе объективную и неустранимую принудительность; науку нельзя этизировать, нельзя превращать ее в постулаты долженствования. Обыкновенные позитивисты правильнее смотрят на науку, чем Виндельбандт и Риккерт. В позитивной науке должен быть утвержден позитивизм, а не идеализм. Мы признаем различные ступени познания: познание научное не должно быть смешиваемо с познанием мистическим, хотя и на научное познание может быть пролит мистический свет. Но в теории научного познания позитивизм Маха, прагматизм таких ученых, как Пуанкаре и т. п. , гораздо плодотворнее и ближе к работе ученых, чем метафизика Когена, Риккерта и др. Критический идеализм гносеологов для науки не только не нужен, но даже вреден, так как вносит разлагающую рефлексию в здоровую работу ученых. Все великое в науке сотворено духом непосредственного, проникающего в объективность природы реализма, а не рефлектирующего, гносеологического идеализма, не наука предполагает гносеологию, а гносеология предполагает науку. Это ясно обнаруживается в школе Когена, которая не может существовать иначе, как питаясь фактом положительной науки, математического естествознания. Еще раз повторяю: критическая гносеология есть лишь паразит науки, болезненная рефлексия от худосочия. От гносеологии нужно защищать ныне самую науку, которой грозит опасность отдаления от объективности природы вследствие рефлектирующего самоанализа[33]. Науку нужно спасать, а не метафизику или теологию. Гносеология отнимает у нас природу, посягает на научное здоровье в нашем отношении к природе.

§ 13

Нельзя этизировать познание подобно Виндельбандту и Риккерту, но должна быть этика познания. Нельзя нормально познавать без этики познания не потому, что логика и гносеология имеют исключительно дело с нормами долженствования, а потому, что познание есть функция жизни и предполагает здоровую жизнь познающего. Позитивная наука имеет творческое значение, в ней жизнь мира просветляется. Знание позитивной науки не есть пассивное состояние, пассивное отражение, оно всегда есть активное усилие, действие в мире, знание всегда «прагматично». Достижение истины, просветление всегда есть творческая активность познающего, путем которой он приобщается к мировому, соборному разуму. Всякое знание, самое даже научно-позитивное, предполагает известное самоотречение и самодисциплину. Активность знания есть фактор *развития* мира, самораскрытие и самоформление вселенского бытия.

Я не предлагаю вернуться к первоначальной наивности, это было бы невозможно и это значило бы, что весь процесс мирового самосознания совершился даром и ничего не завоевал. Тот дифференцирующий процесс самосознания, которым наполнена история философии, имел положительную миссию, он ко многому привел. Тот путь, которым мы должны идти, есть, конечно, путь критический, хотя и не путь «критицизма». Синтетическая целостность жизни духа может и должна быть воссоздана после всех испытаний критической дифференциации, должна быть осуществлена как высшая ступень бытия. Критический, сознательный, творческий догматизм – вот к чему мы идем. Нельзя противопоставлять творчество догматизму. Скорее можно было бы сказать: творчество невозможно без догматизма, без догматического упора, без догматических утверждений. Только лишенный творчества критицизм противоположен догматизму. Все творцы – догматики, образ и подобие Единого Творца – Догматика. Творчество и есть позитивный догматизм. Отрицательный же критицизм есть иссякание творчества. Только «догматики» восходят по ступеням ввысь, развиваются, творят, «критики» толкутся на месте, вращаются в кругу. Догматы и есть ступени восхождения. Восхождение по лестнице познания невозможно без догматов, без догматов нельзя стать на одну ступень, чтобы потом перейти на высшую. Догматы – могучее орудие творческого перерождения мира, творческого его развития. Без догматов всегда останемся в низах. Только догматы – лестница к небу и Богу. Только догматические, органические эпохи – творческие, дерзающие, эпохи исключительно критические лишены творчества, плоски. Мы добивались критицизма как права, а когда добились, то обеднели и припали к земле. Теперь мы добиваемся права преодолеть критицизм, хотим нового догматизма, укрепленного на нашем богосыновстве.

Метафизика превратилась в жупел, стала синонимом рационализма. Можно думать, что только метафизики – рационалисты, а вот критицисты и позитивисты – те не рационалисты. Какая путаница понятий! Спора нет, что метафизика слишком часто бывала крайним рационализмом, не специально метафизика, а вообще философия, целое направление человеческого мышления и познания. Критицисты и позитивисты – только последние результаты этой рационалистической метафизики, не им судить, в их владении нет такого места, с которого можно было бы наблюдать и исследовать рационализм в метафизике. Рационалисты не могут судить о рационализме. Не могут осуждать рационализм те, которые во всяком познании и во всяком объективировании видят рационализацию. Именно те и должны быть названы рационалистами, которые всюду видят рационализацию и вне рационализации допускают лишь «переживание». О рационализме и нерационализме в метафизике нужно предоставить судить мистикам. Психически расстроенный не может быть врачом психиатрической лечебницы. Рационализм есть болезнь и расстройство, мистика есть здоровье и нормальность. У рационалистов и метафизика будет рационалистическая, но метафизика никогда не была рационалистической у мыслителей религиозных, у мыслителей-мистиков, прикасающихся к живой сущности бытия. Метафизика рассудка – рационалистична, но не рационалистична метафизика Логоса. Не всякое знание есть рассудочное суждение. Суждение есть одно из орудий знания, но живая полнота знания не может исчерпываться суждением. Спиритуалистическая метафизика не есть психологизм, она не может быть добыта психологической наукой. Дух дан в непосредственном, нерационализированном опыте, а не в том рационализированном опыте, с которым имеет дело психология.

§ 14

Человек – микрокосм, в нем дана разгадка тайны бытия – макрокосма. Вот основная истина всякой религиозной метафизики. Этой истине учили мистики всех времен. Эта истина утеряна позитивизмом, критицизмом, эмпиризмом, рационализмом. Истине этой соответствует особая гносеология, отличная от господствующих гносеологических типов, – гносеология священной философии. Лишь для церковной гносеологии становится понятной та истина, что человек – микрокосм. Только церковная гносеология владеет тем соборным большим разумом, который одинаково живет в субъекте и объекте, в человеке и в мире. Человек-микрокосм есть столь же многосложное и многосоставное бытие, как и макрокосм, в нем есть все, от камня до Божества. Во всех оккультных учениях скрыта, в сущности, все та же таинственная истина о человеке-микрокосме. Осмысливается эта тайна лишь в церковном сознании. Лишь микрокосм в силах постигнуть макрокосм. Человек потому постигает тайну вселенной, что он одного с ней состава, что в нем живут те же стихии, действует тот же разум. Человек – не дробная, бесконечно малая часть вселенной, а малая, но цельная вселенная. Человек – вселенная, и потому вселенная ему не чужда. Эти две вселенные – микрокосм и макрокосм – реально, бытийственно соприкасаются и сливаются лишь в церкви; лишь в церковном разуме, церковном сознании совершается подлинное познание макрокосма. Церковь – душа мира, и лишь в премудрой душе мира, в премудрой женственности – Софии оба космоса – малый и большой брачно сливаются в познании. Церковное сознание, церковный разум есть неосознанная предпосылка всякой гносеологии, для которой познание есть брак познающего с космосом, познающий имеет отношение к бытию и в бытии что-то совершает. Гносеология покинутых, предоставленных себе уже прошла весь круг своего развития, на пути этом некуда уже податься.

Истина не есть отвлеченная ценность, ценность суждения. Истина – предметна, она живет, истина – сущее, существо.

«Я есмь истина»

«Я есмь истина»[34]. Поэтому истина – путь и жизнь. Поэтому знать истину значит быть истинным. Познание истины есть перерождение, творческое развитие, посвящение во вселенскую жизнь. Истина – сущее. Познать истину значит познать сущее. Познать сущее нельзя извне, можно только изнутри. Во внешнем объективировании сущее не познается, оно умерщвляется. Лишь углублением в микрокосм познается макрокосм. Углубление же в микрокосм не есть субъективизм, это разрыв всех граней субъективизма. В глубине человека заложена реальная вселенная, в нем живет вселенский разум, и найденная в человеке вселенная и вселенский разум всего менее могут быть названы человеческим субъективизмом, субъективным человеческим «переживанием». Это путь реализма, объективизма, универсализма, а не индивидуализма, субъективизма, идеализма. Разум церковной веры есть цельный, органический разум, разум вселенский. И свобода дана в самом начале философствования этого разума, в начале, а не конце. Это – философия свободы, философия свободных. Бытие, жизнь духа даны изначально, даны сознанию первичному, не рационализированному, сознанию церковному, разуму церковному. Познание не есть рационализирование бытия и жизни, а есть их внутреннее просветление, их творческое развитие. Познание истины есть посвящение в тайны бытия. Необходимо прежде всего отказаться от рационалистического призрака отвлеченной, исключительно интеллектуальной истины. Истина добывается не только интеллектом, но и волей, и всей полнотой духа. Поэтому истина спасает, истина дает жизнь.

ГЛАВА IV.
ОБ ОНТОЛОГИЧЕСКОЙ ГНОСЕОЛОГИИ

I

Книга Н. О. Лосского «Обоснование интуитивизма»[35] — выдающееся явление не только русской, но и европейской философии. Книга эта — не обычная профессорская диссертация, не полезная работа преподавателя и популяризатора философии, а вполне оригинальное творение философа. Лосский враждует со всей современной философией, противоборствует основной ее тенденции и по самобытности своих философских стремлений может быть назван русским философом. Русское интеллигентное общество или совсем презирает философию и отказывается хоть что-нибудь в ней знать, или увлекается разными европейскими философскими учениями, поклоняется учениям модным и новейшим. Много у нас было кумиров: то материалисты, то Конт, то Спенсер, то неокантианцы, то Авенариус. О существовании русской философии почти не подозревают, первостепенного русского философа у нас меньше знают, чем третьестепенного немца. Русская интеллигенция не чтит своей национальной мысли и слишком привыкла пасовать перед последними словами мысли европейской. Философская культура у нас очень невысока, средний уровень низок, в этом мы совсем не выдерживаем сравнения с немцами. Но Россия страна контрастов во всем: в ней можно встретить самое высокое наряду с самым низким. Существует русская философская школа с оригинальной национальной физиономией. Школа эта впитала в себя лучшие традиции германской и греческой философии и полна творческих задатков. В душе русских философов живет уважение к великому прошлому философии; все они защищают права метафизики в эпоху философского безвременья.

Достаточно назвать имена И. Киреевского, Хомякова, Чичерина, Вл. Соловьева, Козлова, Лопатина, кн. С. Трубецкого и Н. Лосского, о котором речь пойдет, чтобы видно было, что в России есть философия и что в философии этой есть оригинальные стремления. Молодое поколение, философски ищущее и мыслящее, могло бы найти у русских мыслителей большие богатства, чем у Авенариусов, Риккертов, Шуппе, Когенов и др. представителей философии европейской. Наше сознание слишком загипнотизировано философским модернизмом, в котором мельчает мысль[36] и гибнут великие философские стремления и традиции прошлого. Книга Лосского тем и замечательна, что в ней модернизм возвращается к тому, что было великого и вечного в прошлом философии. При поверхностном чтении гносеологию Лосского легко смешать с школой имманентного монизма: многое как будто бы напоминает Шуппе, даже Авенариуса, новейших критицистов и эмпириков[37]. Но это только первое впечатление. Душа гносеологии Лосского тяготеет к русской философии, хотя по методам, по способу подхождения он отличается от русских метафизиков, недостаточно считавшихся с новейшими течениями. Замечательная книга Лосского отражает тот глубокий кризис всей новейшей философии, новейшего критицизма и эмпиризма, после которого оказывается внутренне неизбежным переход к сознательному мистицизму. Лосский делает знаменательное усилие выйти из тупика, в который попался европейская философская мысль, он рвется на свободу из клетки, выстроенной отвлеченными гносеологиями, так оторвавшими человека от бытия. Критицизму, совершенно упразднившему бытие, достигшему формалистической пустоты в гносеологическом самопогружении в субъект, эмпиризму, ограничившему опыт и вытравившему из него все живое, придется с Лосским более считаться, чем с Вл. Соловьевым и другими философами-мистиками. Лосский сам очень критицист и очень эмпирик, и он кует новое оружие против последних слов европейской философии. Книга Лосского очень парадоксальна по внешности и нелегко понимается. Многие его утверждения совершенно не вмещаются мышлением, прошедшим антиреалистическую школу новейшей европейской философии, испорченным навыками рационализма. Труднее всего понять *реализм* Лосского, его возвращение к бытию.

Вся европейская философия в последних своих результатах страдает болезнью антиреализма, разобщенностью с бытием. Критическая и эмпирическая философия во всех своих формах одинаково неспособна уловить бытие. Как могло случиться, что философия, жаждавшая познать бытие, постигнуть мир, дошла до упразднения своего объекта, до признания своей цели иллюзорной? Субъект искал объекта, а нашел лишь самого себя в формальной своей бессодержательности, мышление устремлялось к бытию, а погрузилось лишь в свои собственные состояния, знание обращалось к живому, а находило мертвое, опосредственное. Отвлеченный рационализм в самой постановке проблемы знания породил эту оторванность от бытия, но сам рационализм был более чем ошибкой сознания, был тяжелой и общей болезнью человеческого духа. В чем же природа этого отвлеченного рационализма, к которому всегда относилась критически русская философия?

Европейская рационалистическая философия нового времени вращается в сфере мышления, оторванного от своих живых корней, критически-сознательно отделенного от бытия. Самопогружением в субъект, блужданием по пустыням отвлеченного мышления пытались философы разгадать мировую тайну. Само разделение на субъект и объект, из которого вырастает гносеологическая проблема, само аналитическое нахождение в субъекте различных формальных категорий есть уже результат рационалистической отвлеченности, неорганичности мышления, болезненной разобщенности с живым бытием. Пытались разгадать тайну познания гносеологическим анализом субъекта и его элементов, тщательным отделением субъекта от бытия, выделением «мышления» в замкнутую и самостоятельную область, живущую по своему закону. Но может ли иметь хоть какую-нибудь жизнь область, оторванная от всякой жизни и противопоставленная всякой жизни? Не есть ли тайна познания и тайна бытия одна и та же тайна? Отделение мышления от бытия, знания от мира стало предпосылкой всякой философии; в этом отделении философы видят всю гордость философской рефлексии, все свое преимущество – перед мышлением наивным. Отвлеченные философы считают доказанным и показанным, ясным и самоочевидным, что философии следует начинать с субъекта, с мышления, с чего-то безжизненно формального и пустого; но почему бы не начать философствовать с кровообращения, с живого, с предшествующего всякой рациональной рефлексии, всякому рациональному рассечению, *с органического* мышления, с мышления как функции жизни, с мышления, соединенного с своими бытийственными корнями, с непосредственных, первичных данных нерационализированного сознания? В отвлеченном, оторванном, умерщвленном мышлении, претендующем на полную самостоятельность и верховенство, ничего нельзя найти, кроме пустоты, бессодержательных форм: там нет жизни, нет бытия. Погружаясь в субъект, заранее оторванный от всякого объекта, отделенный от объекта непроходимой пропастью, нельзя разгадать никакой тайны, можно лишь испытать болезнь рационалистического бессилия. Весь путь блужданий по пустыням отвлеченного мышления уже пройден европейской философией и дал свои горькие плоды. Все оттенки отвлеченного рационалистического мышления уже изжиты, нового выдумать нельзя ничего, можно только варьировать старое, что и делает на разные лады современная немецкая философия. На вершине «критической» философии нам предлагают вместо *сущего* препарированную в кабинете *ценность*. Новым может быть лишь отречение философского мышления от своей отвлеченности и верховенства, от той ложной самостоятельности, которая делает его безжизненным и безнадежно оторванным от бытия. Новая философия может быть лишь воссоединением мышления с живыми корнями бытия, лишь превращением мышления в функцию живого целого. Философия должна стать сознательно *органической*, восстановить органичность, свойственную мышлению первоначальному, но обогащенную высшим сознанием, впитавшую в себя все завоевания дифференцирующего прогресса.

Рационалистической отвлеченностью страдает не только рационализм в собственном смысле этого слова, докантовский рационализм Декарта, Спинозы и Лейбница, послекантовский рационализм Гегеля, но нисколько не в меньшей степени и сам Кант, и Юм, и вся критическая философия. Критицизм и эмпиризм – лишь разновидности рационализма, так как и их исходной точкой является отделение субъекта от объекта, отрывание мышления от бытия, анализ элементов сознания, субъекта, мышления, вырванных из живого целого, из непосредственного бытия. Все эти направления одинаково исходят из вторичного рационализированного сознания. Правда, и критицизм, и эмпиризм много говорят об «опыте», эмпиризм даже исключительно ссылается на опыт, но опыт этот подозрителен своей рациональностью, своей ограниченностью, своей мертвенностью. У критицистов опыт сознательно умерщвлен, скован категориями, соткан из элементов субъекта. У эмпириков опыт бессознательно умерщвлен, незаметно рационализирован, но столь же ограничен, столь же мало можно в нем испытать. Сама проблема Канта: как возможен опыт, который дает материал познания, как устраивается он субъектом, сама эта проблема предполагает разрыв между субъектом и объектом, между мышлением и живым опытом бытия. Юм был скептичен, почва под его ногами колебалась. Кант был критичен, ощущал твердость почвы. Но оба они одной крови, для обоих субъект был безнадежно оторван от объекта, оба сносились с живым миром через посредников, не знали непосредственного касания мышления бытию. В опыте критицистов и эмпириков не дано бытие, не присутствует действительность, не трепещет жизнь. Опыт этот рационально конструирован, и самый спор эмпириков и критицистов в значительной степени формалистический, почти схоластический. Милль и современный неокантианец разногласят на словах, на деле они одинаково уверены в твердости своего знания и своего опыта и ни в чем серьезно не сомневаются. Критическая философия, следующая за Кантом, но лишенная его глубины и величия, вырождается в неосхоластику, подменяет философию словесностью, и притязания ее быть «критической» по преимуществу прямо смешны. Кант велик, и значение его в истории философской мысли огромно не потому, что он породил неокантианство, а потому, что породил философию Фихте, Гегеля и Шеллинга.

Самомнение критической философии, ведущей свое летосчисление с «коперниковского» переворота Канта, представляется мне ни на чем не основанным. Пределом внутреннего развития философии Канта остается Гегель, а не Коген или Риккерт, в этом исторический смысл кантианства, классического кантианства, а не эпигонства. Если понимать принцип критицизма формально, как исследование природы познания, то критическая философия начала свое существование задолго до Канта: критикой познания занималась еще греческая философия и всякая настоящая философия непременно критическая. Различие между критицизмом и догматизмом в философии условно и относительно, и критическая философия не менее догматична, чем всякая другая. Это мы увидим, разбирая книгу Лосского, философа вполне критического и вполне догматического. Критической принято называть такую философию, которая строится без всяких онтологических предпосылок, догматической же принято называть всякую онтологическую философию. Но критическая по преимуществу философия Канта с диалектической неизбежностью ведет к допущению универсального субъекта, сверхиндивидуального разума, и эта оригинальность критицизма в дальнейшем своем развитии придает гносеологии онтологический характер. Порожденный Кантом Гегель уже говорит, что нельзя выучиться плавать, не бросившись в воду, нельзя строить теории познания, не познавая. А это значит, что гносеология неизбежно онтологична.

На примере Лосского я постараюсь показать невозможность гносеологии, отделенной от онтологии, неизбежно онтологический характер всякой гносеологии. В конце концов, философия всегда догматична, и задача лишь в том, чтобы наш догматизм был как можно более сознательным и критическим, чтобы онтологические предпосылки были как можно более осмысленными. Субъект и его категории — столь же онтологическая предпосылка критической философии, как и объективное бытие и его свойства у наивных реалистов. Специфическая критичность критической философии основана на разрывании живого целого, на рассечении того живого организма, в котором совершается акт познания как акт жизни. Критичность эта основана не на констатировании непосредственно данного, а на искусственном устранении всего *непосредственного*, всего первоначального и неразложимого в своем живом единстве. Нам дан *акт познания как акта жизни*, как живое — вот что мы находим непосредственно и первоначально[38]. Наше познание есть плоть от нашей плоти и кровь от нашей крови, и нельзя постигнуть тайну познания, умерщвляя в нем жизнь. Критическая философия начинает с убийства, с рассечения, и это преступление называет критическим мышлением, преодолением догматизма. Но сама жизнь познания догматична, в ней так же заключены «догматы», как кровяные шарики заключены в нашей крови. Кант все хотел достигнуть твердости в познании, строил крепость, именуемую априоризмом. Но априоризм есть изобретение отвлеченного мышления, он открывается самопогружением в субъект. В действительности априоризм есть лишь фактическое констатирование твердости в познании, осознанное ощущение жизненной твердости познания. Стали на твердое место и говорим об этом — вот и все. Это — жизненная твердость самого бытия, в котором мы в данном состоянии пребываем. Почему не видеть в так называемых априорных основах знания основ самого объективного бытия, которые входят в познающего с силой и твердостью? И скептицизм есть жизненный дефект, скорее всего дефект воли. Ниже мы увидим, почему сам вопрос об априорности в значительной степени схоластический вопрос, а сама априорность мало чем отличается от апостериорности. В объекте так же может заключаться основа твердости знания, как и в субъекте.

Так же неосновательны претензии эмпирической философии быть исключительной обладательницей и охранительницей опыта. Философия эта отвергает разум, отвергает все, кроме опыта, который возводится на трон человеческого познания. Но странным образом этот всевластный опыт нисколько не сближает познания с бытием, субъект остается оторванным от объекта, действительность продолжает отсутствовать в познании, самой жизни нет в опыте. И происходит это оттого, что эмпирики – бессознательные рационалисты, признают лишь рациональный опыт, отвергают все непосредственное и живое в познании. Эмпирический феноменализм старательно изгоняет живое бытие из познания, действительность сводит к явлениям в сознании, слишком многое относится на счет абстрагирующего процесса того самого мышления, силу которого отвергают эмпирики во имя опыта. Пространство и время оказываются гораздо менее реальными, чем у Канта, являются результатом процесса абстрагирования от опытов смежности и сосуществования. Все непосредственно живое отвергается, разлагается на элементы, из которых оно может получиться лишь путем алхимии мыслительной абстракции. Когда эмпирики отвергают чудеса и утверждают закономерность всего происходящего, когда они ставят границы опыту и заранее слишком хорошо знают, чего в опыте никогда не может быть дано, они являются самыми настоящими, хотя и наивными, рационалистами. *Рационализм есть состояние человеческого духа, а не гносеологическая доктрина.* И нужно бороться за опыт, за его безграничные права против эмпирической философии. Права живого, полного, непосредственного опыта, не опыта рационализированного знания, а опыта жизни духа в его целостности должны быть восстановлены.

Смысл кризиса всей современной философии – в возврате *к бытию и к живому опыту*, в преодолении всех искусственных и болезненных перегородок между субъектом и объектом. Должна быть создана новая *философия тождества*, по духу родственная шеллинговской, но обогащенная всеми новыми завоеваниями. В известном смысле это будет возвращением к философскому *примитивизму*, к некоторым сторонам древней досократовской философии, но на почве высшей сознательности, а не наивности. Должен быть восстановлен и на незыблемых основаниях утвержден *реалистический* тезис относительно бытия, реалистический критерий истины и реалистическое понимание процесса познания. *Гносеологический реализм* одинаково противоположен трем основным направлениям гносеологии – рационализму, эмпиризму и критицизму; он признает частную истинность всех трех направлений, но сам становится сознательно мистическим. Опыт есть сама жизнь во всей ее полноте и со всеми ее бесконечными возможностями; мышление есть само бытие, объект знания присутствует в знании своей действительностью. Что знание не есть нечто отличное от бытия и противоположное ему, а есть само бытие – этот здоровый реалистический тезис очень трудно усвоить себе современному сознанию, засоренному всеми формами рационализма; он звучит чем-то наивным и примитивным, досократовским и почти что дофилософским. Гносеология обычно формулирует свою проблему так: *отношение мышления к бытию*, познающего субъекта к познаваемому объекту. И в этой постановке проблемы субъект уже оторван от объекта, мышление уже берется отвлеченно от жизни бытия. Но, быть может, под этим скрывается другая проблема, более жизненная и гораздо более изначальная, предшествующая самой абстракции «субъекта»: *проблема отношения бытия к бытию, одной функции жизни к досугам функциям мировой жизни*. Субъект, мышление – все это вторичные продукты рационалистической рефлексии, предпосылки вполне догматические. Первоначально, непосредственно дано бытие, живая действительность и отношения *внутри* этой действительности, а не отношение к ней чего-то *вне* ее лежащего. Никакого субъекта и мышления вне действительности, вне бытия нет; на такое место и стать нельзя – место это есть пустота, фикция. Этим нисколько, конечно, не отрицается, что в самой действительности, в бытии мышление, познание играет большую роль, возможно даже, что основа бытия есть Разум, Логос. И не возникла ли сама ошибка рационалистического сознания и отделение мыслящего субъекта от бытия из той неосознанной истины, что в основе бытия лежит Логос, разумное начало? Но в Логосе субъект и объект тождественны; в мировой жизни Логоса акт познания есть акт самой жизни, знание есть бытие (знание есть непременно бытие, но бытие не есть непременно знание, как думал Гегель). И не должна ли быть всякая гносеология онтологической, сознательно онтологической, т. е. исходить от бытия и того, что в нем первоначально дано, а не из субъекта и того, что в нем дано вторично? Все это я постараюсь показать на разборе книги Лосского, который, с одной стороны, прокладывает тот новый путь, о котором мы говорим, а с другой – допускает одно недоразумение, очень опасное для мистической гносеологии.

II

Книга Лосского оригинальна и порывает с господствующими традициями современной философии. По своим стремлениям Лосский как бы продолжает дело русской философии. Но он двойствен, его философия, органическая по тенденции, остается отвлеченной по методу. Того религиозного духа, который был у всех почти русских философов, у Лосского пока еще не видно. Лосский хочет построить теорию познания, сделав вид, что он ничего не знает о мире, что эта теория знания может привести как к материализму, так и к мистической метафизике. Лосский хочет себя уверить, что у него нет никаких волевых предпочтений, никаких благодатных интуиций по отношению к бытию, интуиций, предшествующих его интуитивной теории знания. Этот методологический прием, заимствованный у критицистов, не только не обязателен для Лосского, но, как мы увидим, внутренне для него противоречив, так как его теория знания не пропедевтическая, а онтологическая и внутренне не может не быть таковой. Лосский хочет не *интуитивно обосновывать интуитивизм*, подходит к интуитивному знанию с навыками критического позитивизма, укрепляет мистицизм, сознательно оставаясь вне мистицизма. Но обосновывать интуитивизм значит быть в интуитивизме до всякого обоснования и отрицать место вне интуитивизма; утверждать мистицизм значит быть в мистицизме и отрицать возможность пребывания вне его. На этой почве у Лосского возникает формальное противоречие, в котором повинно его нежелание признать свою гносеологию онтологической. Но методологический прием

Лосского, отграничивающий теорию знания от всякой онтологии, от всякого содержания интуитивно-мистического знания, должен импонировать его противникам из лагеря критицизма и позитивизма; эта слабость Лосского может оказаться силой в его борьбе с противниками. Книга Лосского должна послужить окончанию кризиса, который выведет философию на новый путь. Книга его характеризуется переходом от философии *формальной* к философии *материальной*, от *индивидуалистического* понимания процесса знания к пониманию *соборному*.

Лосский радикально и решительно отрицает всякую грань между субъектом и объектом, между знанием и бытием. Он признает наличность бытия в познании, непосредственность восприятия мира и этим порывает с традициями рационалистов, эмпириков и критицистов. Лосский задается целью показать в своей гносеологии, что сама действительность присутствует в знании, что бытие всегда имманентно знанию. И это поистине революционная точка зрения, знаменующая собой переворот в теории знания, так как большая дорога в развитии теории знания вела до сих пор к все большему и большему разобщению между субъектом и объектом и полному отрицанию возможности овладеть бытием, добиться присутствия в знании самой действительности. Очень важно установить, что для Лосского в знании дано не адекватное отражение, верная копия действительности, а сама действительность. Познание есть непосредственная жизнь самого бытия — вот что утверждает Лосский. Вместе с тем точка зрения Лосского не есть имманентный идеализм, он ведь не утверждает, что всякое бытие имманентно сознанию. Решительное его отрицание трансцендентности знания совмещается с признанием трансцендентности бытия. Бытие трансцендентно субъекту, вне его самостоятельно существует, но в акте познания бытие становится имманентным субъекту, присутствует непосредственно в познающем субъекте. Всякое допущение трансцендентности знания, т. е. предположение, что бытие или отражается в субъекте неверно или верно отражается, для Лосского так же абсурдно, как и предположение, что познание есть лишь состояние нашего сознания. *Не-я* не отделено от *я* никакой пропастью, *не-я* входит в *я*, что и называется знанием, а потом выходит из *я*. Очень сильна у Лосского критика индивидуалистического эмпиризма (что и есть позитивизм), сводящего весь опыт к состояниям замкнутого *я*. В этом эмпиризме окончательно утрачен «идеал живого знания». Индивидуалистический эмпиризм полагает, что весь опыт есть мое субъективное состояние, в то время как универсальный эмпиризм Лосского видит в опыте саму живую действительность в ее необъятности. «Шар, составляющий содержание нашего восприятия, и есть именно часть мира не-я». Это непосредственное присутствие шара в моем восприятии отрицают и рационалисты, и эмпирики, и критицисты. Главная задача Лосского — показать непосредственность восприятия внешнего мира, мира *не-я*, что он и называет мистическим эмпиризмом. Непосредственное восприятие мира *я*, мира внутреннего, признают многие философы, и потому Лосский менее этим озабочен. *«Мир не-я познается так же непосредственно, как и мир я.* Разница только в том, что в случае знания о внутреннем мире и объект знания, и процесс сравнивания его находятся в сфере «я», а при познании внешнего мира объект находится вне *я*, а сравнивание его происходит в *я*. Значит, в процессе познания внешнего мира объект *трансцендентен в отношении к познающему я*, но, несмотря на это, он остается *имманентным самому процессу знания;* следовательно, знание о внешнем мире есть *процесс, одною своею стороною разыгрыва-*

ющий в мире не-я (материал знания), *а другой стороной совершающийся в мире «я»* (сравнивание)». «Благодаря мистическому направлению, эмпиризм освобождается от необходимости конструировать весь неисчерпаемо богатый мир из немногочисленных, бедных по содержанию элементов чувственного опыта. Если мир не-я переживается в опыте не только через его действия на субъект, а и сам по себе, в своей собственной внутренней сущности, то это значит, что опыт заключает в себе также и нечувственные элементы и что связи между вещами даны в опыте. Противоречие между нечувственным и опытным знанием оказывается предрассудком: *сверхчувственное не есть сверхопытное*».

Еще раз нужно подчеркнуть, что точку зрения Лосского ни в коем случае не следует смешивать с имманентной философией Шуппе. Лосский признает только имманентность бытия знанию, для него действительность непосредственно присутствует в акте познания, но он нисколько не отрицает бытия трансцендентного, само бытие у него вне субъекта и до субъекта. Вообще, основной тезис Лосского не может быть истолкован идеалистически; это чисто реалистический тезис, это критическое восстановление той правды, которая заключалась в наивном реализме. Но беда в том, что самый наивный реализм неуловимо отличается от самого критического идеализма, как то видно на примере Шуппе. Коренное различие тут не столько в формально-гносеологическом анализе, сколько в живом первоощущении бытия. Лосский утверждает, что бытие непосредственно нам дано, не отделено от субъекта и вместе с тем ни в каком смысле не создается субъектом и не зависит от него. Точка зрения Канта и критицистов, по которой бытие оказывается результатом знания, детищем познающего субъекта, представляется Лосскому чудовищной. И в самом деле:

Кант утверждает, что все являющееся нам бытие конструируется познающим субъектом, создается познавательным, интеллектуальным началом. Неудивительно, что так мало жизни оказывается, с точки зрения Канта, в действительности. Кант хотел преодолеть рационализм, но оказался в тысячу раз большим рационалистом, чем, например, Лейбниц. Рационализм лейбницевского типа никогда не утверждал, что бытие создается знанием; разум для Лейбница был органом познания бытия, но само бытие имело самобытную жизнь.

Для уяснения точки зрения Лосского очень важно устранить двусмысленность в понятии трансцендентного. Трансцендентное – относительное понятие: что-то бывает трансцендентно лишь по отношению к чему-то, и потому трансцендентное по отношению к одному может оказаться имманентным по отношению к другому. Лосский горячий и крайний сторонник имманентности всякого знания; для него знание есть вхождение действительности в познающего, и потому трансцендентность знания есть внутреннее противоречие, имманентность объекта знания субъекту знания и само знание – одно и то же. Но бытие трансцендентно субъекту, находится вне его, и могут быть такие края бытия, которые никогда до сих пор не входили в познающего, т. е. остаются трансцендентными. Трансцендентность познания есть абсурд, но трансцендентность бытия вполне допустима. С этим, как мы увидим ниже, связано для Лосского большое затруднение, которое подкапывает всю его теорию восприятия. Почему только часть бытия, и, по-видимому, не самая существенная, становится имманентной знанию, а целые огромные области бытия остаются трансцендентными? Мы начинаем с того, что несем в себе некоторое знание о бытии, и от этого не может отделаться ни один критицист. Это так. Но почему поставлены границы для данности нам бытия, почему не включаем мы в себя всей полноты бытия? Очевидно, в механизме восприятия есть какой-то дефект, который мучил всех философов и отражался в ошибках рационализма, эмпиризма и критицизма. Быть может, вершины бытия трансцендентны для нашего низшего, болезненного, вторичного сознания и имманентны для сознания высшего, здорового, первичного. С этим будет связано наше основное возражение Лосскому; а теперь перейдем к главнейшим выводам его оригинальной гносеологии.

Лосский возвращается к средневековому реализму, утверждает реальность общего, и это вполне последовательный вывод его мистического эмпиризма. Номинализм до такой степени отравляет современное сознание, так поддерживает ограниченность позитивизма, что восстановление реализма – большая заслуга. Лосский справедливо ставит саму важность знания в зависимость от утверждения реализма и преодоления номинализма. А интуитивное знание не может быть ничем иным, как непосредственным усмотрением реальностей, не только частных, но и общих.

Если действительность непосредственно воспринимается нами и непосредственно присутствует в знании, то общее в знании не может быть истолковано номиналистически, не может быть производным, не есть абстракция от частных реальностей, а есть сама общая реальность. «Общее в вещах есть нечто первоначальное, непроизводное, поэтому и в мышлении оно не может быть произведено и сложено из чего-либо не общего». «Реализм есть даже и не объяснение, а прямое выражение тех фактов, которые непосредственно переживаются в акте высказывания общего суждения». Лосский показывает, что «общее» и «индивидуальное» не могут быть противополагаемы, так как общее само индивидуально.

«Общее так же единично, как и индивидуальное». «Общее и частное одинаково единичны и индивидуальны; общее не может считаться чем-то логическим или рациональным по преимуществу. В связи с этим недопустим также и дуализм между наглядным представлением и понятием: и наглядные представления и понятия *не отображают* действительности, но зато они *содержат* ее в себе; они одинаково заключают в себе бытие». Проблему индивидуальности, поставленную школой Виндельбандта и Риккерта, Лосский решает очень своеобразно. Он не согласен с тем, что общее – рационально, а индивидуальное – иррационально. Теория Риккерта целиком ведь покоится на оторванности бытия от субъекта. Риккерт не видит индивидуальности общего и отрицает данность индивидуально-общей и индивидуально-частной действительности в знании. Различие между общим и индивидуальным лежит в самой действительности, в самом бытии, а не в субъекте, не в механизме познания – вот ценный вывод Лосского. Поясним примером. Бог есть бытие самое общее и вместе с тем вполне индивидуальное, действительность Бога может быть нами воспринята. Нация есть бытие общее, если не смотреть номиналистически, и вместе с тем вполне индивидуальное – конкретный организм.

Я не буду специально останавливаться на оригинальной, хотя несколько парадоксальной теории суждения Лосского, но отмечу один общефилософский вывод его мистического эмпиризма. Для Лосского критерий истины лежит не в законах логики, вообще не в субъекте, а в самой действительности, в непосредственной данности в ней связи причины со следствием. «Показателем истинности познания служит *наличность* самого познаваемого бытия. Связь между S и P вовсе не производится и даже не воспроизводится познающим субъектом, она просто *констатируется* в восприятии ввиду того, что наличный объект S без всякого содействия со стороны познающего субъекта влечет за собой наличность также и объекта P, и для обнаружения этой связи в чистой форме нужен только анализ восприятия». Знание есть констатирование наличности фактов, описание. Законы логики – свойства самого бытия, они даны в самой действительности, а не привносятся субъектом. «Если истина есть не *копия* действительности, не *символическое* воспроизведение ее и не *явление* ее, сообразное с законами познавательной деятельности, а сама *действительность* в дифференцированной форме, то критерием истины может быть только наличность самой познаваемой действительности, *наличность познаваемого бытия* в акте знания. Эта наличность несомненна в том случае, когда содержание познания «дано» мне, а не произведено деятельностью, которая чувствуется мною как «мое» *субъективное усилие*, когда содержание знания присутствует и развивается в акте знания *само собою*, а я только *следую* за ним, сосредоточивая на нем внимание и дифференцируя его путем сравнения». С этой точки зрения, кантовский априоризм вовсе не является гарантией истинности и крепости познания.

Для мистического эмпиризма не существует никакого различия между всеобщим априоризмом и всеобщим апостериоризмом, так как априорная твердость заключена в самом бытии и в нас входит. Кантовское a priori было формальным, и все содержание опыта не делалось от этого более твердым, скептицизм не преодолевался. Лосский утверждает, что само содержание опыта заключает твердость знания и критерий истины, что истина входит в нас и насилует нас. Но если во всех суждениях, из которых состоит знание, заключена сама действительность, присутствует само бытие, то возникают большие затруднения с пространством и временем, так как мы строим суждения о действительности, отделенной от нас пространством и временем. И Лосский принужден допустить, что бытие входит в знание, в суждение, разрывая пространство и время, что действительность дана нам вне времени и вне пространства, что в суждении присутствует и то, что было 1000 лет тому назад, и то, что находится на другом конце мира. А учения о пространстве и времени Лосский не дает и откладывает до онтологии, так что все его утверждения, все его учение о суждении, *вся его гносеология зависит от онтологического учения о пространстве и времени*. Вопрос о различии между явлениями и тем, что за ними, тоже относится к онтологии, а не к гносеологии. Термином «явление» «обозначается некоторое своеобразное отношение мира конечных вещей не к познающему субъекту, а к абсолютному». А это значит, что теория восприятия мира зависит от онтологии.

Лосский хочет построить гносеологию независимо от допущения *разума*, для него знание есть лишь процесс сравнения. «Словом разум следует обозначать *способность ставить и осуществлять высшие, т. е. мировые цели*. Обладание этой способностью в ее высших степенях придает своеобразный, возвышенный и многозначительный характер всем деятельностям, *между прочим, также познанию*». Это значит, что Лосский держится того *органического* понимания природы разума, которого держались все мистические философы. Но можно ли при таком взгляде построить гносеологию независимо от разума? Думаю, что нет. В учении о разуме гносеология соединяется с онтологией, как то было у Гегеля и Шеллинга, и отделение гносеологической проблемы от учения о разуме опять возвращает нас к философии неорганической, рассеченной. В конце книги Лосский говорит о необходимости «онтологической гносеологии», но откладывает ее до следующей книги в полной уверенности, что в этой своей книге он строил гносеологию, свободную от всякой онтологии. Однако в конце он говорит: «Наш мистический эмпиризм особенно подчеркивает органическое, живое единство мира, а потому на почве нашей теории знания должна вырасти онтология, близкая по содержанию к онтологии древних или новейших рационалистов». Своего родства с метафизикой Платона, Лейбница и Шеллинга Лосский не может скрыть. Онтология с другого хода вошла в его гносеологию. Скажу более: вся оригинальность его гносеологии уничтожается, если отбросить онтологию, так как оригинальность эта и заключается в том реалистическом тезисе, что всякая гносеология онтологична. Неонтологическая гносеология есть лишь методологическая хитрость, придуманная для большего влияния на критицистов. Но если бы Лосский строил сознательно онтологическую гносеологию, он не впал бы в тот гносеологический оптимизм, который составляет основной дефект его книги, он дал бы верное освещение *проблемы лжи* в восприятии мира и познании мира, что составляет для него главный камень преткновения.

С. Аскольдов в своей рецензии на книгу Лосского верно заметил, что гносеология Лосского есть гносеология богов. Лосский как бы не чувствует драмы познания, оторванности субъекта от бытия. Гносеология Лосского не в силах объяснить факта разрыва между вещами и существами; с его точки зрения непонятна ложь, которой принадлежит так много места в нашем познании. В механизме нашего восприятия мира есть какой-то дефект, который смущал всех философов, есть застарелая болезнь. Для Лосского дефекта нет никакого, восприятие наше вполне здоровое. Почему же мы чувствуем себя со всех сторон скованными, почему знание наше так ограничено? С точки зрения Лосского, мир должен быть воспринят в абсолютной полноте, знание должно было бы достигнуть своей вожделенной цели. Лосский считает всякое познание интуитивным и мистическим, даже самое элементарное. Вся положительная наука для него интуитивна. Поэтому неясно, что же дает его теория знания для мистического познания иных миров? Какая у него будет теория восприятия Божества? Есть ли его теория знания лишь новое истолкование обыкновенного научного знания, или она расширяет горизонты, разбивает замкнутый круг? Расширение горизонтов Лосский, по-видимому, откладывает до онтологической гносеологии, но уже в его пропедевтической гносеологии обнаруживается, что он ничего общего не имеет с замкнутым позитивизмом, что у него есть тайное желание разбить позитивизм. Вот место в книге Лосского, которое изобличает онтологическую ее подкладку: «Наряду с этим миром конечных вещей мы если не знаем, то все же чуем присутствие иного мира, мира абсолютного, где существенная сторона утверждения сохраняется, а отрицания нет: там нет исключительности, внеположности, ограниченности конечного мира. Содержа в себе всю полноту бытия, абсолютное не подчиняется законам противоречия и исключенного третьего не в том смысле, чтобы оно отменяло их, а в том смысле, что они не имеют никакого отношения к абсолютному, подобно тому как теоремы геометрии не отменяются этикой, но не имеют никакого применения к ней». Мистический эмпиризм, несомненно, расширяет сферу опыта, берет опыт в его жизненной полноте, во всех его безграничных возможностях, в этом главная заслуга его.

И остается непонятным, в чем же корень недоразумения и эмпирического мира, в чем грех отвлеченного эмпиризма, в чем дефект «опыта» обыденного, ограниченного и неполного? В каком смысле возможно *расширение опыта* и почему в научном знании это расширение не достигается, вечно наталкивается на непреодолимые препятствия? Гносеология Лосского, поскольку она оторвана от всякой онтологии, не может ответить на этот вопрос и этим обесценивается. Лосский слишком расширяет сферу интуитивного знания, расширяет до полного стирания всех различий. И является опасность, что все кошки окажутся серы, что от такой мистической гносеологии мистицизм ничего не выиграет. Остается неясным, почему же гносеология Лосского должна повести к «онтологии древних или новейших рационалистов», а не к особой форме материализма? *Лосский все время бессознательно строит онтологическую гносеологию, которая делает невозможной материалистическую онтологию и ставит его во враждебное отношение ко всем формам позитивизма.* Пропедевтическая гносеология есть или самообман, или хитрость. Заслуга Лосского в том, что он блестяще показал невозможность такой пропедевтической гносеологии. Лосский во многих местах выдает себя, особенно когда говорит о зависимости теории суждения от онтологической проблемы пространства и времени. Для него ведь гносеологический вопрос есть вопрос об отношении *бытия к бытию*, а не мышления к бытию, и поэтому это вопрос гносеологически-онтологический. Лосский все время идет от бытия, а не от мышления, не от субъекта, и в этом вся оригинальность его точки зрения. Допуская бытие как нечто первоначальное, исходное, он тем самым устанавливает онтологические предпосылки гносеологии. Лосский не видит дефектов в нашем познании, так как задается целью строить пропедевтическую гносеологию и отрицает, чтобы дефекты лежали в самом механизме познания, в гносеологической природе восприятия. Но сам же Лосский помогает нам перенести вопрос о дефектах познания на почву онтологическую, увидеть корень зла в самом бытии, в самой живой действительности, а не в том, что субъект конструирует объект и тем умерщвляет в нем жизнь. Сам Лосский признает, что различие между явлениями, которыми занимается наука, и сущностью вещей лежит в самом бытии, а не в природе отношений между субъектом и объектом. *Грехи познания могут быть объяснены лишь из грехов самого бытия.* Познание наше болезненно не потому, что субъект конструирует объект, опосредствивает, что опыт есть лишь наше субъективное состояние или что знание есть лишь копия, отражение действительности, причем наш познавательный механизм оказывается кривым зеркалом, а потому, что все бытие наше болезненно, что мир греховен, что все в мире разорвано. Этим открываются новые перспективы для построения онтологической гносеологии.

III

Онтологическая гносеология исходит из того, что нам нечто дано до всякой рациональной рефлексии, до самопогружения и объективирования, до самого разделения на субъект и объект. Есть первичное, нерационализированное сознание, в котором даны живые связи с бытием, дано первоощущение бытия и происходящей в нем драмы. Знание, в котором мы путем рефлексии констатируем субъект и объект, есть уже во всех смыслах нечто вторичное, производное, из самой жизни рожденное. Знание есть функция мировой жизни, и философия органическая не должна выделять знание и ставить его настолько до этой мировой жизни, что ее считать как бы результатом знания. В наивном, дофилософском сознании есть здоровый реализм, здоровое чувство бытия, которое рассекалось и умерщвлялось рационалистическим развитием философии, процессом дифференцирования. Этот процесс дифференцирования захватил все стороны жизни и оторвал от органического центра. На высших своих ступенях процесс дифференцирования должен привести или к полному разложению и смерти, что мы и видим в европейской философии и многих сторонах европейской культуры, или вновь вернуться к первоначальной *органичности и реалистичности*, но на почве высшего сознания. Вот почему последние результаты мирового философского развития должны производить впечатление возврата к наивному реализму, к чему-то очень старому, очень примитивному. Таков закон диалектического развития. Вначале философия брала прежде бытие, потом мышление, в дальнейшем своем развитии стала брать прежде мышление, потом бытие, теперь философия вновь возвращается к тому состоянию, когда она сознательно уже, изведав все соблазны рационализма, скептицизма, критицизма, будет брать прежде бытие, потом мышление, увидит в мышлении функцию бытия.

То, что я говорю, вовсе не есть возвращение к психологическому направлению в теории познания, которое всегда рассматривает мышление как функцию жизни индивидуальной души. Наша тенденция ничего общего не имеет с психологизмом и субъективизмом. Наоборот, мы исходим из бытия универсального, видим в мышлении функцию мирового духа, сверхиндивидуального разума. Это, скорее, продолжение философии Шеллинга, преодолевающее окончательно отвлеченный рационализм. Мы утверждаем, что дано непосредственно *универсальное бытие*, а не то бытие, которое ограничивается кругом наших субъективных состояний, замкнутым кругом индивидуальных состояний нашего сознания. Не скрыта ли в первоначально данном универсальном бытии разгадка дефектов нашего познания, погрешностей рационализма? Только в глубоких наших связях с универсальным бытием, в лежащей в нас *точке пересечения двух миров* и можно искать разгадки этой болезненности нашего восприятия мира и самого процесса знания. Дефект нашего знания есть дефект самого бытия, результат греховности, отпадения от Бога. Первоначальное сознание *греха* должно стать основной, исходной точкой онтологической гносеологии. *Грех есть источник всех категорий, над которыми рефлектирует гносеология, не понимая первоисточника всего того, с чем имели дело, так как начинает с вторичного.*

Пространство, время, все категории познания, все законы логики суть свойства самого бытия, а не субъекта, не мышления, как думает большая часть гносеологических направлений. Пространственность, временность, материальность, железная закономерность и ограниченность законами логики всего мира, являющегося нам в «опыте», вовсе не есть результат насилия, которое субъект производит над бытием, навязывая ему «свои» категории, это – состояние, в котором находится само бытие. Бытие заболело: все стало временным, т. е. исчезающим и возникающим, умирающим и рождающимся; все стало пространственным, т. е. ограниченным и отчужденным в своих частях, тесным и далеким; стало материальным, т. е. тяжелым, подчиненным необходимости; все стало ограниченным и относительным, подчиненным законам логики. Наш «эмпирический» мир есть действительный мир, но больной и испорченный; он воспринимается таким, каков он есть в данном своем дефектном состоянии, а не таким, каким его конструирует субъект; он познается наукой, наука имеет дело с реальностью, а не с состояниями сознания и элементами мышления, но реальностью больной. Материя есть действительность, но действительность болезненная, равно как и пространство и время. Поясню сравнением. Когда я воспринимаю лицо, покрытое болезненною сыпью, то сыпь эта есть действительность, которую я воспринимаю реально и познаю, но не в сыпи ведь сущность лица, сыпь есть лишь болезненное состояние лица. За сыпью я прозреваю истинное лицо, чистую сущность лица. То же и в нашем восприятии и познании мира. Мы воспринимаем болезненную сыпь мира – являющееся нам в пространстве и времени материальное бытие. Наука познает действительность, но действительность эта не есть сущность бытия, а лишь болезненные его проявления. Дефект нашего восприятия мира и нашего знания есть результат греховности бытия, заболевания, покрывшего лицо бытия сыпью.

Вот какими словами начинает Лосский свое «Обоснование интуитивизма». «В душе каждого человека, не слишком забитого судьбой, не слишком оттесненного на низшие ступени духовного существования, пылает фаустовская жажда бесконечной широты жизни. Кто из нас не испытывал желания жить одновременно и в своем отечестве, волнуясь всеми интересами своей родины, и в то же время где-нибудь в Париже, Лондоне или Швейцарии в кругу других, но тоже близких интересов и людей? Как тяжело думать, что вот «может быть» в эту самую минуту в Москве поет великий певец-артист, в Париже обсуждается доклад замечательного ученого, в Германии талантливые вожаки грандиозных политических партий ведут агитацию в пользу идей, мощно затрагивающих существенные интересы общественной жизни всех народов, в Италии, в этом краю, «где сладостный ветер под небом лазоревым веет, где скромная мирта и лавр горделивый растут»[39], где-нибудь в Венеции в чудную лунную ночь целая флотилия гондол собралась вокруг красавцев-певцов и музыкантов, исполняющих так гармонирующие с этой обстановкой серенады, или, наконец, где-нибудь на Кавказе «Терек воет, дик и злобен, меж утесистых громад, буре плач его подобен, слезы брызгами летят»[40], и все это живет и движется без меня, я не могу слиться со всей этой бесконечной жизнью. Высшего удовлетворения достигли бы мы, если бы могли так отождествиться со всем этим миром, что всякое другое «я» было бы также и моим «я». Однако всем этим желаниям полагает конец жалкая ограниченность индивидуального бытия, приковывающая меня к ничтожному комку материи, моему телу, замыкающая меня в душную комнату и предоставляющая мне лишь тесный круг деятельности». «Фаустовская жажда бесконечной широты жизни» влечет Лосского к пересмотру теории знания, верный инстинкт подсказывает ему, что в интуитивизме спасение от этой замкнутости и ограниченности. Но всякое знание оказывается, по Лосскому, интуитивным, т. е. и то знание, которое оставляет в темнице, ни с чем не соединяет и от всего отрывает. Это основное противоречие Лосского, за которое ему придется расплатиться в онтологии. Пространство и время сковывают нас, мешают охватить всю полноту бытия. Спрашивается, всякое ли знание охватывает бытие, преодолевая пространство и время, или только высшее знание, знание метафизическое, всякое ли восприятие — мистическое или только высшее восприятие, восприятие квалифицированное? Лосский полагает, что всякое восприятие — мистическое, что всякое знание заключает в себе бытие вневременное и внепространственное, и этим ослабляет свою позицию, не может сознать и осмыслить нашей болезненной ограниченности. Бытие греховно, все мы участвуем в грехе, и потому мы не можем отождествиться со всем миром и всякое другое «я» не может быть и моим «я». Рационализм со всеми своими разновидностями не есть только ложная теория знания, он есть болезненный факт самого бытия. Рационализм нельзя победить новым истолкованием знания, новой гносеологией, его можно победить лишь переходом к новому бытию. Сфера интуитивного знания гораздо шире, чем обычно думают, но все же уже, чем думает Лосский. Невозможно совершенно отрицать различие между интуитивным и дискурсивным мышлением. Дискурсивное мышление отражает болезненность познания; но ведь болезненность эта реально существует, и Лосский не может ее отрицать. Там, где нет непосредственного усмотрения бытия, где субъект оторван от объекта, там делаются выводы, там мыслят дискурсивно. Не во всех – увы – суждениях заключена сама действительность. Если бы она всегда заключалась, то ложь была бы невозможна или почти невозможна. В своем новаторском пылу Лосский впадает в слишком большой оптимизм. Новая теория восприятия и суждения, новое истолкование механизма познания в духе мистического эмпиризма представляют старое знание в новом освещении. Но раскрываются ли новые горизонты? Но расширяется ли сфера опыта «обоснованием интуитивизма»? Лосский отчасти впадает в ошибку, сглаживает различия и отворачивается от дефектов познания, отчасти же не делает тех выводов, которые должен был бы сделать.

Различие между сущностью и явлением – онтологическое, а не гносеологическое. Так думали Гегель и Шеллинг, так думает и Лосский. Но как онтологически объяснить, что мы воспринимаем и познаем явления, а не сущность? Это объяснимо испорченностью и греховностью как нашей собственной, так и всего мира. Грех отделяет субъект от объекта, вырывает пропасть между нашим «я» и другим «я», отрывает каждое существо от абсолютного центра бытия. Эту испорченность и отъединенность сознавали все философы, но по-разному ее истолковывали. Только позитивизм почему-то обрадовался этому несчастью и с легким сердцем упразднил сущность бытия, стал утверждать, что *есть явление без того, что является*. Но можно ли примириться с безнадежностью этой болезни, есть ли выход, остаются ли пути здорового познания бытия? Мировая история философии громко свидетельствует, что связь с бытием и абсолютным не порвана окончательно, что нить вечной связи тянется через всю историю философского самосознания человечества. Еще громче свидетельствует о связях с абсолютным бытием история религиозного сознания. Как ни повреждены и наше «я», и весь мир, орган, связывающий с абсолютным бытием, все же остается, и через него дается непосредственное знание.

Непосредственное познание Бога заслуживается всей жизнью, а не усилием одного ума; непосредственное видение Бога есть удел святых. Истина есть обладание реальным предметом, и знание Бога есть присутствие Его в нас. Интуиция и есть благодать, схождение Самого Бога в существо мира, и это дано в органических связях индивидуальной чувственности и индивидуального разума *с универсальной чувственностью и универсальным разумом*. Непосредственное сознание и знание Бога дано в умственном созерцании, *интеллектуальной интуиции*, которая *качественно* различествует от всякого другого восприятия вещей. Мистическая гносеология Шеллинга и Вл. Соловьева имеет те преимущества перед теорией Лосского, что устанавливает качественные различия в знании и тем считается с болезнью бытия, не впадает в гносеологический оптимизм. Тут мы подходим к центральной точке онтологической гносеологии – к учению о Разуме, о Логосе. В идее *универсального Разума* гносеология соединяется с онтологией. В каком же отношении стоит пропедевтическая теория знания Лосского к учению о Разуме, и может ли он миновать этот центральный вопрос?

Для Лосского способность мышления есть скромная способность сравнивания. Процессом сравнивания и дифференцирования восприятий достигается знание. В каком же отношении стоит этот процесс познания к тому органическому Разуму, в котором всякое познание есть только одна функция? Отвергнув индивидуалистический эмпиризм и старый рационализм, который видел в механизме познания копировальную машину, Лосский должен неизбежно прийти к утверждению универсальной чувственности и универсального Разума. Вслед за Шеллингом Лосский должен будет признать, что познание есть самосознание Абсолютного Разума, к которому мы приобщаемся.

В основе мышления и в основе бытия лежит тот же Логос, Логос – субъект и объект, тождество субъекта и объекта. Все великие философы древнего и нового мира признавали Логос как начало субъективное и объективное, как основу мышления и бытия. В основе христианской метафизики лежит идея Логоса. Учение о Логосе есть учение сверхрационалистическое, преодоление всякого ограниченного рационализма. Логос не есть отвлеченное рациональное начало, Логос – органичен, в нем процесс познания есть функция живого целого, в нем мышление есть само бытие. Но учение о Логосе, составляющее душу онтологической гносеологии, сталкивается с иррациональностью и греховностью бытия, которые для гегелевского панлогизма были непостижимы. В основе мира лежит Разум, который одинаково действует и в субъективной действительности мышления, и в объективной действительности бытия.

Откуда же та иррациональность, греховность бытия, которая рождает все ограничивающие и сковывающие категории и делает наше познание мира болезненным и неудовлетворяющим? Свобода бытия повела к отпадению от Абсолютного Разума и к образованию стихии иррациональной и хаотической. Это отпадение разделяет субъект и объект и делает восприятие мира смутным и нездоровым. Но отпадение не есть полная потеря связи с Абсолютным Разумом, с Логосом; связь эта остается, и в ней дан выход к бытию и познанию бытия в его абсолютной реальности. *Всякое знание абсолютного бытия есть акт самоотречения отпавшего индивидуального разума во имя Разума универсального, и благодать интуиции дается этим смирением, отказом от самоутверждения в состоянии, отпавшем от Логоса.* Мы познаем абсолютную действительность, лишь приобщаясь к Абсолютному Разуму, преодолевая оторванность, которая отражается в индивидуалистическом эмпиризме и рационализме. Рационализм и эмпирический позитивизм и есть самоутверждение отпавшего субъекта, верховенство малого разума над большим. Все индивидуальные перегородки падают лишь от приобщения к Абсолютному Разуму, отображение которого никогда в нас не исчезает. Не одной святостью достается знание, но знание полное и окончательное достигается лишь святостью. Грех рождает незнание, ограничивает ведение. Созерцание вечных идей как реальностей дается лишь в мистическом акте самоотречения, погружения в Абсолютное. Самоутверждение нашего ограниченного «опыта» и нашего малого «разума» ведет к отрицанию реальности общего, к слабости зрения, формулируемой номиналистической гносеологией. Только в приобщении к Абсолютному Разуму постигается смысл целого, Логос как бы сам себя сознает и познает. Прошлое метафизики

– это не гордыня, а смирение человека, смирение перед универсальным Разумом. Метафизика не может быть и не была делом индивидуального произвола: она соборна и универсальна. Разум по природе своей интуитивен, а не дискурсивен, и в нем созерцается действительность. Но мистическая философия должна избежать того крайнего и исключительного мистицизма, который отвергает сверхиндивидуальный Разум и его традиции в истории и вместе с тем поглощает индивидуальность, растворяет личность в хаотической стихии. «Научная» философия есть в значительной степени предрассудок современного сознания, от которого не вполне свободен и сам Лосский. Философия должна быть философской; философия сама есть знание, а не приживалка у науки. Но свергая идол «научности», тем более следует опасаться мистического отрицания Логоса.

В начале своего философского пути Лосский подвергся влиянию замечательного русского философа Козлова, которого, скорее всего, можно назвать неолейбницианцем. В дальнейшем своем развитии Лосский поставил себе целью преодолеть преграды между монадами, которых не могла преодолеть лейбницевская школа. Критика индивидуализма, рационалистического и эмпирического, делается основным мотивом Лосского. Мысль, что все наше знание складывается из индивидуальных состояний субъекта, невыносима для Лосского. Он хочет во что бы то ни стало выйти из индивидуальной замкнутости, разбить перегородки, отделяющие одну монаду от другой. Перегородок не существует, в знании дано универсальное бытие – вот основная идея Лосского. Лейбниц оплодотворяется идеями Шеллинга. Но, задавшись целью, унаследованной от критицистов, – построить гносеологию, свободную от всякой онтологии, Лосский остается двойствен, не сознает, что его гносеология сплошь онтологична. Жажда разбить индивидуальные перегородки и воссоединить объект с объектом приводит Лосского к оптимизму, который мешает ему осмыслить ложь и дефекты познания. Открещиваясь от онтологии и утверждая чисто языческий гносеологический оптимизм, Лосский не приводит проблему познания в связь с Логосом, лежащим в основе бытия, и с иррациональным отпадением бытия от Логоса. Но, несмотря на эти недостатки книги Лосского, нельзя не признать ее выдающимся явлением современной философии. Стремления Лосского очень знаменательны: они изобличают глубокий кризис современной философии и неизбежность перехода на новый путь. Но думаю, что этот новый путь не может быть отвлеченным, он органический, он соединит знание с верой, сделает философию сознательно религиозной. Полный и окончательный гнозис есть само бытие, полнота бытия, обладание подлинными реальностями. Такой гнозис достигается всей полнотой жизни, а не одним отвлеченным знанием. В терминах же историко-философских кризис мысли может быть, скорее всего, определен как переход от субъективизма к объективизму, от индивидуализма к универсализму.

Интуитивная теория знания должна вести к новому освещению старого спора знания и веры. Не должна ли открыть философия будущего, что в основе знания и в основе веры лежит одна и та же интуиция, непосредственное восприятие вещей, «обличение вещей невидимых»? Не есть ли всякое знание вместе с тем и вера, и не есть ли всякая вера вместе с тем и знание? Вера лишь расширяет сферу знания и говорит о восприятии вещей высшего порядка, но столь же реальных, как и вещи низшего порядка. Быть может, вера есть знание высшего порядка, знание полное, а горделивое знание есть вера низшего порядка, вера неполная. Тогда спор знания с верой окажется спором низшей и частной формы знания с высшей и полной формой знания; низшей и частной формой веры с высшей и полной формой веры. Пролить свет на этот жизненный вопрос должна онтологическая гносеология. Всякая гносеология должна стать не наивно-онтологической, а сознательно-онтологической.

ЧАСТЬ ВТОРАЯ

ГЛАВА V. ПРОИСХОЖДЕНИЕ ЗЛА И СМЫСЛ ИСТОРИИ

Введение

Болезненный кризис современного человечества связан с трудностью выхода из *психологической* эпохи, эпохи субъективизма, замкнутого индивидуализма, эпохи настроений и переживаний, не связанных ни с каким объективным и абсолютным центром. Гнет позитивизма и теории социальной среды, дающий кошмар необходимости, бессмысленное подчинение личности целям рода, насилие и надругательство над вечными упованиями индивидуальности во имя фикции блага грядущих поколений, суетная жажда устроения общей жизни перед лицом смерти и тления каждого человека, всего человечества и всего мира, вера в возможность окончательного социального устроения человечества и в верховное могущество науки – все это было ложным, давящим живое человеческое лицо объективизмом, рабством у природного порядка, ложным универсализмом. Человеческий род механически подчинил себе человека, поработил его своим целям, заставил служить его своему благу, навязал ему свое общее и как бы объективное сознание. И не мог осмыслить человек этой власти над ним естественного, обожествленного человечества, человеческого общества, человеческого рода, вечно умирающего и вечно рождающего, беспощадно разбивающего все надежды личности на вечную и совершенную жизнь. Земной дух человечества, пошедшего по пути змия, загипнотизировал человека заманчивой идеей *прогресса* и грядущего в конце прогресса земного рая, и так обольщен был человек, что не заметил безумия своего служения прогрессу и своего подчинения счастливцам грядущего рая. Прогресс цветет на кладбище, и вся культура совершенствующегося человечества отравлена трупным ядом. Все цветы жизни — кладбищенские цветы. В природном порядке, в жизни человеческого рода все подчинено закону тления; каждое поколение съедается поколением последующим, унаваживает своими трупами почву для цветения молодой жизни; каждое человеческое лицо превращается в средство для новых человеческих лиц, которых ждет та же участь; каждое лицо рождает будущее и умирает в акте рождения, распадается в плохой бесконечности. Вся человеческая энергия направлена вовне, на создание несовершенной, дурной множественности, на поддержание прогресса, закрепляющего закон тления, а не внутрь, не в глубь вечности, не на победу над смертью и завоевание всеобщей, полной и вечной жизни. И живет человеческий род, весь отравленный этим трупным ядом своих предшественников, всех предыдущих поколений, всех человеческих лиц, так же жаждавших полноты жизни и совершенства; живет человек безумной мечтой победить смерть рождением, а не вечной жизнью, победить ужас прошлого и настоящего счастьем будущего, для которого не сохранится ни один живой элемент прошлого. Ни один из боровшихся и страдавших не войдет в рай будущего, и нет с этим будущим живой, реальной связи ни у одного человека. Связь человека с будущим человечеством в порядке смертной природы — фиктивна, иллюзорна; связь эта есть результат гипноза, безумного самообмана. Будущее не реальнее прошлого: то, что будет через тысячу лет, и то, что было тысячу лет тому назад, или одинаково призрачно, или одинаково реально. Безумно думать, что бытие грядет во времени, но что его еще не было и нет. Реальность бытия не зависит от времени, как хотят уверить поклоняющиеся будущему[41].

Позитивизм упразднил *бытие*, вытравил ощущение реальностей и окончательно отдал несчастного человека во власть призрачных феноменальностей. Человек перестал даже сознавать, существует ли он реально, есть ли он нечто в мире, некоторое бытие в себе, потерял самоощущение личности. Напряженно хватаясь за утверждение жизни в природе, угрожающей со всех сторон уничтожением, человек теряет сознание и ощущение *смысла* жизни, он ищет просто жизни и умирает. Ложная философия и ложная религия, выданная за положительную науку, утверждают в человеке сознание ничтожества его происхождения и божественности его будущего, не его, конечно, не данного конкретного лица, а человека вообще. Согласно современному сознанию человек не имеет глубоких корней в бытии; он не божественного происхождения, он – дитя праха; но именно потому должен сделаться богом, его ждет земное могущество, царство в мире. Духовное плебейство человеческого происхождения сделали гарантией аристократического будущего человека: человек – ничто и потому будет всем, человек – червь и потому будет царем, человек не божествен по своим истокам и потому именно будет божественным. Странность этой логики не бросается в глаза современному сознанию, гордящемуся своей рациональностью. Странность эта определяется желанием построить жизнь независимо от того, *есть ли* бытие и *что* есть бытие, безотносительно к существу человека, к его происхождению и предназначению, его месту в мироздании и смыслу его жизни. Ложный объективизм оправдывается и обосновывается *натуралистическим* миросозерцанием, якобы научным. Но как обосновывается верховенство науки? Обоснование это не может быть делом самой науки: оно вне ее и до нее; обоснование это есть особая форма веры. А что если наука изучает лишь *болезненное* состояние мира, если в ее ведении лишь природный порядок, который есть результат греха и мирового недуга, если наука только патология? Наука говорит правду о «природе», верно открывает «закономерность» в ней, но она ничего не знает и не может знать о происхождении самого порядка природы, о сущности бытия и той трагедии, которая происходит в глубинах бытия, это уже в ведении не патологии, а физиологии — учения о здоровой сущности мира, в ведении метафизики, мистики и религии. Царство науки и научности есть ограниченная сфера «патологического» знания; ее законам подведомственна не безграничность бытия, а лишь состояние этого бытия в данной плоскости. Можно изучить точно данную комнату, установить закономерность для действующих в ней сил, но правомерно ли отсюда заключить о том, что происходит во всем остальном мире и что произойдет, когда силы всего мира проникнут в эту комнату. Так и наука: ее сфера есть помещение больницы, мира, заболевшего от греха и подпавшего закону тления, подчинившегося закону необходимости.

Культурный человек конца XIX века возжелал освобождения от натуральной необходимости, от власти социальной среды, от ложного объективизма. Индивидуум вновь обратился к себе, к своему субъективному миру, вошел внутрь; обнажился мир внутреннего человека, придавленный ложным объективизмом природы и общества. В самом утонченном и культурном слое началась эпоха психологическая, субъективная; все объективное сделалось пресным, все закономерное – невыносимым. Абсолютный центр и смысл бытия был потерян еще раньше; этого центра и смысла не было в ложном объективизме, капитулировавшем перед необходимостью, преклонившимся пред законом природы вместо закона Божьего, подменившим бытие призрачной феноменальностью. Но неоромантики, декаденты, символисты, мистики восстали против всякого закона, против всякого объективизма, против всякого обращения к универсальному целому; они интересуются исключительно субъективным и индивидуальным; оторванность от вселенского организма, произвольность и иллюзорность возводят в закон новой, лучшей жизни. Все более и более теряется различие между «я» и «не-я», между реальностью и иллюзорностью, между бытием и призраком. Религия эстетизма учит утешаться призрачной жизнью, сладостью потери ощущения реальностей, переносит центр тяжести жизни избранных людей не в реальную, а в иллюзорную красоту. Истончившийся и разложившийся натурализм в искусстве незаметно переходит в декадентство, а затем в символизм, который есть уже переход к иному миру.

Солипсизм и субъективный идеализм – философия, в такой же мере соответствующая психологической эпохе, в какой эпохе ложного объективизма соответствовала философия натурализма и материализма. «Критицизм» совершил пресловутый коперниковский переворот, возвеличил субъект и упразднил бытие. Он освободил субъект от ложного объективизма эмпирической действительности и одиноким оставил его перед пустой бездной, которую каждому предоставил произвольно наполнить необязательным содержанием. Объективизм морали и объективизм науки, под которые старый Кант подвел критический фундамент, нисколько не спасают от трагедии пустой свободы, от ужаса субъективного произвола в самом дорогом и святом. Можно потерять интерес к морали и науке; все эти блага могут оказаться уже не питательными, не утоляющими жажду духа, не спасающими от демонов, вселившихся в проклятую материю. У более тонких натур критицизм неизбежно переходит в солипсизм, субъективный идеализм переходит в иррациональную мистику. Пустота, которая остается после освобождения от природного и социального объективизма, после «критического» отвержения всякого бытия, должна быть чем-нибудь заполнена; ее не может заполнить ни вера в категорический императив, ни вера в непреложность математики. Человек отдается во власть настроений, причудливых переживаний, свободных от всякой нормы; после смерти Бога сам творит себе богов, из себя пытается воссоздать потерянное бытие. Но в эпоху ложного субъективизма так же мало находит человек самого себя, так же мало утверждает свою личность, спасает свою индивидуальность, как и в эпоху ложного объективизма. Личность распадается на миги, индивидуальность теряется во всеобщей иллюзорности бытия, индивидуализм оказывается антииндивидуализмом, так как отрицает объективную реальность индивидуума и объективную норму личности. Выход из субъективной, психологической эпохи в подлинно объективную, реалистическую эпоху ведет не только к вселенскости, но и к спасению личности, обретению индивидуальности. Мы стоим перед объективизмом, который свяжет нас с подлинным бытием, бытием абсолютным, а не природной и социальной средой; мы идем к тому реализму, который находит центр индивидуума, связующую нить жизни и утверждает личность как некое вечное бытие, а не мгновенные и распавшиеся переживания и настроения. Это вселенское религиозное миропонимание и мироощущение, к которому современный мир идет разными путями и с разных концов, прежде всего остро ставит вопрос о *смысле мировой истории*, о религиозном соединении судьбы личности и судьбы вселенной. Понять смысл истории мира значит понять провиденциальный план творения, оправдать Бога в существовании того зла, с которого началась история, найти место в мироздании для каждого страдающего и погибающего. История лишь в том случае имеет смысл, если будет *конец* истории, если будет в конце воскресение, если встанут мертвецы с кладбища мировой истории и постигнут всем существом своим, почему они истлели, почему страдали в жизни и чего заслужили для вечности, если весь хронологический ряд истории вытянется в одну линию и для всего найдется окончательное место. Вопрос о смысле истории и есть вопрос о происхождении зла в мире, о предмирном грехопадении и об искуплении. Все живущее во все времена в разных формах ощущало, что вне времени, в вечности, предмирно было совершено какое-то страшное преступление, что все и все в этом преступлении участвовали и за него ответственны. Жаждой искупления наполнена вся история мира, и лишь как искупление может быть понят смысл истории. Но отвлеченная философия не в силах осмыслить мировой истории, не в силах осветить источников зла. Воплощение смысла дано лишь в религиозном откровении, и философия религиозного откровения должна быть откровенной религиозной философией.

1) О происхождении зла и грехе.
О Троичности божества

Кто мы? Обиженная невинность, пленники у внешнего зла, порабощенные чуждой нам стихией, от которой освобождаемся в историческом процессе, или мы преступники перед высшей правдой, грешники, порабощенные внутренней для нас силой зла, за которую мы сами ответственны? Если зло и страдания жизни, смерть и ужас бытия не являются результатом предмирного преступления богоотступничества, великого греха всего творения, свободного избрания злого пути, если нет коллективной ответственности всего творения за зло мира, нет круговой поруки, то теодицея[42] невозможна, то бытие не имеет никакого смысла и никакого не может иметь оправдания. Возложить на Творца ответственность за зло творения есть величайший из соблазнов духа зла, отравляющий источники религиозной жизни. Соблазн этот с роковой неизбежностью ведет к отрицанию Творца и отнесению источника зла к бессмысленному порядку природы, к внешней стихии, ни за что не отвечающей. Так превращается первоначальное сознание греховности в злобную обиду на мир, в претензию получать все богатства бытия, не заслужив их, в желание отделаться внешним образом от зла, не вырвав корней его. Человек перестал понимать, почему он так обижен природой, почему он страдает и умирает, почему рушатся его надежды, и озлобляется, мечется, отрекается от благородства своего происхождения. Возрождение религиозного смысла жизни связано с сознанием источника мирового зла, с окончательным решением проблемы теодицеи. Сознание же наступает тогда, когда освобождается человек от лживой идеи, что он лишь пленник у посторонней ему злой стихии, что он обиженный внешней силой, когда возвращается человеку его высшее достоинство, повелевающее самого себя считать виновником своей судьбы и ответственным за зло. Недостаточно человека освободить от внешнего насилия, как то думает социальная религия наших дней, нужно освободиться человеку от внутреннего зла, которое и рождает насильственную связанность природы и смертоносный ее распад. Человек должен стать внутренне свободным, достойным свободы и вечной жизни, действительно перестать быть рабом, а не надевать костюм свободного, не казаться могущественным: он должен сознать свой грех, в котором участвовал, и религиозную связь свою с искуплением. Освобождение зверя с бушующим в нем хаосом не есть освобождение человека, так как подлинный *человек* есть часть божественной гармонии.

Непосредственно, первично ощущаемый всеми людьми и во все времена первородный грех не мог иметь своего начала во времени и в этом мире. Грехопадение совершилось предвечно и предмирно, и из него родилось время – дитя греха и данный нам мир – результат греховности. Вне времени, в вечности, все моменты бытия – грехопадение, искупление и окончательное спасение – свершаются, нет там временной, хронологической последовательности, а есть лишь идеальное, вневременное совершение. Бытие есть трагедия, в которой все акты не следуют один за другим во времени, а идеально пребывают в абсолютной действительности. Конец мировой трагедии так же предвечно дан, как и ее начало; само время и все, что в нем протекает, есть лишь один из актов трагедии, болезнь бытия в момент его странствования. Нельзя осмыслить мирового процесса, если не допустить мистической диалектики бытия, предвечно совершающейся и завершающейся вне времени и вне всех категорий нашего мира и в одном из своих моментов принявшей форму временного бытия, скованного всеми этими категориями. В один из моментов мистической диалектики, в момент распри Творца и творения, бытие заболело тяжкой болезнью, которая имеет свое последовательное течение, свои уже хронологические моменты.

Болезнь эта прежде всего выразилась в том, что все стало временным, т. е. исчезающим и возникающим, умирающим и рождающимся; все стало пространственным и отчужденным в своих частях, тесным и далеким, требующим того же времени для охватывания полноты бытия; стало материальным, т. е. тяжелым, подчиненным необходимости; все стало ограниченным и относительным; третье стало исключаться, ничто уже не может быть разом А и не-А, бытие стало бессмысленно логичным.

Ни философия позитивная, ни философия критическая не в силах понять происхождения и значения времени и пространства, законов логики и всех категорий, так как исходит не из *первичного бытия*, с которым даны непосредственные пути сообщения, а из вторичного, больного уже сознания, не выходит из субъективности вширь, на свежий воздух. Происхождение и значение всех категорий не может быть осмыслено углублением в субъект, так как тут проблема *онтологическая*, а не гносеологическая, и, чтобы понять хоть что-нибудь, гносеология должна стать сознательно онтологической, исходить из первоначальной данности бытия и его элементов, а не сознания, не субъекта, противоположного объекту, не вторичного чего-то. Само противоположение субъекта и объекта, самоубийственное рационализирование всего живого в познании есть, как мы видели, результат того же заболевания бытия, которое превратило его во временное, пространственное, материальное и логическое. Бытие в этом болезненном состоянии атомизируется, распадается на части, и все отчужденные части связываются насильственно, порабощаются необходимости, образуется тяжелая материя.

Сознание невозможности отвлеченной философии – последний результат философского развития. Бесплодие и пустынность философского критицизма с его отвлеченно-призрачным самопогружением в субъект, с ненужной апологетикой науки, мелочные разногласия этой неосхоластики, искание гносеологии без предпосылок и грубый догматизм всех этих критических гносеологий – все это указывает на внутреннюю неизбежность перехода на новый путь. Погружение в мышление, оторванное от живых корней бытия, претендующее на самостоятельность и верховенство, есть блуждание в пустоте. Такое мышление (субъект) – бессодержательно, пусто, из него ничего нельзя добыть, им ничего нельзя разгадать. Философия должна сознательно преодолеть рационализм, отказаться от самодовольства и по-новому сделаться функцией религиозной жизни; мышление должно стать органической функцией жизни, субъект – воссоединиться с своими бытийственными корнями. Теория познания придет, наконец, к реализму, когда положит в свое основание новую, необычную для отвлеченных философов идею, идею греха как источника всех категорий, источника самой противоположности субъекта и объекта, которая остается тайной для всех гносеологий. Идея же греха и вытекающей из него болезненности бытия дана нам до всех категорий, до всякого рационализирования, до самого противоположения субъекта объекту; она переживается вне времени и пространства, вне законов логики, вне этого мира, данного рациональному сознанию. Переживаемое и испытываемое бытие первичнее сознания и всех его элементов, и из него лишь могут быть истолкованы дефекты нашего сознания, вся эта беспомощность познавательного процесса. Время, пространство, материя, законы логики – все это не состояния субъекта, а состояния самого бытия, но болезненные. Здесь я лишь устанавливаю самые общие положения, имеющие значение для учения о происхождении зла и о грехе. Всем этим я хочу сказать, что гносеология прежде всего должна быть ориентирована на факте религиозного откровения, а не на факте науки, как хотят неокантианцы. Религиозно-мистическая гносеология имела в прошлом великих защитников[43], но в нашу умственную эпоху она требует серьезного обоснования и развития. В свете органической религиозной философии старый спор знания с верой получает совсем иной и новый смысл. Ниже мы вернемся к идеям бытия и небытия, которые прежде всего должны быть исследованы онтологической гносеологией.

Библия является конкретно-религиозным источником для философии грехопадения. Но важно понять мифологический и символический характер рассказа книги Бытия об Адаме и Еве. В Библии, которая возвращает нас к истокам бытия, нет ясной грани, отделяющей то, что во времени, от того, что до времени, так как вселенская ее объективность имела границы в ветхом сознании человечества. И мифологичность книги Бытия не есть ложь и выдумка первобытного, наивного человечества, а есть лишь ограниченность и условность в восприятии абсолютной истины, предел ветхого сознания в восприятии откровения абсолютной реальности. В этом, быть может, тайна всякого мифа, который всегда заключает в себе часть истины, за которым всегда скрывается некоторая реальность.

Все существа предвечно и предмирно творятся Божеством[44]; все живое пребывает в божественном плане космоса, до времени и до мира совершается в идеальном процессе божественной диалектики. Но ветхое религиозное сознание человечества могло это воспринять лишь в конкретной форме элементарной и простой драмы с ограниченным числом действующих лиц. В эту простую драму не вместилась еще полная истина об участии всех существ, всех частей сотворенного бытия в первородном грехе. Отпала от Бога *мировая душа*, носительница соборного единства творения, и потому все и всё в мире участвовали в преступлении богоотступничества и ответственны за первородный грех, в нем свободно участвовало каждое существо и каждая былинка. Мировая душа женственна в своей пассивной восприимчивости как к добру, так и к злу. Тайна этой женственности и есть тайна греха; она связана с свободой. Можно ли осмыслить происхождение зла, осветить первородный грех, в котором дано начало всемирной истории? Возможно ли сознательно освободиться от соблазнительной дилеммы: возложить на Творца вину за зло, содеянное творением, и вызвать образ злого бога или совсем отрицать объективность зла в мире? Возможно ли сознательно преодолеть персидский дуализм, манихейское допущение двух богов[45], двух равносильных начал, и пантеистический монизм, отвергающий абсолютное различие между добром и злом, видящий в зле лишь несовершенство частей, лишь недостаточное добро? Между дуализмом и пантеизмом постоянно колеблется религиозно-философское сознание; все ереси склоняются то в одну, то в другую сторону. Гностическое отрицание зла и оправдание зла есть соблазнительное отречение от свободы. Зло – абсолютно алогично, т. е. противно Логосу, непознаваемо, бездонно, бессмысленно. Гностическая апология зла есть идеология слабых, пассивных, призрачных. На отрицании зла формируется личность.

Божество есть абсолютное, полное бытие, сущий субъект всякого бытия, положительное всеединство[46]; вне Божества нельзя мыслить никакого бытия, в Нем пребывает идеальный космос, в космосе этом осуществлено совершенное бытие всех и всего. Эта идея положительного *бытия*[47] и всецелого пребывания его в абсолютном *Существе* есть идея первоначальная, нам данная из непосредственного источника, не искоренимая никакими софизмами позитивизма и критицизма, ни из чего не выводимая, усматриваемая в глубине. Идея бытия есть первичная интуиция, а не производный результат дискурсивного мышления, и все попытки критицистов разложить эту идею на простейшие элементы, ничего общего с бытием не имеющие, из субъекта взятые, производят впечатление софизмов, являются ненужным и вредным схоластическим формализмом. Непосредственная данность идеи бытия и есть данность самого бытия. От бытия нельзя отделаться никакими фокусами критического мышления, бытие изначально навязано нашему органическому мышлению, дано ему непосредственно, и здоровое религиозное сознание народов понимает это гораздо лучше болезненного и извращенного рационалистического сознания новых философов. В этом я сознательно стремлюсь возвратиться к философскому примитивизму. Вся новейшая философия пыталась превратить бытие в призрак, разрешить его в иллюзионистский феноменализм; но все эти формально-схоластические упражнения в пустоте отвлеченно взятого субъекта не в силах подорвать первоощущения бытия и здорового его первосознания. Победа механичности над органичностью временна и относительна. Всякое существо, сбрасывая с себя пыль рационалистической рефлексии, касается бытия, непосредственно стоит перед его глубиной, сознает его в той первичной стихии, в которой мышление неотделимо от чувственного ощущения. Смотришь ли на звездное небо или в глаза близкого существа, просыпаешься ли ночью, охваченный каким-то неизъяснимым космическим чувством, припадаешь ли к земле, погружаешься ли в глубину своих неизреченных переживаний и испытываний, всегда знаешь, знаешь вопреки всей новой схоластике и формалистике, что бытие в тебе и ты в бытии, что дано каждому живому существу коснуться бытия безмерного и таинственного. Не из мертвых категорий субъекта соткано бытие, а из живой плоти и крови. Вопрос о Боге – вопрос почти физиологический, гораздо более материально-физиологический, чем формально-гносеологический, и все чувствуют это в иные минуты жизни, неизъяснимые, озаренные блеснувшей молнией, почти неизреченные. Мы с полным спокойствием интеллектуальной совести можем положиться на идею бытия как положительной полноты и исходить от бытия.

Бытие пребывает в Божестве, Божество – носитель абсолютного бытия, единство всего, что бывает. В Божестве исчезает различие между бытием как предикатом и бытием как субъектом. Космос, предвечно пребывающий в Божестве, есть полное, гармоническое, свободное бытие, осуществленное и утвержденное бытие всех существ, всех *идей* Бога в их окончательном соединении. В космос входит и в Божестве пребывает лишь то, что подлинно есть, лишь настоящее бытие, а не фальсификация, не фикция, не кажущееся и иллюзорное бытие, лишь реальная личность, а не призрак самоутверждающегося «я».

Где же корень зла и где место его нахождения? Если всякое бытие имеет своим источником Божество и если подлинное бытие в Божестве пребывает, то зло не может корениться в бытии, то злое не может мыслиться как бытие. Бытие я все время рассматриваю не только как сказуемое (то, чем обладают), но и как подлежащее (то, что обладает). В бытии абсолютном падает само различие между сказуемым и подлежащим, между предикатом и субъектом[48]. Если зло не бытие, то это не значит, что зла нет. Кроме бытия нам дано и нами мыслится еще и *небытие*, злая пустота, очень содержательная в отношении к нашему опыту, нами переживаемая и испытываемая.

Зло коренится не в бытии, а в небытии; оно возникло в сфере небытия и, заняв призрачное, фиктивное место в бытии, должно быть окончательно оттеснено в сферу небытия, должно быть изничтожено, изобличено во всем ничтожестве своего небытия, своей поддельности. Бытие и небытие, как абсолютное и относительное, не могут находиться в одной плоскости и ни в каком смысле не могут быть сравниваемы и сопоставляемы. Вне сферы абсолютного бытия никакое иное бытие, относительное и злое, не может быть осознано как в какой бы то ни было мере ему равносильное и противопоставимое. Соблазн манихейского дуализма, соблазн увидеть два равносильных начала бытия, двух богов, в том и коренится, что абсолютное и относительное рассматривают в одной плоскости, как соотносительные и конкурирующие силы. Ответственность за зло потому лишь возлагают на Бога, что считают возможным сопоставлять злое с абсолютно добрым, сравнивать начало зла и Бога. Но начало зла одинаково не находится ни в Боге, ни вне Бога (как бытие самостоятельное). Поэтому Бог не ответствен за зло и нет никакого другого бога, кроме Бога добра. Зло находится вне сферы бытия, рождается из небытия и в небытие возвращается; оно не обладает силой, почерпнутой из божественного источника, и так же мало есть сила, противоположная Богу, как бытие иное, конкурирующее. Внутри Абсолютного не может быть никакого злого бытия, а вне Абсолютного вообще никакое бытие немыслимо. Относительное несопоставимо с Абсолютным, так как ничтожно перед ним и не самостоятельно, не мыслимо вне Абсолютного и не занимает внутри его никакого особого места. Бог и зло ни в каком смысле не сравнимы и не сопоставимы; их нельзя признать ни равносильными началами (дуализм), ни зло подчиненным Богу (пантеизм); к их отношениям неприменима ни ответственность, ни конкуренция. Относительное превращается как бы в другое Абсолютное и получается сопоставление двух Абсолютных, что совершенно недопустимо, так как закон единства Абсолютного есть основной закон интуитивного разума. Относительно все, что вне Бога и против Бога, не лежит в одной плоскости с абсолютным Божеством и не представляет никакой самостоятельной плоскости. Злое не есть другое Абсолютное и не имеет никакого места в едином Абсолютном; оно относительно и в своей относительности не соотносительно с Абсолютным[49], не есть иное бытие и не есть часть того же бытия, а есть небытие, в духе небытия зачалось и пребывает. Небытие же не имеет корней в бытии и не может быть противополагаемо бытию как равное по силе и достоинству. Зло находится в сфере относительного, а не Единого Абсолютного и не второго Абсолютного, в сфере небытия, а не бытия, поэтому зло не ограничивает царства Абсолютного, не обусловливает Божества. Зло есть бессилие и потому не может ограничить абсолютной силы. Сфера зла никогда не встречается со сферой божественного бытия, и никаких границ и размежеваний между этими сферами быть не может. Божество не умаляется в своем могуществе, благости и абсолютной безмерности оттого, что существует зло, так как относительное и небытие не могут ограничить абсолютного бытия, все в себе заключающего. Зло есть отпадение от абсолютного бытия, совершенное актом свободы, и переход в сферу призрачного бытия – небытия, которое ничего не отнимает от божественной полноты и ничем ее не ограничивает, так как в последнем и окончательном – ничтожно. Зло есть творение, обоготворившее себя. Зло есть то нарушение иерархической соподчиненности, после которого первый в небесной, ангельской иерархии становится сатаной, диаволом. Кроме Бога и творения ничего и нет; путь зла есть путь творения, отпавшего от Бога и погнавшегося за призраком своего оторванного бытия. Диавол есть только первая в зле тварь, в нем воплотилось начало, противоположное Сыну Божьему, он есть образ творения, каким оно не должно быть. Антихрист и есть новый бог творения, тварь, подменившая Творца.

Соблазн зла есть соблазн призрачного бытия, призрачного пути к полноте, свободе и блаженству. Древний змий соблазнял людей тем, что они будут как боги, если пойдут за ним; он соблазнял людей высокой целью, имевшей обличие добра, – знанием и свободой, богатством и счастьем, соблазнял через женственное начало мира – праматерь Еву. Несомненное зло мира – убийство, насилие, порабощение, злоба и т. п. – это уже последствия начального зла, которое соблазняло обличием добра. Будьте как боги – в этом нет ничего дурного; цель эта поистине религиозна и божественна; ее Бог поставил перед людьми, возжелал, чтобы они были подобны Ему. В Христе и произошло *обожение* (θχωσις) человеческой природы; Он хотел, чтобы люди были как боги, это была Его цель. Никакой своей цели, своего нового бытия дух зла не мог выдумать, так как вся полнота бытия заключена в Боге; выдумка его могла быть лишь ложью, лишь небытием, выдавшим себя за бытие, лишь карикатурой. Соблазн змииного, люциферианского знания не потому греховен, что знание греховно, а потому, что соблазн этот есть незнание, так как знание абсолютное дается лишь слиянием с Богом. Неблагодатный гнозис есть знание лжеимянное, призрачное, обманчивое. Вступив на путь зла, люди стали не богами, а зверями, не свободными, а рабами, попили во власть закона смерти и страдания. Все манящие обещания зла оказались ложью, обманом, всякое следование злу ведет в сферу небытия. От духа небытия и лжи родился соблазн зла. Путь зла есть погоня за призраком призрачными средствами, есть подмена, подделка, превращение бытия в фикцию. Весь природный порядок, пространственный, временный, материальный, закономерный, который явился результатом греха, соблазненности наущениями духа зла, есть наполовину подделка бытия, ложь и призрак, так как в нем царит смерть, рабство и страдание. Диавол не есть сила соотносительная с Богом, противоположная Ему, обладающая своим бытием, сравнимым с бытием в Боге; его сфера – небытие, ложь и обман[50]. Зло не есть особая, самобытная стихия, противостоящая стихии добра, как то думает дуалистическое сознание. Зло – не особая стихия, а превращение всякой стихии в небытие, подмена подлинных реальностей фиктивными, оболгание всех стихий бытия. Всего менее можно осмыслить отношение между добром и злом в сознании дуализма духа и материи. Сама по себе материя не есть зло, и не в ней источник зла. Плоть так же свята в своей божественной первооснове, как и дух, но так же, как и дух, может быть испорчена, так же может изолгаться и тогда сеет смерть.

Все достоинство творения, все совершенство его по идее Творца – в присущей ему *свободе*. Свобода есть основной внутренний признак каждого существа, сотворенного по образу и подобию Божьему; в этом признаке заключено абсолютное совершенство плана творения. Безрелигиозное сознание мысленно исправляет дело Божье и хвастает, что могло бы лучше сделать, что Богу следовало бы насильственно создать космос, сотворить людей неспособными к злу, сразу привести бытие в то совершенное состояние, при котором не было бы страдания и смерти, а людей привлекало бы лишь добро.

Этот рациональный план творения целиком пребывает в сфере человеческой ограниченности и не возвышается до сознания *смысла* бытия, так как смысл этот связан с иррациональной тайной *свободы греха*. Насильственное, принудительное, внешнее устранение зла из мира, необходимость и неизбежность добра — вот что окончательно противоречит достоинству всякого лица и совершенству бытия, вот план, не соответствующий замыслу Существа абсолютного во всех своих совершенствах. Творец не создал необходимо и насильственно совершенного и доброго космоса, так как такой космос не был бы ни совершенным, ни добрым в своей основе. Основа совершенства и добра — в свободе, в свободной любви к Богу, в свободном соединении с Богом, а этот характер всякого совершенства и добра, всякого бытия делает неизбежным мировую трагедию.

По плану творения космос дан как задача, как идея, которую должна творчески осуществить свобода тварной души. В плане творения нет насилия ни над одним существом, каждому дано осуществить свою личность, идею, заложенную в Боге, или загубить, осуществить карикатуру, подделку. Всему творению дано свободным и соборным усилием мировой души превратиться в космос, осуществить божественную гармонию. Бог лучше знал, какое творение совершеннее и достойнее, чем рационалистическое, рассудочное сознание людей, беспомощно останавливающихся перед великой тайной свободы.

Свобода греха, поистине, есть величайшая тайна, рационально непостижимая, но близкая каждому существу, каждым глубоко испытанная и пережитая. Но и для философствующего разума ясно, что насильственное добро, насильственная прикованность к Богу не имела бы никакой ценности, что существо, лишенное свободы избрания, свободы отпадения, не было бы личностью. В нашем первоначальном опыте дано оправдание Творца, сотворившего свободный мир, в котором свободно и творчески должен гармонизироваться хаос и образоваться космос. Идея Творца полна достоинства и свободы: Он возжелал свободной любви человека, чтобы свободно пошел человек за Творцом, прельщенный и плененный Им (слова Великого Инквизитора). Те, что отвергают Бога на том основании, что зло существует в мире, хотят насилия и принуждения в добре, лишают человека высшего достоинства. Они отвергают тайну лица человеческого и всякого лица, которая связана с тайной Лица Божьего.

Творение, в силу присущей ему свободы, свободы избрания пути, отпало от Творца, от абсолютного источника бытия и пошло путем природным, натуральным; оно распалось на части, и все части попали в рабство друг к другу, подчинились закону тления, так как источник вечной жизни отдалился и потерялся. Началось дело осуществления лжебытия, началась трагическая *история* мира, в основу которой было положено преступление. Основа истории – в грехе, смысл истории – в искуплении греха и возвращении творения к Творцу, свободном воссоединении всех и всего с Богом, обожении всего, что пребывает в сфере бытия, и окончательном оттеснении зла в сферу небытия. История есть разоблачение обмана, выявление подлинных реальностей и их окончательное отделение от лжи. В грехопадении произошло смешение бытия с небытием, истины с ложью, жизни со смертью, и история мира призвана Провидением разделить эти два царства, действительное и призрачное.

Свобода творения в начале мировой истории была сознана *формально* и потерялась в грехе; в конце мировой истории она должна быть сознана *материально* и обретена в совершившемся искуплении. Если начальным в мировой истории была свобода выбора добра и зла, то конечным будет свобода утверждения добра, так как зло будет сознано как окончательное рабство. Поняв свою свободу как свободу от Бога, как отпадение и восстание, творение поработилось, свободу потеряло. Все для всего стало чуждым и внешним и потому давящим и насилующим. Мир атомизировался, стал материально тяжелым, в нем воцарилась необходимость и внешняя закономерность. Материальная необходимость и есть болезнь бытия, результат внутреннего распадения и внешней скованности всей иерархии живых существ. Вся природа есть органическая иерархия живых существ. Все, все, и камни, и куски земли – живые чувства. Но человек, занимающий иерархически высшее и центральное положение, призванный быть добрым царем природы, заразил всю природу, все иерархически низшие существа грехом и отступничеством и стал рабом той низшей природы, перед которой так страшно виновен и которую должен оживить.

В деле мирового освобождения от греха и спасения религиозное сознание должно признать за человечеством не только земное, но и космическое, вселенское значение. Человечество – космический центр бытия, высшая точка его подъема, душа мира, которая соборно отпала от Бога и соборно же должна вернуться к Богу, обожиться. Земная история приобретает абсолютный религиозный смысл, в ней все единственно и неповторимо, в ней совершается искупление и спасение мира. Все факты земной человеческой истории имеют единственную и неповторимую важность; жизнь каждого человека на земле есть момент абсолютного бытия, и другого такого момента не будет уже дано для дела спасения.

Для христианского сознания земля и происходящее на ней имеет абсолютное и центральное значение; она не может быть рассматриваема как один из многих миров, как одна из форм в числе бесконечно многих форм бытия. Индийская идея метемпсихоза чужда и противна христианскому сознанию, так как противоречит религиозному смыслу земной истории человечества, в которой совершается искупление и спасение мира, являлся Бог в конкретном образе человека, в которой Христос был единственной, неповторимой точкой сближения и соединения Бога и человечества. Христианское сознание все покоится на конкретности и единичности, не допускает отвлеченности и множественности того, что есть центр и смысл бытия. Христос был один, являлся всего раз на этой земле, в этой истории человечества; спасающее приобщение к Христу совершается для каждого данного человека в этой его жизни. Множественность и повторяемость несовместимы с Христом, и принявший Христа должен принять абсолютное значение земли, человечества и истории. Земная жизнь человека и человечества лишилась бы всякого религиозного смысла, если бы для каждого существа жизнь эта не была неповторяемым делом спасения, если допустить возможность отложить дело спасения до новых форм существования (метемпсихоз) и перенести в другие миры. На земле, в земной истории человечества есть абсолютное касание иного мира, и точка этого касания единична и неповторима в своей конкретности.

История человечества на земле есть трагедия бытия в нескольких актах; она имеет начало и конец, имеет неповторимые моменты внутреннего развивающегося действия; в ней каждое явление и действие имеет единственную ценность. В центре этой трагедии стоит божественный Человек – Христос, к Нему и от Него идет историческое действие трагедии. Христос – абсолютный центр космоса, и Он воплотился в человеке, явился на земле. Поэтому человечество приобрело космическое значение, в нем душа мира возвращается к Богу. Ясно, что множественность и повторяемость в индийской философии и религии, отрицание смысла конкретной истории, допущение скитания душ по разным краям бытия, по темным коридорам и индивидуального спасения этих душ путем превращения в новые и новые формы – все это несовместимо с принятием Христа и с надеждой на спасительный *конец* истории мира. Христианство даже не есть вера в бессмертие души, в естественную ее трансформацию, а вера в воскресение, которое должно быть вселенски завоевано, исторически подготовлено, должно быть делом всего космоса[51]. Христианству чуждо отвлеченно-спиритуалистическое понимание бессмертия: это религия воскресения плоти, и мировая плоть для веры этой имеет абсолютное значение. Идея переселения души, отделения души от плоти этого мира и перехода из этого мира в совершенно иной, противоположна вере в воскресение плоти и космическое спасение человечества и мира путем Церкви и *истории*. Плоть этого мира и плоть каждого из нас должна быть спасена для вечности, а для этого нужно не уходить из этого мира в другой, не ждать переселения души и естественного ее бессмертия, а соединять этот мир с Богом, участвовать в его вселенском спасении путем истории, спасать плоть от смерти. Вера в естественное бессмертие сама по себе бесплодна и безотрадна; для этой веры не может быть никакой задачи жизни и самое лучшее поскорее умереть, смертью отделить душу от тела, уйти из мира. Теория естественного бессмертия ведет к апологии самоубийства. Но великая задача жизни предстоит в том случае, если бессмертие может быть лишь результатом мирового спасения, если моя индивидуальная судьба зависит от судьбы мира и человечества, если для спасения моего должно быть уготовано воскресение плоти. Тогда нужно жить, а не умирать, тогда надежда связана с воскресением, а не смертью. Вот почему христианское учение о воскресении плоти утверждает смысл жизни в этом мире, смысл мировой истории, оправдывает мировую культуру. Чтобы заслужить бессмертие, нужно жить, а не умирать; нужно на земле, в земной человеческой истории совершить дело спасения; нужно связать себя с историей вселенной, идти к воскресению, утверждать плоть в ее нетленности, одухотворять ее. Дуалистический спиритуализм не может признать смысла жизни и смысла истории; для него выгоднее как можно скорейшая смерть, естественный переход в другой, лучший мир. Но религия Христа в такой же мере спиритуалистична, в какой и материалистична[52]. Для восточных верований в метемпсихоз плоть человека не имеет никакого значения; душа человека может перейти в кошку, и потому нет смысла жизни, смысла земной истории, так как смысл этот тесно связан с утверждением безусловного значения плоти. Задача индивидуума и вселенной в том, чтобы излечиться от болезни, очистить свое тело, подготовить плоть к вечности, а не в том, чтобы ждать естественного перехода в другие формы существования и надеяться на отделение души от тела путем смерти. Только религия Христа осмысливает космическое значение человечества[53].

Но распря Творца и творения не может быть прекращена и разрешена свободой творения, так как свобода эта утеряна в грехопадении. Человечество, и за ним и весь мир порабощены злом, попали во власть необходимости, находятся в плену у диавола. Свобода была сознана творением не как норма бытия, а как произвол, как нечто безразличное и беспредметное; свобода почуялась тварью как свобода *«от»*, а не свобода *«для»* и попала в сети лжи, растворилась в необходимости. После грехопадения человек не может уже свободно, своими естественными человеческими силами спастись, вернуться к первоисточнику бытия, так как не свободен уже: природа его испорчена, порабощена стихией зла, наполовину перешла в сферу небытия. Свобода должна быть возвращена человечеству и миру актом божественной *благодати*, вмешательством самого Бога в судьбы мировой истории. Промысел Божий и откровение Божие в мире – не насилие над человечеством, а освобождение человечества от рабства у зла, возвращение утерянной свободы, не формальной свободы от совершенного бытия (свободы небытия), а материальной свободы для совершенного бытия (свободного бытия). В высшем смысле свободна лишь человеческая природа, соединенная с божеской, обоженная; отпавшая от божеской и обожествившая себя – она порабощена необходимости естественного порядка и обессилена. Может ли дитя смерти спастись и спасти мир собственными силами? Для религиозного сознания ясно, что должна быть создана космическая возможность спасения; человечество должно оплодотвориться божественной благодатью: в мире должен совершиться божественный акт *искупления*, победы над грехом, источником рабства, победы, по силе своей равной размерам содеянного преступления. Человечество само по себе не может искупить греха, так как жертва его и кровавая его мука не равна преступлению богоотступничества и само оно не может простить себе греха. Искупление творения, освобождение от греха и спасение совершается не слабыми и порабощенными человеческими силами, не естественными силами, и мистической диалектикой Троичности, соединяющей Творца и творение, преодолевающей трагедию свободы греха. Нельзя осмыслить мира и мировую историю помимо идеи Троичности Божества, необходимо поставить в центре мировой трагедии Логос. История мира зачалась в диалектике Троичности и в ней лишь предвечно разрешается. Идея Единого Бога или Бога Отца сама по себе не делает понятным ни распад между творением и Творцом, ни возврат творения Творцу, не осмысливает мистическое начало мира и его истории. Лишь драматизация мирового процесса делает его нам близким и для нас осмысленным; сама божественная диалектика, идеально протекающая в первоначальном Божестве, чуется нами как драма с драматическими действующими *лицами* – ипостасями Троицы.

Мир сотворен Богом через Логос, через Смысл, через идею совершенства творения, предвечно пребывающую в Боге и равную Ему по достоинству. Идея Логоса была уже сознана греческой философией, соединилась с ветхозаветными чаяниями Мессии и стала основой христианской метафизики.

«В начале было Слово, и Слово было у Бога, и Слово было Бог»

«В начале было Слово, и Слово было у Бога, и Слово было Бог»[54]. В этих словах евангелиста Иоанна сказалась вся правда греческих метафизиков и ветхозаветных пророков. Логос, Смысл творения, Слово было в начале, Слово это было в Боге и Слово было Богом. У Бога – двое детей: дитя-Логос и дитя-мир. Дитя-Логос – совершенное, равное Отцу по достоинству, столь же божественное, как и Сам Отец, дитя это есть творение, как космос, как *идея* бытия, каким оно должно быть. Дитя-мир – несовершенное, не равное Отцу по достоинству, не осуществленная *идея* бытия, бытие, смешанное с небытием. Логос – Сын Божий есть смысл творения, божественный план творения, идеальная норма его бытия. Логос – Сын Божий есть предвечный носитель соединенности Творца с творением, любви, соединяющей Божество с человечеством; Он Божественный посредник между Отцом и дитятею-миром, восставшим на Отца и отпавшим от Него.

Бог Отец потому и творит мир, что у Него есть Сын, что в Нем пребывает бесконечная Любовь: во имя Сына. Он вызывает предвечным актом из недр своих творение. У Бога есть Сын-Логос, Сын-Любовь, и Он творит мир, осуществляя полноту бытия в любви и смысле. Абсолютное бытие немыслимо без творения из него того бытия, которое было бы им любимо и любило бы его, которое осуществляло бы его идею, его Логос. Сын Божий – второе лицо Троицы, и есть неизбежность акта творения, и есть идея мира совершенного – космоса. В мистической диалектике абсолютного бытия заключена неизбежность творения как дело божественной любви между Отцом и Сыном. В глубине творения зародился грех, черты творения исказились злом, не осуществилась в нем совершенная идея Бога, нет в нем той любви к Богу, которая только и делает бытие полным и содержательным. Но грех потому искупляется, и мир-дитя потому имеет оправдание, что в нем рождается совершенное, божественное, равное Отцу дитя-Христос, что в нем является Логос во плоти и принимает на себя грехи мира, что дитя-Христос жертвует собой во имя спасения дитяти-мира. Иисус из Назарета и был историческим, конкретным явлением Сына Бога, Логоса, Смысла творения. Мир был сотворен во имя Христа, чтобы он был подобен Христу, этому образу Космоса, явленному в личности. Христос вошел в творение, воплотился в нем, чтобы вернуть его к Творцу, чтобы *обожить* человеческую природу, божественную по идее Творца, но ставшую греховной после своего отпадения. В любви родилось творение, через Логос оно сотворилось, в любви же, через Логос, оно должно воссоединиться с Творцом, осуществить свою идею, свой смысл. Христос есть таинственный примиритель человеческой свободы с божественным фатумом, Он – та свободная любовь творения, которая утверждает бытие в Творце. При посредничестве Христа мир спасается. Силой божественной любви Христос возвращает миру и человечеству утраченную в грехе свободу, освобождает человечество из плена, восстанавливает идеальный план творения, усыновляет человека Богу, утверждает начало *богочеловечности*, как оно дано в идее космоса. История человечества на земле приобретает *смысл*, потому что в центр ее является Христос – Смысл творения. Без Сына Божьего человечество не только не могло бы искупить греха и спастись, но его и не было бы, оно не сотворилось бы. Сын Бога и есть божественное, идеальное, абсолютно совершенное начало человечности – богосыновства, любящего Отца и Отцом любимого. Но мистическая диалектика завершается лишь в троичности.

Третье Лицо Троицы есть осуществленное заступничество Христа за мир. Св. Дух есть синтетический момент в мистической диалектике, осуществленное космическое спасение, осуществленное обожение человечества и мира, соборное возвращение творения к Творцу. Св. Дух есть носитель соборного божественного начала, соборной любви; восстанавливающей единство мировой души. Через Св. Духа проникает Христос в тело человечества, через Третьего таинственно претворяется Богочеловек в Богочеловечество. Разделение на Отца и Сына в лоне Божества синтезируется, примиряется в Духе. Мистическая диалектика абсолютно и предвечно завершается в Третьем, в Трех. Если Сын Божий есть Логос бытия, Смысл бытия, идея совершенного космоса, то Дух есть абсолютная реализация этого Логоса, этого Смысла, воплощение этой идеи не в личности, а в соборном единстве мира, есть обоженная до конца душа мира. Без Духа не было бы Церкви, божественной связи всего мира с Богом. Если без Христа-Логоса история мира не имела бы смысла и оправдания, то без Св. Духа в истории мира не было бы соборного действия Промысла, не было бы отблеска Божества на всем, что творится в истории, во вселенской культуре, в общественности, не было бы космического единства человечества. Если Христос совершил акт искупления мира, освободил от власти греха, создал таинственный мост между творением и Творцом, то Св. Дух восстанавливает творение по идее Бога, по Логосу, соборно утверждает бытие в Боге, собирает разорванные и порабощенные грехом части творения. В Духе раскрывается тайна творения, закрытая грехом и преступлением, соборно утверждается бытие всех и всего в любви. Отец возвращает себе творение через Сына, а Сын пребывает в творении через Духа. В Духе открывается вновь то, что открывалось уже и в Отце, но осмысленное Сыном, и обнаруживается единство и тождество Отца и Сына. Творение как бы проходит через три момента мистической диалектики и достигает совершенства, согласного с идеей Творца. В лоне абсолютного бытия, в Перво-Божестве, совершается предвечно весь процесс мистической диалектики: разделение Отца и Сына и примирение в Духе. Тот же диалектический процесс совершается в творении, но таинственно отраженным: история мира проходит эпохи Отца, Сына и Духа. Во всем в мире есть опрокинутая, отраженная троичность. Но диалектика абсолютная тут переходит в диалектику относительную, ограниченную временем и всеми категориями. В ней Сын может казаться противоположным Отцу. В ней ничто не дано в полноте и завершенности, так как полнота и завершенность могут быть даны лишь в конце мира. Личность – тайна одного, брак – тайна двух, церковное общество – тайна трех.

Религиозный смысл этой диалектики истории и составляет мою тему, для которой я устанавливаю религиозно-философские посылки. Догматическое богословие должно уступить место религиозной философии. Догматы, откровенные истины веры – не теории, не учения, не метафизика, не богословие. Это – факты, истины жизни. Но догматы религиозного откровения могут быть питанием религиозной философии, значение которой отрицать было бы мракобесием. Догматы открыты действием Св. Духа на вселенских соборах, но, исходя из них, можно раскрыть цельную систему гнозиса. Дух дышит, где хочет, и гностический дар великих философов и мистиков был дар боговдохновенный. Гностический дар не прямо пропорционален ступеням святости. У Я. Беме был больший гностический дар, чем у святых. Это дар особый. Глубоким представляется учение Мейстера Эккерта[55] о Перво-Божестве (Gottheit), которое глубже и изначальнее Бога (Gott). В Перво-Божестве, которое выше всех Лиц Троицы и связанной с ними диалектики, предвечно и абсолютно преодолевается всякая антиномичность, по отношению к Нему исчезает даже сам вопрос о бытии и небытии. Но о Перво-Божестве ничего не может быть сказано, оно невыразимо, отношение к нему уже сверхрелигиозно, само религиозное отношение исчезает там, где прекращается драма действующих лиц, драма Отца, Сына и Духа и всех лиц творения. Религия драматична, может быть лишь у лица и лишь по отношению к лицу, и потому возможна лишь религия Отца, Сына и Духа. Обычное сознание соединяет Перво-Божество с Богом Отцом, но ведь Бог Отец есть одно из лиц мистической диалектики, есть действующее лицо религиозной драмы, а Перво-Божество лежит под и над этой диалектикой, не участвует в драме в качестве лица. Перво-Божество есть Сверх-Сущее; в Нем дано абсолютное тождество Единого и Троичного; оно не есть один из Трех, подобно Богу Отцу. Теперь вопрос о происхождении зла представляется нам в ином свете. Категории зла и греха применимы лишь к драме мистической диалектики, лишь к драматическому действию Трех Лиц Божества и их отраженной диалектики в истории творения. Сама проблема зла аннулируется в применении к Абсолютному Божеству, к Перво-Божеству. Поистине, в Его глубине не только зло не рождается, но и ни в каком смысле не пребывает и его не ограничивает. Частичная истина пантеизма и заключена в этом первоощущении Перво-Божества. Но ложь пантеистического сознания в том, что оно смешивает все со всем, не отличает Творца от творения, не знает истины о Троичности, не чувствует мистической диалектики бытия и совершающейся в ней драмы с Лицами. Пантеизм – религиозно бесплодное настроение ума и сердца и потому легко переходит в атеизм. Дуализм совсем уж ограниченное мироощущение и просто отворачивается от окончательного решения проблемы зла. Реальная религия может быть основана лишь на Триединстве, а лежащее под этой Троичностью первоначальное единство есть лишь предел, о котором ничего уже нельзя сказать, ничего даже нельзя почувствовать конкретно.

Формулирую религиозные предпосылки философии истории. В основе *истории* мира лежит зло, первородный грех, до времени совершенный. Этим дана задача истории. Все монады, из которых состоит творение, сами избрали свою судьбу в мире, свободно определили себя к бытию в мире, подчиненном необходимости и тлению. Множественность, плюральность творения потеряла единство, центр, а индивидуальное не обрелось. Задача истории – не в победе над страданием и несчастьем (результатом), а в творческой победе над злом и греком (источником). Существование зла в мире не только не есть аргумент в пользу атеизма, не только не должно восстанавливать против Бога, но и приводит к сознанию высшего *смысла* жизни, великой задачи мировой истории. Начало зла и образ диавола не есть самобытная сила, конкурирующая с Богом, а – карикатура бытия, дух небытия.

2) Об истории мира до ХристА. О Ветхом Завете и язычестве

Отпавший от Бога мир все же сохранил с Ним мистическую связь, хотя и поврежденную. Бог промышляет о своем творении, открывает творению истину о себе, утерянную и закрытую первородным грехом, сообщает творению благодать, которую собственными усилиями оно не могло бы добыть. Первоначально Бог открывается человеку в природе, в творческих силах бытия, полных страшной тайны. Внутренняя отдаленность творения от Творца мешает увидеть Бога: образ Бога дробится в человеческом сознании и воспринимается лишь мифологически. В дохристианских религиях Бог был далеким и страшным или так затуманивался слабостью человеческого зрения, что виделся в форме многобожия. До мира и до времени произошло отпадение от Бога; в мире и во времени происходит возвращение к Богу, но не по прямой линии.

Человек утверждается в своем своеволии и влачит природное существование, подвластное необходимости и смерти. История мира протекает в состоянии распада всех частей и их взаимной скованности. Человек в поте лица своего добывает хлеб свой из проклятой земли; жена человека рождает в муках; человек и жена его умирают с роковой неизбежностью и рождают смертное. Человек пошел по пути змия, свободно избрал себе этот путь и должен до конца испытать последствия богоотступничества. Человекввергся в стихию звериного хаоса и мучительной историей, трудовым развитием, длительным процессом творчества должен выйти из этого зверино-хаотического состояния, очеловечиться, стать во весь свой рост, освободиться из плена для нового и окончательного избрания себе бытия в Боге или небытия вне Бога. Процесс истории не есть прогрессирующее возвращение человечества к Богу по прямой линии, которое должно закончиться совершенством этого мира: процесс истории двойствен; он есть подготовление к концу, в котором должно быть восстановлено творение в своей идее, в своем смысле, освобождено и очищено человечество и мир для последнего выбора между добром и злом. В исторической судьбе человечества неизменно сопутствует ему Промысел Божий; в истории есть сфера перекрещивающегося соединения человечества с Божеством, есть мистическая церковь, в которой восстанавливается человечество в своей свободе и достоинстве, которая предупреждает окончательную гибель человека, поддерживает его в минуты ужаса и переходящего все границы страдания. Смысл дохристианской истории в том и заключался, чтобы привести землю и человечество к Христу, подготовить мировую почву для принятия человечеством Христа. Ветхий Завет и пророки, язычество и греческая философия, восточные религии и античная культура – все это было путем к Христу, всемирной подготовкой почвы для явления Логоса во плоти. Человечество должно было пройти все стадии первоначального, естественного откровения, пережить языческий политеизм, индийское мироотрицание и иудейское единобожие, должно было достигнуть высших ступеней философского самосознания в Греции и совершить полные предчувствий греческие мистерии, должно было устроиться римское всемирное царство, объединяющее человечество в мировой культуре, чтобы мир созрел для явления Христа, чтобы тоскующее, жаждущее человечество увидело Логос во плоти. Все культуры древнего мира имели в этом деле свою миссию, существование их имело религиозный смысл.

В основе древних, дохристианских религий, и язычества и Ветхого Завета, лежала идея *жертвы*, жажда искупления путем кровавых жертвоприношений, потребность умилостивить божество. В кровавой жертве Богу и богам сказывалось ощущение первородного греха, хотя бы и не осознанного, и неизбежность искупления этой кровавой жертвой. Мистерия кровавого жертвоприношения должна была совершиться, чтобы произошло соединение человека с Божеством. У Божества нужно было кровью купить милость и снисхождение; Божество казалось страшным и далеким. Не только боги язычества, но и Бог Ветхого Завета страшен и грозен; он мстит и карает, он не знает пощады, он требует крови не только животных, но и людей. Ужас этот лежал не в природе Божества, а в тварной природе людей, в угнетенности человеческого сознания первородным, неискупленным грехом. Совершив преступление богоотступничества, человек не мог уже видеть Бога; он ослеплен; Бог отдаляется от него на бесконечное расстояние и делается для него страшным. В Ветхом Завете и язычестве Бог открывается человеку как Сила, но он еще не Отец; люди сознают себя не детьми Бога, а рабами; отношение к Богу основано не на любви и свободе, и на насилии и устрашении. В язычестве было подлинное откровение Божества, точнее, откровение мировой души, но открывалась там лишь бесконечная божественная мощь; смысл оставался еще закрытым, и религия любви еще не явилась в мир. Только ветхозаветные пророки возвысились над религией кровавой жертвы, и сознание их осветилось грядущей религией любви и бескровной жертвы; только греческие философы-мудрецы начали прозревать Логос за бессмысленными силами природы. Лилась кровь в языческом мире, умилостивлялось божество жертвой в самых разнообразных формах, но искупление не совершалось, надежда на спасение, на вечную жизнь не являлась. Ни одна древняя религия, ни язычество, ни браманизм, ни даже Ветхий Завет, не была еще религией спасения: ни в одной из дохристианских религий не было обетования о восстановлении творения в идеальном космосе, о всеобщем воскресении, о вечной и полной жизни. Ни в одной из этих религий не только не было надежды на спасение личности, но не было даже сознания безусловного значения личности. Много говорят о жизнерадостности греческой религии, о веселом Олимпе, но недостаточно сознают ужас этой веселости и жизнерадостности. Греческая религия безнадежна, в ней нет спасения; она была апофеозом могущественных сил природы и обожествлением слабых сил человеческих. Для греческого религиозного сознания мир был бессмысленным круговоротом играющих сил природы и не было никакого разрешения этой игры, никакого исхода, никакой надежды для человеческого лица. Греческая религия привела античную культуру к безысходной тоске, к унынию и мраку, который охватил весь мир в эпоху явления Христа. Только отдельные философы провидели Единого Бога и предчувствовали *религию спасения*. В Ветхом Завете сама идея бессмертия была мертвой и жуткой, не было надежды на воскресение и задачи с ним связанной. Лишь повиновение Богу-силе смягчало ужас жизни. Только пророки сознавали, что в мир идет религия спасения, религия воскресения и вечной жизни. В религии Индии была сознана греховность и бессмысленность бытия и неизбежность мироотрицания, но спасения и воскресения не было. Когда в наше время начинают говорить о реставрации древних, языческих религий, то охватывает ужас вечного возвращения. Нам ли ждать спасения от религий, которые привели уже к неизбежности новой религии – религии спасения. Язычество было необходимой, элементарной ступенью в процессе мирового откровения; без этой ступени никогда мир не пришел бы к христианскому сознанию; в язычестве была неумирающая правда, правда божественности мировой души, божественности матери-земли, которая должна войти в дальнейшее развитие религиозного сознания. Но этой частной и элементарной правдой нельзя утолить духовного голода на высших и сложных ступенях человеческого бытия. В языческом сознании жажда земного счастья и суеверный ужас гибели преобладали над жаждой совершенства и страхом своей измены образу Божьему. Современный языческий ренессанс есть или неосознанный еще процесс развития религии Христа к высшей полноте, или окончательный декаданс. Впрочем, археологический характер этого ренессанса делает его нестрашным. Прежде всего нужно помнить, что язычество было религией *рода*, что в нем не было еще самоощущения и самосознания *личности*. Наша современная религиозная драма и религиозная жажда связана с болезненным, истонченным ощущением личности, требующим высшего сознания. В язычестве было ощущение первоначальной святости плоти и плотской жизни, был здоровый религиозный материализм, реалистическое чувство земли, но язычество было бессильно перед тлением плоти всего мира, не могло так преобразить плоть, чтоб она стала вечной и совершенной, не могло вырвать из плоти грех и зло. Таинства язычества не спасали от смерти – вот в чем их недостаточность. Мир принял Христа, так как смерть царствовала в мире, так как плоть мира была больна и не излечивалась языческими средствами. Впрочем, возрождение языческое может иметь значение для возрождения христианского потому, что в язычестве было объективно-космическое начало церкви и правда язычества может быть противопоставлена субъективности протестантизма и духовного христианства.

Личность утеряла себя в грехе; самоутверждение привело к ее гибели; индивидуальность подчинилась стихии рода. Вместо вечного *личного бытия* достигнут был временный *родовой быт*, со сменой рождения и смерти, с перспективой плохой бесконечности. Естественные религии организовали жизнь рода, спасали человечество от окончательного распадения и гибели, создавали колыбель *истории*, той истории, которая вся покоится на натуральном роде, на естественном продолжении человечества во времени, но имеет своей конечной задачей преобразить человеческий род в богочеловечество, победив естественную стихию. *Грех искупляется и зло побеждается мировой историей*, и история должна делаться упорным и долгим трудом, должна пройти свои стадии. Родовые религии сделали возможными первые стадии человеческой истории; в них открылись элементарно необходимые истины; но откровения о *личности* и ее идеальной природе в них не было еще, не настало еще для этого время. В древней стихии рода не была сознана не только личность человека, но не было сознано и *единство человечества*, обладающее соборной душой и общим назначением. Древнему, дохристианскому миру была также чужда идея прогресса – смысла исторического развития, так как идея эта предполагает сознание единства человечества и провиденциального его назначения. Только у пророков зарождалась идея прогресса, только они чуяли религиозный *смысл истории*, связывая этот смысл с мессианистскими чаяниями. История потому только и имела смысл, потому только в ней можно было увидеть божественный план, что в истории должен был явиться Мессия – Христос, что мир исторически готовился к Его явлению. Идея прогресса могла зародиться только в пророческом, обращенном вперед сознании. Но пророчество выходило уже из древнего мира и возвышалось над дохристианскими религиями, над родовыми религиями жертвы и закона. Пантеистическое чувство бытия, лежавшее в основании язычества, было не дифференцировано; в этом первоначальном пантеизме не выделялся еще ни человек, ни человечество, ни смысл человеческой истории; все тонуло в стихии первозданного хаоса, начинавшего лишь оформливаться. Даже в утонченной и высокой греческой культуре не была еще сознана личность в ее безусловном значении, и это сказалось в античном обоготворении государства. Языческие религии были религиями женскими, религиями чрева матери-земли. В религии Диониса, которую теперь сближают с христианством, не было еще личности; дионисическая трагедия целиком совершается еще в стихии натурального рода; в ней все возрождается в стихийности и хаотичности природных сил. Воскресение в ней есть лишь природная весна. Только в религии Аполлона пробуждалась личность, а в орфизме зарождалась жажда бессмертия. Лишь в самом конце античной культуры почувствовалась тоска и ужас перед *индивидуальной судьбой*, но то было уже созревание мира для принятия Христа, сознание неизбежности Спасителя. Тогда народилась мистическая философия и мистические секты, появились личности, окруженные мистической тайной. Искали спасения в неоплатонизме и неопифагорействе, в стоицизме, заключавшем в себе же элементы христианства, в эзотерических мистериях. Началось соединение и смешение восточной мудрости с греческой философией и религией. Но не мог античный человек спастись собственными силами и тосковал смертельно. Естественные религии рода перестали человека удовлетворять; он перерос их, жаждал новой веры, которой заключалось бы высшее сознание. Мистика, как всегда, была лишь переходным состоянием; она предшествовала эпохе сильного религиозного света, которого в самой мистике еще не было. Человечество жаждало Спасителя, явления в мире самого Бога, так как натуральные человеческие пути были изжиты и привели к ужасу и мраку. Человечество своей сложной и многообразной историей приготовлялось к восприятию откровения Логоса. Явление Логоса во плоти должно было совершиться в народе, который был хранителем единобожия и в котором являлись пророки. Народ этот был избран Богом для исполнения провиденциального плана Своего и был всегда объектом особенного воздействия божественной благодати. Избрание это остается для нас великой тайной, но оно помогает нам осмыслить мировую историю[56]. Не только в истории евреев, но и в истории всех античных культур созревало человечество для принятия Христа. Ветхий Завет еврейский был откровением Бога Отца; Ветхий Завет языческий был откровением мировой души, раскрывавшейся для восприятия Логоса. До Христа мир не знал вселенской религии; все религии были национальными и ограниченными, но мир шел с разных концов к вселенскому религиозному сознанию, к вселенской религии. Христос явился как единственная и неповторимая точка мировой истории, в которой совершилось самосознание человека, освобожденного от гипноза стихийных и хаотических сил. Всемирная Римская империя создала историческую почву для вселенской религии. Мировая душа язычества дала плоть Церкви.

Началась *всемирная история* человечества.

3) Христос и Новый Завет

Христос явился в мир как оправдание творения, как смысл, Логос творения. Христос – предвечный Сын Бога – усыновил человека Богу, усыновил все творение, возвратил к Творцу Своей искупительной жертвой. То, что было не по силам человеческим, не по силам природным, оказалось по силам Сына Человеческого и Сына Божьего. Жертва, принесенная человеком, его кровь и страдания, не может искупить греха, не спасает, так как не соответствует всей безмерности содеянного преступления и не есть еще действие совместное с Богом, не есть еще богодейство. Бог давно говорил уже избранному народу Своему через пророка Исаию:

«К чему Мне множество жертв ваших? Я пресыщен всесожжениями овнов и туком откормленного скота; и крови тельцов, и агнцев, и козлов не хочу»

«К чему Мне множество жертв ваших? Я пресыщен всесожжениями овнов и туком откормленного скота; и крови тельцов, и агнцев, и козлов не хочу».

«Не носите больше даров тщетных; курение отвратительно для Меня; новомесячий и суббот, праздничных собраний не могу терпеть»

«Не носите больше даров тщетных; курение отвратительно для Меня; новомесячий и суббот, праздничных собраний не могу терпеть»[57]. Жертва не искупала греха, и не спасало исполнение закона. Закон Ветхого Завета, как и всякий закон до Христа, был лишь предварительным подготовлением человечества к принятию религии любви и свободы. Религия Христа не есть уже религия жертвы и закона, а религия любви и свободы. В религии Христа кровавая жертва заменяется жертвой бескровной – евхаристией, приобщением к вселенской жертве Христа, отменившей все другие жертвы, а Закон заменяется свободной любовью. Богу нужны не жертвы и истязания, а свободная любовь человека, свободное соединение человеческого с божеским. Новый Завет и есть завет свободной любви человека и Бога.

Сущность христианства, которую многие тщетно пытались разгадать со стороны, – в личности Христа, в космической роли этой таинственной Личности. Евангелие есть учение о Христе как Искупителе и Спасителе мира, а не учение Христа. По Евангелию, путь спасения – Сам Христос, Его божественная Личность, а не евангельская мораль, не христианские поучения. Если брать учение Христа и отвергать самого Христа, то в христианстве нельзя найти ничего абсолютно нового и оригинального. В Ветхом Завете, в Индии, у Сократа и стоиков были уже даны почти все элементы христианской морали. А моральное учение Канта некоторые даже находят более возвышенным, чем христианское. Все христианское учение было уже подготовлено греческой и восточной мудростью, даже таинства христианские имеют свой прообраз в таинствах древних религий. Космическая атмосфера богосыновства давно уже назревала в мире, в разных частях мира было уже много христианского. *Одно только абсолютно ново и оригинально в христианстве – Сам Христос; Его только не было еще в мире и другого Христа никогда не будет.* Христос есть единственная, неповторимая точка соединения божеского и человеческого; только однажды в истории мира можно было увидеть Бога во плоти, притронуться к Нему, прикоснуться к Его телу, ощутить Его близость. Только через Христа отношение человека к Богу становится интимным, через Христа Бог стал родным и близким человеку. Бог открывался человеку и в древних религиях, сообщал людям Свою волю через избранных Своих людей, но никогда до Христа не воплощался Бог, не являлся в образе личности. Все уже было в мире по частям, все назрело, все подготовилось, но Самого Христа еще не было. Была в Греции религия Диониса, но Дионис был лишь космической атмосферой, стихией, полной предчувствий. Только однажды в истории мира была дана возможность увидеть Бога в человеческом образе, и то было чудом истории, единственным по своему значению, чудесным фактом искупления и спасения. Вера в этот чудесный факт, любовь к этой таинственной личности, приобщение к Христу – спасительны.

Учение о богочеловечестве Христа, христологические догматы – *факты*, мистические факты вселенской истории, а не теории, не умственные доктрины, не отвлеченные построения, как то хотят представить рационалисты. Гарнак видит интеллектуализм в христианской догматике и призывает к простой сердечности в отношении к Христу, не решая вопроса о том, *кто* был Христос. Это роковое заблуждение. Кто был Христос и что Он для нас, это не умственный вопрос, не вопрос той или иной теории разума, это вопрос нашего религиозного опыта, нашего религиозного восприятия, вопрос реального факта. Мы хотим реально воспринять Христа, сделать Его фактом нашего опыта, и потому для нас не может быть безразлично, кто Он, что Он для нас. Не познание наше о мире и не интеллектуальные наши теории меняются в зависимости от того, что мы мним о Христе, а сам мир и само наше существование меняются от этого. Если Христос – Сын Божий, Логос, то мир имеет Смысл и у меня есть надежда на вечное спасение; если Христос – человек, то мир бессмыслен и нет для меня религии спасения. Догматы – факты, и только как факты они нам дороги. На вселенских соборах дело шло не о философских теориях, а о жизни и смерти, о религиозном восприятии таинственных реальностей. Догматы – обострение внутреннего зрения, открытие мистических фактов в глубине своего опыта. Только *религиозное восприятие* в силах решить вопрос, кто Христос и в чем «сущность» христианства; историческое исследование и философское умозрение само по себе бессильно установить *религиозный факт*.

Христос не хотел никакого насилия; Он не насильственно спасал, хотел любви и свободы, утверждал высшее достоинство человека. Христос явился миру в образе Распятого, был унижен и растерзан силами этого мира. Еврейский народ отверг Христа, не узнал в Нем Мессии, так как ждал земного царя, могущественного и славного, устроителя земного царства. Христос был распят тем миром, который ждал своего мирского царя, ждал князя этого мира и не имел той любви к Отцу, которая помогла бы узнать Сына. И до сих пор мир не понимает, почему Христос не пришел в силе и славе, почему не явил Своей божественной мощи, почему так бессильна религия Христа в истории, почему христианство получает удар за ударом и не удается, не устраивает этого мира. Но весь смысл явления Христа миру в том и заключается, чтобы мир свободно узнал Христа, полюбил Царя в образе Распятого, увидел божественную мощь в кажущемся бессилии и беспомощности. Христос хотел свободной любви человека и потому не мог запугивать его своим могуществом, насиловать своей властью. Если бы Христос явился в силе и славе, как Царь, то Он не был бы Искупителем, то спасительная жертва не совершилась бы. Кажущееся бессилие Христа и христианства свидетельствует о Христе, о Его божественности, а не против Него. В конце мировой истории Христос явится как Царь, явит миру Свою силу и славу, будет властвовать над миром, миру обещано наступление Его тысячелетнего царства. Но в царство это войдут те, которые полюбили

Распятого, в Нем свободно увидели Бога и Царя. *Великая тайна человеческой свободы сокрыта в том, что Сын Бога умер на кресте, был унижен и растерзан.* Этим бессилием и унижением Самого Бога была открыта миру тайна свободной любви, смысл творения. Смысл творения в том, чтобы человек и за ним весь мир полюбили Бога – Любовь, а не устрашились Бога – Силы. Если бы Христос явился как царь земли, то этим история мира закончилась бы, никакой дальнейшей истории не могло бы быть. Это было бы то же, как если бы Бог создал творение неспособным к греху, насильственно совершенным и потому лишенным свободы. Если тайна греха в свободе, то тайна искупления и спасения – в свободе же, но в свободе, соединенной с любовью, с божественной любовью. Сын Божий должен был быть распят и растерзан в мире, чтобы дитя-мир могло полюбить Отца и свободно спастись, вернуться в его лоно. Христос не совершал чудес в истории, отверг этот дьявольский соблазн, так как в свободе человека видел смысл истории, так как чудеса были бы насилием и не оставили бы места для достоинства и заслуги любви к Христу. Христос Сам был чудом, Его жизнь была чудесной. И все неудачи христианства в истории могут только подтверждать истину о Христе, могут лишь усилить любовь к Нему.

Слишком часто делают Христа ответственным за слабости христианина, не хотят верить в Христа, так как не доверяют христианину. Требуют от христианина великого подвига, который доказал бы, что Христос – Бог, что в Христа можно верить. Но сила Христова и правда не зависят от подвигов христианина, не им доказываются, а ему доказываются. Сам Христос свидетельствует о Себе, и свидетельства этого не в силах побороть все слабости христианина. Истина о Христе не доказывается силой человека, а скорее, его слабостью, так как истина эта в том и заключается, что человек бессилен сам спастись и спасается через Христа. Трудно современному человеку поверить в Христа, со всех сторон окружают его препятствия. И самое сильное препятствие, быть может, в том, что не видят чуда от веры в Христа, что поверивший в Христа все еще остается слабым человеком. В этом ожидании чуда, требовании чуда от поверившего, чтобы самому поверить, скрыт великий соблазн, дьявольская хитрость. Часто чудо совершается незримо, а чуда видимого, громового чуда человечество не заслужило еще. Христианин слишком малого еще заслужил, а смотрящие со стороны, не произойдет ли чего-то особенного, чтобы поверить, ничего не заслужили. Порядок природы, которым мы скованы по рукам и ногам, не может быть отменен для каждого из нас; он отменяется лишь путем *вселенской истории*, лишь завершенным искуплением. Великое чудо, которого ждет человек и с ним весь мир, – когда все наши мертвецы встанут из гробов и оживут, совершится лишь в *конце истории*, к нему все мы должны готовиться. Наша вера и наша надежда, что чудо это совершится, основаны на чуде, которое уже совершилось, на чуде *воскресения Христа*.

В воскресении Христа был один раз за всю мировую историю абсолютно отменен порядок природы, был дан реальный пример преображения мира. Со стороны величайшее чудо истории не видно, неверующему нельзя доказать, что Христос воскрес, тут нет доказательного насилия, но тот, кто увидел это чудо, кто поверил в него, тот знает, что мертвые встанут для вечной жизни. И все бессилие христианина перед страшным призраком необходимости, вся его слабость перед законным порядком природы не может поколебать этой веры. Христос умер на кресте – эту слабость видит весь мир; Христос воскрес – эту силу видит лишь любящий Его и верящий в Него. Свобода веры и достоинство человека в деле спасения основаны на этой извне видимой слабости Сына Божьего и извне невидимой Его силы. И пусть неверующие, смотрящие со стороны, не ждут чудес от христианина, чтобы поверить, чтобы войти в мистический круг; они ведь не видят чуда, реально уже совершившегося, чуда воскресения Христа, и ничего не увидят до тех пор, пока свободная любовь не одержит в них победы над вынужденной силой.

Христос – центр истории, смысл истории; история шла к Нему и идет от Него. Но христианство не вместило еще полностью откровения об исторической судьбе человечества на земле. Это – странная тайна религиозной диалектики бытия. Искупляющая сила Голгофской жертвы заполнила христианское сознание. Ветхий мир должен был умереть во Христе, чтобы воскреснуть во Христе. Смысл христианской эпохи истории был в подвиге самоотречения, в вольном отказе от самоутверждения в порядке природы, и христианские святые и подвижники выполняли эту космическую по своему значению задачу. Человечество должно было в избранной своей части принять внутрь себя Христа, обожить человеческую природу слиянием с Христом. Это обожение, это преодоление порядка природы путем аскетизма должно было принять форму индивидуального, личного спасения во Христе. И христианство, выполнявшее свою историческую миссию, в сознании своем не вмещало понимания смысла творческой истории, смысла мировой культуры. Христианство есть эпоха отрицания греховного мира, смерти его с Христом-Искупителем, есть антитезис, и этим определяется кажущаяся односторонность и неполнота христианской истины.

4) О христианской истории и историческом христианстве

Что Христос перевернул всю историю мира, это факт, который вынужден признать весь мир, мир не только христианский по своему сознанию, но и чуждый Христу, и враждебный Ему. Христос зачаровал мир, загипнотизировал; от Него пошло безумие, непонятное для язычников и до сих пор. Человечество как бы сошло с ума, с языческого, естественного ума, пленилось таинственной личностью Христа, отказалось во имя этой личности от всех благ античной культуры. По чудесному выражению Розанова, Иисус был так сладок, что весь мир прогорк[58]. Перед Иисусом Сладчайшим все в мире потеряло свою прелесть, стало пресным. В истории мира произошел космический переворот, началось подлинно новое летосчисление, и не могут объяснить этой чудесной роли Иисуса те, которые видят в Нем только человека, хотя бы и самого необыкновенного. И весь крещеный христианский мир, даже потеряв высшее религиозное сознание того, кто был Иисус, в мистической своей стихии чувствует, что в Нем скрыта великая тайна, что с Ним связана величайшая проблема мировой истории. Пусть умственно сравнивают Христа с Буддой, Сократом или Магометом, все же в глубине чувствуют, что это не то, что с пришествием Христа изменился космический состав мира, что вошла в мир сила не от мира сего, что трансцендентное стало имманентным. Самые позитивные историки знают, что после Христа ось мировой истории изменила свое направление; Христос стал темой мировой истории. Сознание греха и сознание спасения во Христе в «Исповеди» бл. Августина было рождением нового человека. Вся ткань человеческого существа стала непохожей на ветхую, языческую ткань. Ощущение и сознание вечной гибели от греха и вечного спасения от Христа стали определяющей силой истории. После Христа история мира пошла не по пути наименьшего сопротивления, как хотят думать позитивные историки, а *по пути наибольшего сопротивления*, по пути сопротивления всему греховному порядку природы. Жажда личного спасения стала основным мотивом истории, и временное непонимание смысла истории, смысла земного существования человечества во времени стало как бы исполнением этого смысла.

Христианская история, говорят, не удалась, христианство не осуществилось в истории, но сама эта неудача, сама неосуществленность христианства поучительна для понимания религиозного смысла истории, поддерживает истину христианских пророчеств. В христианской истории совершили свой великий подвиг самоотречения и аскетической победы над природой христианские святые, из которых состоит подлинная Церковь Христова. Но весь «христианский» мир не принял реально христианства, все еще остался языческим. Христианская история была сделкой с язычеством, компромиссом с этим миром, и из компромисса этого родилось «христианское государство» и весь «христианский быт». Христианская история была прохождением через ряд искушений, тех дьявольских искушений, которые были отвергнуты Христом в пустыне: искушением царством этого мира, искушением чудом и искушением хлебами. Искушения христианской истории отразились на историческом христианстве, которое оказалось компромиссом подлинной религии Христа с царством князя этого мира. Монашеское христианство, аскетическое по форме, по содержанию было слишком от мира сего и потому не могло создать мира иного. Средние века, которые будут для нас вечным поучением и ко многим сторонам которых мы неустанно должны возвращаться, особенно поучительны сочетанием небесной мечты с земной силой этого мира, лежавшего еще во зле. Совершающееся искупление как бы закрывало творческую тайну космоса, и человечество все соединялось с тленной плотью этого мира, которую проклинало в своем аскетическом сознании.

Средние века — самая загадочная и чарующая эпоха мировой истории, полная антитезисов и противоречий. Средние века не есть эпоха варварства и тьмы; этот старый взгляд давно уже оставлен культурными историками, наоборот, это эпоха великого напряжения духа, великого томления по абсолютному, неустанной работы мысли, это эпоха культурная и творческая, но не дневного творчества, а ночной культуры. Ночное сознание средневековья было полно прозрений, и в иных своих точках средневековье приближалось к несказанному. Эпоха не только самая аскетическая, но и самая чувственная, отрицавшая сладострастие земное и утверждавшая сладострастие небесное, одинаково породившая идеал монаха и идеал рыцаря, феодальную анархию и Священную Римскую империю, мироотрицание церкви и миродержавство той же церкви, аскетический подвиг монашества и рыцарский культ прекрасной дамы, — эпоха эта обострила дуализм во всех сферах бытия и поставила перед грядущим человечеством неразрешенные проблемы: прежде всего проблему введения всей действительности в ограду церкви, превращения человеческой жизни в теократию. Душа средневековья — чувство *покорности* Господу, рыцарская верность Богу, Христу и Деве Марии — предметам любви. Во имя мистической покорности воздвигали люди средневековья готические храмы, устремленные ввысь, шли в крестовый поход освобождать Гроб Господень, пели песни и писали философские трактаты, создавали чудесный, полный красоты культ, любили прекрасную даму. Душа средневековья женственна, покорна Богу, отдается Христу, и она же рыцарски мужественна в своем походе против врагов Господа. Романтики всегда возвращались и будут возвращаться к средневековью, видят там родственное себе томление. О, мы прекрасно знаем, что средневековые люди нередко были полны грубости и жестокости, что средневековая теократия была подменой власти Божьей властью человеческой, что с веками этими связана инквизиция и суеверия, но все это только подчеркивает двойственный и сложный характер эпохи.

Средние века были устремлены к небу, в религиозном своем сознании проклинали землю, и земля оставалась языческой, само царство небесное на земле становилось язычески земным. Идеал феодального рыцарства, равно как и идеал Священной Римской империи, был странной смесью язычества с христианством. Эпоха, проникнутая сознанием греховности любви, была эротична до глубины своих основ, создала культ Мадонны и влюбленности в Христа, сблизила культ прекрасной дамы с вечной женственностью мировой души. Всякому известны тьма и невежество средних лет человечества. Но можно ли сказать, что была философским безвременьем и темнотой эпоха, в середине которой явился Иоанн Скотт Эригена, а в конце Мейстер Эккерт? Была ли некультурна эпоха Данте и Фомы Аквинского? Вся античная культура вошла в средневековье, мировая душа жила и развивалась в течение этих оклеветанных веков. Напряженное чувство личности, личного спасения (у монашества) и личной чести (у рыцарства) утверждалось в эпоху, которую принято считать временем полного порабощения личности. В основе феодального строя лежало начало личности, и последующее обмещание и обуржуазивание мира стерло краски индивидуальности. Средневековые ужасы миновали безвозвратно, средневековая дикость ушла в глубь прошлого, средневековая красота, средневековая культурность, средневековая напряженность духовного томления манят нас и до сих пор. Философия будущего больше будет иметь общего с философией средневековой[59], чем с новейшей, новая общественность – с теократией, новая религиозная жизнь будет как бы восстановлением средневековья, но освобожденного от дуализма, переведшего томление в реальность. Почему же идеалы средних веков не удались, не реализовались, почему наступила эпоха нового богоотступничества, светского гуманизма, возрождения язычества, а затем атеистического позитивизма и позитивного социального строительства? Почему великая, святая идея теократии, Града Божьего, стала ненавистной новому человечеству, почему оно отказалось от томления по небу, почему ничего не вышло с грандиозным опытом охристианить мир без остатка? Почему все надежды нового человечества идут вразрез с мечтами средневековья? Как можно отстоять религиозный смысл истории, если произошел такой крах с самой религиозной эпохой, что пропала у человечества охота религиозно организовать жизнь и религиозно направить историю?

Этот трагизм христианской истории в том коренился, что христианская религия все еще не была полным откровением, что не наступили еще времена для раскрытия положительной *религиозной антропологии*, монистической правды о земной судьбе человечества. В религии Христа был дан Богочеловек и открылась правда о личном небесном спасении, но не было еще дано богочеловечество и не была еще целиком открыта правда о соборном спасении мира, о пути осуществления духа Христова в мировом космосе. В христианстве не было положительного религиозного идеала общества, и аскетический подвиг святых был как бы антагонистичен самой постановке этой проблемы. Поэтому дуализм небесного и земного, религиозного и мирского стал хронической болезнью христианской истории. Человечество, как бы предоставленное самому себе в делах этого мира, в историческом творчестве культуры и общественности, беспомощно строило свою антропологию, свое человеческое учение об обществе и о пути истории. Богочеловек явился в мир; мистический акт искупления совершился, но богочеловеческий путь истории еще не был найден, все еще оставалось обширное поле для подмены божеского человеческим, для соблазнов князя этого мира, который всегда охотно подсказывает, как лучше устроить мир, когда Дух Святой не вдохновляет еще человечества. И история христианской теократии была подменой, соблазном; в истории этой или господствовала ложная антропология (католичество) или совсем почти отсутствовала антропология (православие). Католичество было очень антропологично, в нем было слишком много человеческого, и оно создало ложную теократию – папоцезаризм, в котором власть божеская была подменена властью человеческой, папа был признан заместителем Христа, и человек этот был почти обоготворен. Католическое учение о церковной иерархии с папой во главе было ложной религиозной антропологией и обнаруживало отсутствие подлинной религиозной антропологии – откровения богочеловечества, в котором Сам Христос есть Царь и Первосвященник и не имеет заместителей. В иерархии священства жила ангельская небесная иерархия, смешанная с звериной земной иерархией, а священная человечность еще не была явлена. Западный папизм был слишком явным соблазном князя мира сего, продолжением языческого царства – imperium romanum[60], на которую слишком походит католическая церковь. Католичество возвысило человеческую стихию, почти обоготворило ее в лице папы и князей церкви и принизило ее, втоптало все человеческое в грязь в лице мирян, людей вообще[61]. Лжерелигиозная антропология западного папоцезаризма, положенная в основу католической теократии, была принижением личности Христа, отделением человеческого от божеского; в ней не достигалось богочеловечество и не давалось непосредственное общение с Богочеловеком. Для мирян, в которых не было положительного зла, отравлявшего католическую иерархию, Христос не был внутренним, оставался внешним; они подражали страданиям Христа, влюблялись в Христа, как во внешний объект, но не принимали Христа внутрь себя. Безумна была мысль, что можно найти на земле заместителя Христа, что можно обожить человеческую природу превращением Церкви в государство, а не свободным принятием внутрь себя Христа. Ведь в св. Франциске Ассизском больше было священства, чем в любом папе.

На православном Востоке, в Византии, христианский мир подвергся другому соблазну, соблазну цезарепапизма: там царя признали заместителем Христа и человека этого почти обоготворили. В православии слишком мало человеческого, нет никакой антропологии, но зато хранилось подлинно божеское. Византийское, теократическое царство было тем же соблазном языческого царства этого мира, которое господствует везде, где мир не сливается с Богом. Папоцезаризм и цезарепапизм были двумя формами «христианского государства», двумя ложными попытками власти этого мира выдать себя за христианскую, в то время как никогда не было сказано и предсказано, что религия Христа будет властвовать над миром, будет преследовать и насиловать (а не сама преследоваться и насиловаться). «Христианское государство», делающее вид, что мир принял христианство и что христианская власть господствует над миром, во всех своих формах было исторической сделкой христианства с язычеством. «Христианское государство» не было даже государством христиан, скорее, является государством нехристов. Государство – языческого происхождения, и только для языческого мира оно нужно; государство не может быть формой христианской общественности, и потому католический папизм и византийский цезаризм – остатки язычества, знаки того, что человечество еще не приняло в себя Христа. Для человечества, принявшего Христа, для богочеловечества в пределе не нужна власть человеческая, так как оно абсолютно покорно власти Божьей, так как для него Христос – Царь и Первосвященник. Подлинная теократия есть откровение богочеловечества на земле, откровение Св. Духа в соборном человечестве. В христианской истории, в «историческом христианстве» времена этого откровения еще не наступили, и человечество соблазнялось, жило в своей коллективной истории по-язычески. Исключительно аскетическое религиозное сознание отворачивалось от земли, от плоти, от истории, от космоса, и потому на земле, в истории этого мира языческое государство, языческая семья, языческий быт выдавались за христианские, папизм и вся средневековая религиозная политика назывались теократией. Против лжерелигиозной антропологии, против сомнительной, подложной теократии восстало человечество, освобождающее и утверждающее свою человеческую стихию. Наступили времена реформации и гуманизма.

Протестантизм был не только разрывом с Церковью, но и здоровой реакцией против уклонов католичества, против вырождения Церкви; протестантизм пытался восстановить свободу Христову, которая была окончательно утрачена; в протестантизме утверждалось личное начало, которое лежало в основе религии Христа. Ложное учение средневекового католичества о человеке, лжерелигиозное принижение человеческой личности привели к протесту, относительная правота которого несомненна. Протестантизм должен был явиться потому, что в истории христианства не было положительной религиозной антропологии, и пустое место заняла ложная антропология. В протестантском восстании личности и утверждении свободы зачался новый человек, человек новой истории. Протестантизм в начале своем был мистичен[62], но не имел в себе творческих религиозных сил, нес с собой лишь отрицательную правду и в дальнейшем своем развитии перешел в рационализм. Если в католичестве было ложное, сбившееся с пути учение о церкви, хотя была сама Церковь, то в протестантизме сама идея церкви начала постепенно истребляться. Рационалистический индивидуализм, а потом позитивизм оказались пределом этого отрицательного развития.

Ту же правду, которая провозглашена была протестантизмом и была началом революции человеческого духа, еще смелее и крайнее утверждал гуманизм. Гуманизм восстал против бесчеловечной антропологии католичества, да и всего исторического христианства, отверг ложную теократию во имя человеческой антропологии, во имя честного и открытого утверждения чисто человеческой стихии и человеческой власти. Гуманизм взял под свою защиту проклятую землю, в язычестве искал освящения отвергнутой христианством плоти. Католичество утверждало не божественную власть в мире, а власть человеческую, выданную за божественную (власть папы и церковной иерархии), гуманизм требовал освобождения от лжи, снимал цепи и утверждал власть человеческую, ничем не прикрытую. И в этом была доля правды. Человечество должно было освободиться от ложных, сомнительных теократий, стать на ноги, очеловечиться и очеловечить всю свою культуру, чтобы явилась почва для истинной, подлинной теократии, чтобы вольно и сознательно подчиниться власти Бога, Бога, а не папы или цезаря, не человеческого иерархизма. Гуманизм справедливо восстал и против католического папоцезаризма, и против православного цезарепапизма. На пустом месте религиозного сознания христианского мира, которое до сих пор заполнялось ложью, появился гуманизм и стал поднимать человека, ставить его на ноги. Антропология католичества была, в конце концов, языческая. В основании ее лежал соблазн imperium romanum. Католичество было пропитано этой языческой антропологией и теряло связь с божеским; православие сохранило связь с божеским, но не имело никакой самостоятельной антропологии, отражало восточную приниженность человеческой стихии. И вот человечество в исторических своих путях должно было пройти безрелигиозный гуманизм, чтобы наступили времена религии богочеловечества, чтобы открылась человечеству религиозная правда о его окончательной земной судьбе. Началась эпоха самоутверждения безбожного человечества, тяжелый опыт, который должен был быть изжит до конца, прежде чем человечество могло вступить на путь богочеловеческий, прежде чем была религиозно сознана истинная антропология, не бесчеловечная антропология исторического христианства, не безбожная антропология гуманизма, а антропология богочеловеческая. Новый гуманизм имел свои корни в религии Христа; без Христа в прошлом он не мог бы так возвысить человека, но не сознавал своего происхождения.

Гуманизм привел к Декларации прав человека и гражданина и к Великой французской революции. Гуманизм стал утверждать себя как отвлеченное начало, как начало не только самостоятельное, но и высшее. Отвергли всякую сверхчеловеческую святыню; человека и человечество признали высшей святыней. Освобождение от ложной теократии и бесчеловечия, прикрытого религией, вело к уничтожению всякой религиозной святыни, к обоготворению человека и человечества, к безбожию. Поэтому весь гуманистический, освободительный процесс двойствен: он заключал в себе великую правду, часть религии богочеловечества, и великую ложь, часть образующейся религии человеческого самообоготворения. В Великой французской революции и во всех освободительных революциях была несомненная правда, восстание против несомненной лжи, освобождение от первоначального рабства, но было и новое зло, обоготворение человеческой стихии, поклонение новому земному богу вместо Отца Небесного, с которым соединил нас Христос. Гуманизм, религия человечества, человеческого могущества и человеческого совершенства, стал пафосом нового, потерявшего Бога человечества. Гуманизм окончательно убедил людей нового времени, что территорией этого мира исчерпывается бытие, что ничего больше нет и что это очень отрадно, так как дает возможность обоготворить себя. Гуманизм лег в основание либерализма и французской революции, а потом он же стал душой социализма и анархизма. Теоретическое миропонимание гуманизма вылилось в форму позитивизма разных оттенков. Отрицание Бога, иного мира и всего трансцендентного признали достаточным основанием того пафоса, по которому человек божествен, человек имеет бесконечные права, человеку предстоит блестящее будущее. Но этот же самый божественный человек, согласно учению гуманистического позитивизма, произошел из низкого состояния, вышел из недр неорганической материи; этот человек смертен, этот человек не обладает даже реальным единством личности и есть лишь игра природных и социальных сил. Вл. Соловьев очень остроумно говорил, что гуманистический позитивизм у русской интеллигенции покоится на странном силлогизме: «человек произошел от обезьяны, следовательно, мы должны любить друг друга». Почему же не поедать друг друга, почему не ненавидеть? В действительности так и есть, не любят ведь, поедают и ненавидят.

Но, чтобы вступить окончательно на путь богочеловеческий, человечество, по-видимому, должно пройти до конца соблазн отвлеченного гуманизма, попробовать на вершине исторического процесса, в поздний час истории устроиться самостоятельно на земле, стать на ноги, отвергнув все источники своего бытия. За соблазнами imperium romanum, ложной теократии, папоцезаризма и цезарепапизма последовали соблазны гуманизма, народовластия, социализма и анархизма. Раньше обоготворяли человека-папу и человека-цезаря и этим изменяли Богу, потом стали обоготворять всех людей, человечество, народную волю, изменяли Богу во имя той же человеческой власти – народовластия. Социализм и анархизм обострили проблему хлеба и проблему власти и даже безрелигиозное сознание привели к эсхатологическим предчувствиям. Социализм и анархизм – предельные этапы новой истории, последние соблазны человечества, и страшны они своим внешним сходством с формами новой теократии, призванной окончательно разрешить проблемы хлеба и власти, всех насытить и освободить. В конце XIX века появляются Ницше, декадентство и безрелигиозная мистика. Человек, предоставленный самому себе, хочет себя перерасти, рвется за грани этого мира, но всегда оказывается трагически беспомощным. Критика Канта оставила в душе человека пустоту, которую он должен произвольно заполнять. Позитивизм и критицизм освободил человека от всякой безусловной реальности, водворил человека на территорию феноменалистического иллюзионизма. Так превращается гуманизм в новую форму лжи, так исчезает мало-помалу и та часть истины, которая в гуманизме заключалась. Назревает сознание, что правда о человеке может быть открыта и утверждена лишь вместе с правдой о Боге, что истинный гуманизм заключается в религии богочеловечества. Все острее чувствует современный человек, что безбожный гуманизм – бесчеловечен.

Но осмыслить опыт новой истории старохристианское религиозное сознание не в силах. Ветхое сознание не вмещает смысла истории, и вся драма новой истории представляется ему или недоразумением, или сплошным злом, дьявольским наваждением. Но будущее двойственно: в нем явится и величайшее, окончательное добро, и величайшее, окончательное зло. Для явления окончательного добра должен был совершиться процесс истории, и потому все эпохи истории имеют глубокий религиозный смысл. Религиозно-космический процесс воздействия Божества на человечество еще не закончился, и вся драма человека новой истории, весь новый опыт подготовляют материны для нового откровения. Только новое религиозное сознание может осмыслить все, что произошло нового с человеком, может ответить на его недоумение, излечить его от тяжкой болезни дуализма, которой страдало все христианство в истории и которое передалось миру, с христианством порвавшему.

5) О третьем завете и его связи со смыслом истории

Процесс истории привел человечество XIX века к идее прогресса, которая стала основной, вдохновляющей, стала как бы новой религией, новым богом. Человечество перестало верить в Бога и тем пламеннее стало верить в прогресс человеческий, в свое великое будущее. «Свое» – вот слово, заключающее в себе страшную иронию, так как ни один из живших и живущих людей не может реально назвать это «будущее» своим; ни один человек не войдет в это будущее живым, войдут его истлевшие кости. Идея прогресса, развития человечества, движения его к какой-то высшей цели была чужда античному миру: это не языческая идея. Идея эта зарождалась в мессианистском сознании ветхозаветных пророков, в апокалиптических чаяниях религиозного завершения мировой истории, религиозного исхода из мировой трагедии. Идея прогресса и есть идея *смысла истории*, истории как пути к Богу, к благодатному концу, к Царству Божьему. Идея эта связана с религиозными пророчествами, с ветхозаветными пророчествами о пришествии Мессии и новозаветными пророчествами о втором пришествии. Но христианские пророчества и обетования не осуществились еще в истории, и христианское сознание не вместило еще религиозного смысла прогресса. Причудливая диалектика истории передала идею прогресса в руки нового человечества, настроенного гуманистически и рационалистически, отпавшего от христианской религии, принявшего веру атеистическую. В безрелигиозном сознании нового человечества древние чаяния Царства Божьего смешались с чаяниями царства князя этого мира; обетования второго пришествия Христа затмились христианскими же обетованиями о пришествии земного бога – врага Христова. Позитивная теория прогресса и есть религия грядущего земного бога, и все ее чаяния предсказаны пророческими христианскими книгами. Теория прогресса заключает в себе противоречие, которое не в силах осмыслить позитивистическое сознание. Учение о прогрессе, о смысле истории неизбежно предполагает благодатное завершение истории, конечный исход, *конец истории*, ту или иную эсхатологию; в эсхатологии – пафос религии прогресса, душа ее. А вместе с тем прогрессисты-позитивисты отрицают конец истории, исповедуют религию плохой бесконечности, отсутствия конца во времени, бесконечного совершенствования. Всякий верующий в прогресс ждет, что прогресс приведет к хорошему, благому концу, что восторжествует царство счастливого, свободного, сильного, божественного человечества, и вдохновляется этим грядущим земным совершенством. Но тот же верующий в прогресс мыслит процесс бесконечным, не имеющим никакого конца во времени, а всякое грядущее совершенство считает подлежащим смене состоянием еще более совершенным, еще более далеким. Прогрессисты мечтают о земном абсолюте, который когда-нибудь появится во времени, и это есть чаяние мессианистское, жажда исхода из исторической трагедии. Позитивисты, исповедующие социальные утопии, ждут страшного суда над злом прошлого, ждут окончательного торжества правды на земле, но смешивают правду Божью с правдой человеческой, суд Божий с судом человеческим, чаяния Христа-Мессии с чаяниями Антихриста, земного бога. Рационалистическое сознание мешает им принять идею конца истории и мира, которая предполагается их неясными чувствами и предчувствиями; они защищают плохую бесконечность, торжествующую в жизни натурального рода. История не может иметь *смысла*, если она никогда не окончится, если не будет конца; смысл истории и есть движение к концу, к завершению, к исходу. Религиозное сознание видит в истории трагедию, которая имела начало и будет иметь конец. В исторической трагедии есть ряд актов, и в них назревает окончательная катастрофа, катастрофа всеразрешающая. В религии социализма, этом последнем слове учения о прогрессе, есть конец. Социализм верит, что старый мир разрушится, что над старым злом будет произнесен окончательный суд, что настанет *совершенное* состояние на земле, царство человеческой правды, что люди будут как боги. Мировая социальная катастрофа, наступление социалистического рая – все это вывернутая наизнанку религиозная идея конца истории, начало уже сверхисторического. В сознании своем социалисты утверждают, что прогресс будет бесконечным; но в стихии своей утверждают конец, *социалистический конец* истории, исход, спасение человечества от всех бед и зол, обоготворение человечества. В этом ожидании конца весь пафос социализма. Появление религии прогресса и социализма обостряет религиозно-эсхатологическую проблему, ставит перед христианским сознанием вопрос о религиозном смысле истории и ее завершении, служит возрождению религиозному, связанному с обетованиями и пророчествами.

Апокалипсис, откровение св. Иоанна, и есть христианская книга, в которой заключены пророчества о конце истории, которая тесно связана со смыслом истории. Апокалипсические пророчества говорят о грядущем разделении мира, об образовании в конце истории как царства князя этого мира, так и царства Христова. Будущее двойственно, в нем зло должно быть окончательно отделено от добра. Смысл истории согласно Апокалипсису заключается в освобождении человеческих сил для последней борьбы добра и зла, Христа и Антихриста. Церковь должна приготовиться в мире, ибо в конце *«наступил брак Агнца, и жена Его приготовила себя»* «наступил брак Агнца, и жена Его приготовила себя»[63]. Самое существенное в Апокалипсисе – это пророчество о наступлении тысячелетнего царства Христа на земле – хилиазм[64]. Хилиастическая надежда и есть основа всякого упования на наступление царства Божьего на земле, царства правды на этой земле. Все социалистические утопии, надежды на наступление грядущего совершенства, на благой результат прогресса есть психологическое переживание и психологическая трансформация хилиазма. Социалистическая религия есть обратный хилиазм, и в связи с ней должен возродиться хилиазм истинный. Все прогрессисты верят, что прогресс должен хорошо кончиться, должен привести к благому результату, к земному совершенству. Это – хилиастическая надежда, но лишенная всех оснований, всех корней. Ждут прогрессисты наступления царства Божьего на земле, а в Бога перестали верить. И ничего не могли выдумать прогрессисты кроме того, что заключалось в части апокалиптических пророчеств, но части, оторванной от целого и потому лишенной высшего света. Во всяком революционном «максимализме» (в широком смысле этого слова) есть бессознательный хилиазм, ложное религиозное ожидание. Но социальный максимализм обычно принимает форму отрицания истории.

Процесс не только мирового, но и личного спасения совершается *историей*, так как судьба личности зависит от судьбы мира. Спасение не есть дело уединенное, оторванное от вселенной, не может быть результатом личного самопогружения. Спасающейся личности предназначено жить в божественном космосе, в преображенном мире, и надежда на спасение есть надежда на всеобщее воскресение, воскресение мировой плоти. Прогресс совершается для всех людей, поколений прошлых, настоящих и будущих, для каждой былинки бытия. Дело спасения есть дело вселенское, и путь спасения есть путь вселенской истории. Спасение есть победа над первоисточником мировой испорченности, вырывание корней зла; спасение есть полное преобразование всего бытия, рождение к новой жизни самой материи мира. Спастись – не значит умереть для этого мира и перейти в мир иной, спастись – значит так преобразить этот мир, чтоб над ним не властвовала смерть, чтобы в нем все живое воскресло. Спасение есть дело жизни, а не смерти, дело этого мира, а не другого. Элементы этого же мира должны быть подготовлены для вечности, плоть этого мира и каждого существа в этом мире должна стать нетленной. Победа над смертью и мировое воскресение завоевывается лишь всемирной историей и явится лишь в ее конце. Слишком ясно для полного религиозного сознания, что спасение есть дело *всемирно-исторической жизни*, всемирно-исторической творческой работы над плотью этого мира, всемирно-исторической подготовки воскресения, а не индивидуального перехода в другой мир путем смерти, путем выхода из исторической жизни. Религия Христа зовет нас к борьбе за жизнь, к мировой победе над смертью, к завоеванию воскресения *историей и творчеством*. Религиозный человек должен дорожить жизнью больше, чем нерелигиозный, и должен больше ненавидеть смерть.

Все разрушительные смертоносные силы природы в грехе зачались и бороться с ними нужно как со злом. Инстинкт самосохранения и жизнеутверждения есть религиозно здоровый инстинкт. Религиозно должен человек охранять себя и свою жизнь от злых сил, собирать жизненные силы для участия в деле спасения, осуществляемого мировой историей. Идеализация смерти есть соблазн и грех. Человек отвечает за свою жизнь перед Богом и должен развивать полученные свыше дары. Достоинство человека – в его жизни, а не в смерти, в соединении духа с плотью, а не в отделении духа от плоти, в соединении индивидуальной судьбы личности с исторической судьбой мира, а не в отделении личной судьбы от мировой. И в той частной форме борьбы за жизнь, которую утверждает позитивизм, есть положительная правда, превращающаяся в ложь лишь тогда, когда претендует на верховенство. Все технические, экономические, политические, медицинские и в лучшем, светлом смысле магические способы противодействия злым силам в свете религиозного сознания не отбрасываются, а лишь претворяются.

Высшая точка христианской истории – аскетический подвиг святых Церкви Христовой, подвиг самоотречения и победы над природой, лишь на поверхности противоречит идее истории, в подвиге этом – лишь кажущийся выход из процесса истории. Подвиг святых отшельников и пустынножителей имел свою положительную историческую миссию, и значение его космическое, вселенское. Нужно было оттолкнуться от язычества. Святые аскеты должны были бросить вызов естественному порядку природы, должны были совершить свой индивидуальный опыт победы над источником зла, опыт активного, а не пассивного страдания, чтоб история мира могла продолжиться и завершиться. Победимость природы, лежащей во зле, победимость ужаса жизни и ужаса смерти опытно показана христианскими святыми. В самой природе мира что-то изменилось после аскетического подвига восточной христианской мистики; мир подготовился к вселенскому пути воскресения. Христианские святые, по видимости выходившие из истории, незримо творили историю. Образовалась церковь святых, таинственный центр мировой души, возвращающейся к Богу. Религиозное сознание исторического христианства не вмещало религиозного смысла истории, но такова была его историческая миссия. Нужно было отрицать историю, чтобы осуществился смысл истории; нужно было пройти через отрицание мира, чтобы религиозно утвердить мир. Ныне мы вступаем в эпоху мирового религиозного кризиса, и развитие религиозного сознания может продолжиться лишь в связи с положительным обращением к истории и земле. Религиозная миссия нашей эпохи не есть уже отрицание истории, а новое ее утверждение, не есть отрицание земли, а новое ее утверждение, новое творчество. Само религиозное сознание восполняется откровением о смысле мировой истории, новой религиозной антропологией, новой теургией.

Развитие ничего не убивает, ничего не истребляет и неизбежно заключает в себе элемент консервативный. Развитие охраняет вневременное достояние прошлого, продолжает дело прошлого, раскрывает содержание семени, посеянного не только в глубине веков, но и в глубине вечности. Развитие не есть отрицание прошлого, а есть утверждение того, что в нем заложено, раскрытие вечных элементов бытия, разворачивание изначальных качеств, пребывавших в потенциальном состоянии. Поэтому в процессе развития неизбежно сочетается консервативность с прогрессивностью[65], с творчеством: охраняется отвоеванная в прошлом сфера бытия и продолжается отвоевание новых сфер бытия, линия раскрытия протягивается дальше. В творческом развитии открывается небывалое. Вместе с тем процесс развития есть процесс трудовой. Развитие с трудом дается, больших усилий стоит и не достигается мечтательной экзальтацией. Процесс развития мучительно медленный, и в нем неизбежны стороны, обидные своей прозаичностью и мелочностью. Должен до конца совершиться нейтральный прогресс *очеловечения* человечества, исхода из природно-звериного состояния, элементарного освобождения человеческих сил, первоначальной постановки человеческой личности на ноги. Тогда только можно ждать сверхчеловеческого исхода. Этот трудовой характер развития и нейтральный характер очеловечения очень важно понять для религиозного осмысливания истории. Люди религиозного сознания легко впадают в соблазн отрицания истории, для них закрывается смысл трудового развития культуры и религиозно нейтрального процесса гуманизации. Новое религиозное сознание должно понять великий смысл исторического труда[66]. Новое религиозное сознание есть прежде всего освящение творчества.

Но религиозно осмыслить исторический прогресс – значит увидеть двойственность будущего, которую не видят прогрессисты. Прогрессисты понимают историю как улучшение, как бесконечное совершенствование этого мира, уничтожение зла прошлого и нарождение добра будущего. Теории прогресса позитивистов всегда считают зло категорией прошлого, а добро – категорией будущего. Прогресс должен окончательно уничтожить в будущем всякое зло и довести этот мир до состояния совершенства. Теория прогресса в обыденном сознании бестрагична – это прекраснодушная теория, которая хотя и утверждает страдальческий и кровавый путь истории, но верит, что все идет к лучшему в этом лучшем из миров. Раздвоения этого мира на добрую и злую стихию, роста не только добра, но и зла обычное прогрессистское сознание не замечает. Прогрессисты видят внешнюю цель истории и не замечают внутренней ее драмы, которая все более и более обостряется. Только в свете религиозного сознания видна двойственность исторических судеб человечества, видно грядущее в мире разделение на конечное добро и конечное зло, виден трагический и трансцендентный конец истории, а не благополучный и имманентный. Смысл мировой истории не в благополучном устроении, не в укреплении этого мира на веки веков, не в достижении того совершенства, которое сделало бы этот мир не имеющим конца во времени, а в приведении этого мира к концу, в обострении мировой трагедии, в освобождении тех человеческих сил, которые призваны совершить окончательный выбор между двумя царствами, между добром и злом (в религиозном смысле слова). Религиозное сознание видит в истории трагедию, которая должна кончиться катастрофой. Трагедия никогда не кончается благополучием: исход из трагедии всегда трансцендентен, всегда есть предельный конец имманентного развития данных сил, переход к иному. Задача истории – в творческой победе над источником зла, а не в благополучии. Но, чтобы зло было побеждено, должно выявиться его окончательное ничтожество; оно должно предстать перед человечеством в окончательной своей форме. Пусть сбудутся все обещания древнего змия и змииного пути, тогда выявится ложь этих обещаний. Для свободы выбора человечество должно: 1) стать на ноги, укрепить свою человеческую стихию и 2) увидеть царство правды и царство лжи, конечную форму обетований добра и обетований зла. Первое условие достигается нейтральным гуманистическим прогрессом, элементарным освобождением человечества; это общее поле, на котором работают и силы божеские, и силы дьявольские и на котором дано будет окончательное сражение. Второе условие есть выявление путем исторического прогресса сверхчеловеческих сил, встреча обетований Божьих с обетованиями дьявольскими. Все в мире должно быть доведено до конца, изобличено, обнажено. Окончательное ничтожество зла может быть увидено, лишь в конце истории, когда зло достигнет предельной своей формы, манившей и соблазнявшей людей. Непосредственные, первоначальные последствия первородного греха устраняются человеческим прогрессом; человечество выходит из состояния первобытного зверства и рабства.

Внешние и грубые формы зла постепенно отмирают в истории, и прогрессисты справедливо провидят в будущем уничтожение этого первобытного зла. Люди не будут уже поедать друг друга, не будет таких убийств, казней и разбоев, не будет такой тьмы и невежества, такой нужды и беспомощности перед природой. Но тоска усилится, радости будет еще меньше, ужас пустоты и небытия достигнет размеров небывалых. Внутренняя отчужденность и внешняя связанность будут возрастать по мере внешнего освобождения и насильственного соединения людей. Самые радикальные социальные перевороты не затрагивают корней человеческого бытия, не уничтожают зла, а лишь отводят его. И самый страшный ужас ждет человечество впереди, самое страшное зло воплотится в будущем, когда окончательно исчезнут первоначальные формы зла. Для победы над грядущим злом растет сила царства Божьего, сила творческая; воплотится в будущем и высшее добро. В этом сущность апокалипсических пророчеств о смысле и конце истории.

Самая большая трудность философии истории скрыта в природе *индивидуального*, которое, казалось бы, не поддается разумному объяснению, не вмещается ни в какие схемы. Часто утверждают, что всякий провиденциальный *план* истории сталкивается с индивидуальным, и тайна индивидуального опрокидывает всякий план, всякую схему истории. А ведь история имеет дело исключительно с индивидуальным, неповторимым, конкретным. И новейшие гносеологи (Риккерт и др.) справедливо усомнились в самой возможности законов истории. Нельзя установить законов истории, так как нельзя построить науку истории по образцу естествознания, которое имеет дело с повторяющимися явлениями и устраняет все индивидуальное. «Научная» теория истории невозможна и обычно выливается в мертвую и пустую дисциплину социологии – этого богословия позитивистов[67]. Но религиозное понимание истории возможно уже потому, что религиозное восприятие всегда индивидуально и универсально разом и что религиозный смысл истории исходит из индивидуального, неповторимого факта – Христа. Религиозное сознание в противоположность научному воспринимает и осмысливает абсолютно индивидуальное, и никакого иного бытия, кроме индивидуального, для него не существует. Общее, универсальное так же индивидуально, как и частное – не менее реально. Вот почему религиозный план истории не есть непременно схематизм, как то кажется позитивистам-номиналистам. Пророческое видение будущего не абстрактную, мертвую схему открывает, а живую, индивидуальную трагедию. Сама возможность пророчеств основана на религиозном преодолении противоположности между свободой и необходимостью, которая для рационалистического сознания остается непримиримой антиномией. Необходимый, роковой конец истории, который открывается в пророчествах, и будет делом свободы, постигнутой не как произвол. Христос уничтожил противоположность между человеческой свободой и божественной необходимостью, и христианские пророчества открывают конец истории и путь к нему по ту сторону этой противоположности. Конец истории в такой же мере провиденциален, в какой и свободен. Провиденциальный план истории не может быть насилием над свободой индивидуального, а лишь ее исполнением. Мировая трагедия разрешится не только борьбой Христа с Антихристом, но и человеческой свободой, человеческим усилием и творчеством. Конец истории и путь к концу – не исключительно божественный, а *богочеловеческий*, и в богочеловечности таится возможность осмыслить божественный план истории, не погасив индивидуальной свободы человека. Только новая религиозная антропология в силах осветить религиозный смысл истории, победить кошмар отвлеченной схемы и безумие индивидуальной игры.

Христианство не полно, так как в нем или совсем не было религиозной антропологии, или была антропология ложная. Христианское сознание выработало на вселенских соборах догмат о богочеловечности Христа; оно же открыло греховность человеческой природы. Но богочеловечность человека и человечества не была полностью вмещена христианским сознанием: ему оказалась почти чуждой сама идея богочеловечества. Антропология исторического христианского сознания осталась еще слишком языческой и ветхозаветной. Человеческая стихия была, с одной стороны, принижена христианством в истории, а с другой – ложно возвеличена в лице папы, царя, иерархии, в человеческом быте и человеческих мнениях, выданных за божеские. Человеческое было соединено с божеским в Христе, индивидуально соединялось у святых, у спасавших свою душу; но на пути истории, на пути культуры осталась отъединенность. Человеческая стихия в одной точке соединялась с Христом и тем спасалась в индивидуальной форме, но исторически, вселенски она утверждала себя по-своему, приняла своеобразный компромисс христианства с языческой антропологией. Человеческая стихия не обожилась и потому осталась и приниженной перед Божеством, и бесстыдной, полной самомнения в своем самоутверждении. Католичество было разом и унижением человека, и непомерным возвеличением; в нем сильна властолюбивая и самолюбивая человеческая стихия. Православие было принижением человеческой стихии, подчинением ее Божеству, столь характерным для Востока исчезновением человека и Боге. И ложная антропология западного католичества, и полное отсутствие антропологии в восточном православии одинаково свидетельствуют о неполном и одностороннем характере христианства в истории, о неизбежности раскрытия полной религиозной антропологии, религиозного учения о человеке и человечестве, не языческого и не ветхозаветного. Но, скажут, есть ведь новозаветная антропология, преодолевающая и язычество, и Ветхий Завет! Вся историческая драма религии Нового Завета в том, что Новый Завет человека с Богом, Завет любви и свободы не был еще соборным соединением человечества с Божеством. Обожение человечества, путь к которому открыт Христом, в исторических границах Нового Завета не осуществляется и предполагает завершенную диалектику Троичности. Если мессиански-пророческое сознание Ветхого Завета вело к Новому Завету, то мессиански-пророческое сознание Нового Завета ведет к Завету Третьему. Богочеловечество, совершенное соединение человечества с Божеством, может явиться лишь как результат проникновения Св. Духа в путь истории и культуры. Заветы Христа остаются индивидуальными, на них нельзя построить религиозного общества и религиозной культуры. Религия Богочеловечества есть религия Св. Троицы, завершение диалектики Троичности, в которой творение свободно возвращается к Творцу. Положительная религиозная антропология, раскрытая в религии Св. Троицы, будет изъявлением прав Бога и прав человека, что в истории было до сих пор разделено, будет раскрытием богочеловечности человека и человечества, новой близости человеческого к божескому. Священнический иерархизм, исполнявший великую миссию, в конце будет преодолен новой религиозной антропологией. Человеческая природа – ничто, взятая сама по себе, самоутверждающаяся, но она божественна, могущественна в единении с Божеством. В святых происходило индивидуальное обожение человеческой природы; это обожение должно начаться в истории, чтобы привести мир к *обществу святых* – благому результату мировой истории. Человечество, по выражению Вл. Соловьева, есть становящееся абсолютное, и в этом религиозный смысл истории и религиозная задача человеческой культуры. *Новая религиозная антропология прекратит распрю гуманизма с Богом*, откроет безумие безбожного прогресса и такое же безумие благочестивого регресса. Новое религиозное сознание Третьего Завета изобличит ложь старых теократий, смешавших человеческое с божеским, и новых демократий, обожествивших человеческое, и поведет к новой и вечной теократии, в которой власть будет подлинно божеской, а человек, подчинившийся этой власти, будет поднят на высоту божественную. Но люди переходной эпохи не должны выдавать себя за носителей нового откровения, а лишь за жаждущих, предчувствующих и стоящих у порога.

Положительная религиозная антропология может быть открыта лишь в связи с проблемой происхождения зла, лишь в свете ясного сознания природы зла. Тварная человеческая природа есть и величайшее добро, и величайшее зло. Зло не есть самобытное и абсолютное начало бытия, зло есть творение, отпавшее от Бога и обоготворившее себя и свои силы. Все эмпирические формы зла – смерть, болезнь, нужда, рабство, убийство, злоба, ненависть явились в мир из этого источника. Если самообожествление человеческой природы было источником зла, то обожение человеческой природы будет победой над злом, исходом, спасением. Обожение человеческой природы, богочеловечность и есть новая религиозная антропология, противоположная безрелигиозной антропологии религии человечества, религии человеческого самообожествления и самоудовлетворенности. Вот почему религиозно-антропологический вопрос есть вопрос о разрешении смысла истории. В Апокалипсисе дано пророческое разрешение того антропологического вопроса, который поставлен в книге Бытия.

Революционеры, пламенно верующие в социальное спасение человечества и земной рай, исповедуют ложную антропологию, обратную христианской, и их завет есть завет жертвы, а не любви. Революционер-герой себя самого считает спасителем мира и жаждет себя принести в жертву, пролить кровь для искупления грехов мира. Революционер сам хочет быть Христом, и эта жажда жертвы мешает ему увидеть Христа, поверить в Единого Спасителя. Мнить самого себя спасителем и придавать своей жертве мировое искупляющее значение есть большой соблазн ложной антропологии, соблазн зла, принявшего обличие добра. Религия Христа есть завет любви, а не жертвы, религия Спасителя – Сына Божьего, а не спасителей-человеков. Кровавая жертва человека не может иметь спасающего и искупляющего значения, и сама жажда жертвы есть соблазн. Историческое христианство не осуществило в человеческой жизни завета любви и слишком часто сбивалось на старый завет жертвы. Ложь антропологии исторического христианства и антропологии революционного гуманизма разом и обоготворяет человека, и принижает человека, но не в силах обожить человеческую природу.

Третий Завет, завершающий диалектику истории, осуществляющий завет любви истинной антропологии, восстановит всю полноту язычества, но просветленного и освобожденного от тления, освятит всю плоть культуры, но осмысленную и побеждающую смерть. Вся языческая полнота жизни, так соблазняющая многих и в наше время, не есть зло и не подлежит уничтожению; все это богатство бытия должно быть завоевано окончательно, и недостаточность и ложь язычества в том и заключалась, что оно не могло отвоевать и утвердить бытие, что закон тления губил мир и язычество беспомощно перед ним останавливалось. Возрождение ценностей и благ языческого мира, всей заключенной в этом мире подлинной жизни, почувствованной языческим миром святости первозданной плоти, есть дело религиозное и с религией воскресенья плоти связанное. Но возрождение язычества, реставрация языческих религий есть безумие, есть дело, враждебное религии. Нельзя отрицать язычества, безумно видеть в нем злой соблазн; язычество было подлинным откровением, но первоначальным, неполным, односторонним, и были глубокие, мистические причины гибели язычества как религии. Языческая культура, языческая философия и искусство не погибли; они легли фундаментом мировой христианской культуры; ими питались учителя церкви и строители церкви. Беда не в том, что христианский мир отверг язычество, беда в том, что христианская история была двойственна, что мир стал язычески-христианским, что весь он был проникнут дуалистическим сознанием. Католичество было язычеством в христианской одежде, и христианское государство, христианская семья, христианский быт – пережитки язычества, языческого родового строя жизни. Аскетическая христианская мистика святых и отшельников и весь христианский быт, вся христианская история земли остались несоединенными, противоположными. И задача нового религиозного движения не есть обновление христианства язычеством, а скорее освобождение христианства от языческого быта, преодоление дуализма и творческое утверждение нового религиозного бытия, в которое войдет и все преображенное язычество и все исполнившееся христианство.

Что должна, наконец, наступить эпоха Св. Духа, что то будет эпоха любви и свободы, это давно уже предчувствовалось, мечта о ней всегда была заложена в христианстве. Иахим из Флориды учил о трех фазисах откровения и ждал откровения Св. Духа. В XIII веке францисканцы проповедовали о трех эпохах – Отца, Сына и Духа Св., и эпоху Духа начинали с св. Франциска. Хилиастические надежды с особенной силой возродились в реформационную эпоху; в мистических сектах ждали близкого наступления чувственного тысячелетнего царства Христова. В начале XIX века Баадер и Шеллинг учили, что религиозное откровение должно перейти в новый фазис Св. Духа и в нем должна явиться церковь св. Иоанна. Но то были индивидуальные предчувствия христианских гностиков. Русские богоискатели ищут Вселенской Церкви и новых откровений. Вл. Соловьев подходит к религии Духа. Но все эти предчувствия недостаточно еще связаны с *вселенским сознанием*, все эти движения не носят еще вселенского характера, не идут изнутри Церкви. В мировой истории человечества и во всей культуре человечества многое должно еще произойти, прежде чем станет возможным вступить в новую религиозную эпоху. Отдельные мыслители, отдельные мистики и отдельные секты могли многое почувствовать и сознать, но речь идет о всемирно-исторических эпохах, и религиозная эпоха Св. Духа не могла еще наступить не только в XIII веке, но и в XIX веке, не настали еще времена и сроки. Об эпохе Св. Духа можно говорить лишь условно, так как не может быть особенной религии Св. Духа. Полная религия, вмещающая полноту откровения, есть религия Св. Троицы. Третий Завет будет лишь исполнением Завета Христова. И прежде всего раскроется тайна нового брака, мистического соединения, которого нет в порядке природы, не соединяющей две плоти в одну, а рождающей плоть третью. В макрокосме соединяется Христос с Невестой своей Церковью; так в микрокосме муж соединяется с женой. Этот мистический брак существовал лишь на высших ступенях посвящения в тайну любви, но от него пойдет преображение мира.

Современное человечество переживает тяжелый кризис: все противоречия обострились до последнего предела, и ожидание мировой социальной катастрофы на один лишь волосок отделимо от ожидания катастрофы религиозной. Социализм и анархизм, декадентство и мистика, разочарование в науке и пустота новейшей философии, небывалое еще ощущение личности и сознание неизбежности нового общества, мучительное обострение проблемы пола – все это ведет к какому-то пределу, к таинственному еще разрешению. Европейская культура идет быстрыми шагами к пределу человеческого самообоготворения, к новой безбожной религии, к земному богу, который уже всех поработит и которому поклонятся окончательно. Наступают времена такой тоски духа, такого томления по религиозному разрешению противоречий жизни, что неизбежно что-то должно начаться.

У нас в России долгое время было рабство и варварство, а потом наступил революционно-реакционный хаос, но у нас же, плохих европейцев, нашла себе приют неведомая Европе духовная жажда, неустанная работа лучших наших людей над вопросом религиозным. Дух наш решительно враждебен мещанству, и механический идеал Европы нам чужд и неприятен. Мессианистско-религиозные чаяния давно уже зародились в России, и в религиозное призвание России верит национальный гений нашего народа. В славянофильстве было много роковых ошибок и наивностей, но в нем же была и правда, дальше развиваемая Достоевским, Вл. Соловьевым и др. У нас есть *органические* задатки пути, противоположного этому судорожному движению к земному богу, к механизму, подменившему организм, к фиктивному бытию. Это не значит, конечно, что Европа «сгнила»; и там готовятся силы к последнему акту мировой истории. Мировая история разрешится лишь совместными силами Востока и Запада, и каждый великий народ имеет тут свою миссию. Но верим, России и русскому религиозному движению принадлежит роль особая и великая. Только Россия может соединить восточное созерцание Божества и охранение божественной святыни православия с западной человеческой активностью, с исторической динамикой культуры. На монгольском Востоке есть страшная стихия безличности, как кара за грехи, грозящая европейской цивилизации, изменяющей христианскому откровению о личности. Россия в силах будет отразить восточно-монгольскую опасность, если победит в себе татарщину, охранит себя от американской безличности и укрепит в себе мужественно-христианскую активность личности. Вера в миссию России есть вера, она не может быть доказана, это не научная истина. Народ есть реальное, а не номинальное понятие, народ — мистический организм, сверхчеловеческое единство. Народ есть предмет веры, а не предмет чувственного восприятия. Вера в русский народ принуждает нас думать, что Запад не в силах выйти из кризиса без истины, хранящейся на Востоке, в восточном православии, в восточной мистике, в восточном созерцании Божества. Третий Завет родится от органического соединения мистической истины Востока с утонченными плодами культуры Запада и с западной активностью. Христос на Западе, в католичестве был *объектом*, к Нему тянулся человек; на Востоке, в православии Христос был *субъектом*, внутренним фактом.

Спасение мира есть устранение противоположности между Христом и миром — двумя детьми Бога, проникновение Христа во все клетки мира, свободное принятие Христа всеми частями мира. Соборное слияние Христа и мира, Логоса и мировой души совершается Св. Духом, Третьим Лицом Св. Троицы, завершающим процесс возвращения творения к Творцу. Христос есть абсолютный Сын Божий, мир есть становящееся абсолютное. Мировая душа оплодотворяется Логосом, принимает в себя Христа, мир должен встретиться в конце истории с Христом, как невеста с женихом своим. Антагонизм между миром и Христом есть историческая аберрация, которую призвана рассеять соединяющая эпоха Св. Духа. Спаситель мира не может быть врагом мира. Христос был не от того мира, который отпал от Бога и истлел, Он был от того мира, который есть космос и безмерно богаче мира этого. Христос учил искать Царства Божьего и не искать того, что в мире, но потому, что Царство Божие и есть подлинный мир, полнота бытия, а то, что в мире, есть призрак и бедность. Мир имеет два смысла: мир как творение, отпавшее от Творца и обоготворившее себя, призрачный и бедный, и мир как творение, соединенное с Творцом, реальный и богатый. Все, что есть ценного в нашем мире, принадлежит к миру реальному и богатому, который Христос пришел не уничтожить, я утвердить навеки. Таков мир творчества. Спасение мира есть вытеснение зла в сферу небытия, утверждение мира истинно, о и уничтожение мира ложного. Лживый, призрачный мир есть зло и небытие; он не должен иметь защиты, он достоин лишь огня. Но весь истинный, реальный мир спасется, ничто в нем не погибнет. Идея всеобщего спасения, очень притягательная и заключающая в себе долю истины, легко превращается в злой соблазн, когда она понимается в смысле спасения не только полноты бытия, но и самого зла, которое есть небытие. Мир спасется во всей *полноте* своего *бытия*, но то, что есть небытие в мире, но мир лживо-призрачный спастись не может и не должен, может лишь сгореть. Идеологическая защита зла, сострадание к злу есть великий соблазн, от которого необходимо освободиться. Все в мире вольно освободиться от зла и спастись, но само зло спастись не может. Страдающий и жаждущий спасения достоин сострадания; но не может быть сострадания к злу. В оригенизме, старом и новом, в отрицании ада и утверждении всеобщего спасения есть, расслабляющий филантропизм и сказывается гностическое бессилие решить проблему зла. Идея ада оправдывается свободным достоинством человека, так как свободный человек не может и не хочет быть спасенным насильственно[68]. Мир сотворен для свободных, для сильных духом. Вне Бога и Царства Божьего пытались утвердить зло; но вне Бога и Царства Божьего нет ничего и быть ничего не может, кроме ничтожества, лжи, фальсификации, небытия. За стенами Вселенской Церкви ничего не должно остаться, кроме небытия. Новая религиозная душа войдет в Церковь не для отрицания творчества жизни, а для ее освящения; с ней войдет весь пережитой опыт, все подлинные мирские богатства. Тем и отличается новая религиозность, нарождающаяся в мире, что Церковь для нее есть премудрая мировая душа, в которую входит не только вся полнота «духовного», но и вся полнота «светского».

Заключение. О страдании и ответственности

Все достоинство человека основано на чувстве свободной ответственности, на сознании виновности в собственной судьбе. Страдание, которым полон мир, есть уже последствие до мира содеянного зла, результат греха. Страдание не есть первоначальная основа творения; страдания нет в идее Творца. Творение создано для блаженства, и соединение творения с Творцом есть блаженство. Если творение не блаженствует, а страдает, то в этом виновно само творение, его отпадение от Творца: план страдающего мира не есть план Творца. Страдание людей есть знак того, что было совершено преступление, и освобождение от страдания может быть лишь результатом искупления греха, творческой победы над злом.

Страдание, само по себе взятое, не есть цель и не есть заслуга. Цель есть блаженство в Боге, но путь к этой цели – страдательный, заслуга – в усилии победить корень страдания, т. е. зло. Идеализация страдания как такового, как цели, как высшей заслуги, как высшей красоты, есть великий соблазн, и с соблазном этим связано ложное понимание Голгофской жертвы. Смысл Голгофы не в обоготворении страдания, а в победе над страданием. Великий подвиг Христа не в том, что Он страдал. Страдают все люди. В самом факте большого страдания никакой заслуги не было и не было бы ничего спасительного для мира. Но Голгофское страдание Христа было победное, божественно-активное; оно вырывало из мира корень страдания, уготовляло воскресение. Христос принял на себя все страдания мира – последствия греха, чтобы победить их в корне, искупить грех и тем сделать зло бессильным над судьбой мира и человека. Вся жизнь Христа есть страдание активное, победное; во всей жизни Его уже открывается воскресение.

Поклоняющиеся всякому страданию, обоготворяющие его красоту так загипнотизированы, что не отличают страдания активного от страдания пассивного, а в этом различии, быть может, скрыта вся тайна мирового спасения. Обожествление пассивного страдания есть обожествление небытия, есть соблазн сладости смерти. Страдание активное стремится мужественно вырвать корень страдания, освободиться от страдания победой над злом. Нужно принять всю полноту жизни, не бежать трусливо от страданий мира, но принять эту тяжесть мира для победы, для завоевания окончательного блаженства. Страдание в религии Христа совсем не то, что в религии буддийской, к которой слишком часто уклонялось христианство в истории. Буддизм видит в страдании сущность бытия и лишь в освобождении от бытия, в небытии, нирване видит спасение от страдания. Христианство не считает страдание сущностью бытия, видит в страдании лишь болезнь бытия, лишь уклон к небытию (смерть), и победу над страданием видит в утверждении высшего бытия, в освобождении от болезненного небытия. Страдание христианских святых было активно, а не пассивно: они бросали вызов законам природы, они побеждали самые сильные страдания мира, так как находили источник высшего бытия, перед которым всякое страдание ничтожно. Не страдать как можно больше, а побеждать радостью и предчувствием блаженства даже самые сильные, самые нестерпимые страдания этого мира – вот христианский идеал. Св. Исаак Сирианин говорит: «Когда вожделение любви Христовой не препобеждает в тебе до того, чтобы от радости о Христе быть тебе бесстрастным во всякой скорби своей: тогда знай, что мир живет в тебе более, нежели Христос. И когда болезнь, скудость, истощение тела, боязнь, вредная телу, возмущают мысль твою в радости упования твоего и в попечении по Господу: тогда знай, что живет в тебе тело, а не Христос». Слова «претерпевший до конца спасется» не значат, что нужно стремиться к страданию, страдать как можно больше, а значат, что нужно иметь как можно большую силу сопротивления, принимать мужественно удары мирового зла, вынести все до конца и не согнуться, не погибнуть. Нести крест значит не роптать против Бога, смиряться, а *смиряться в высшем смысле этого слова значит активно противиться власти зла, не подчиняться искушениям злобы*. Слишком большое страдание может быть недостатком смирения перед Богом, а дьявольская злоба есть страдание самое большое. Ад потому невыносим, что в нем потеряна всякая связь с Богом и страдание ничем не просветляется. Достоинство человека измеряется не пассивным страданием, не исканием ударов судьбы, а активной и творческой победой над корнем страдания, над злом жизни. Не искать смерти повелевал Христос, а с Ним в соединении побеждать смерть, идти к воскресению. Претерпеть до конца и значит завоевать жизнь, не погибнуть от страдания. Христос учит мужественному отношению к жизни и ее мукам.

Человечество живет как бы под гипнозом жажды искупления, и эта жажда искупления как бы закрывает тайну творения. Между Богом и человеком стоит совершенный им грех, и грех мешает воспринять полноту бытия, отравляет всякую радость. Страданием человек надеется отделаться от греха, откупиться. Но Христос-Искупитель возвратил человеку возможность радости, открыл путь к тайне Божьего творения, в которой заключена блаженная полнота бытия. Жажда искупления необходима для спасения, так как человеку есть что искупать; но гипноз искупления есть один из соблазнов; гипноз этот приводит к обожествлению страдания, а не освобождению от страдания. Новое религиозное откровение должно перевести мир в ту космическую эпоху, которая будет не только искуплением греха, но и положительным раскрытием тайны творения, утверждением положительного бытия, творчеством, не только отрицанием ветхого мира, а уже утверждением мира нового. Страдальческий опыт ведет к религии, но опыт религиозный есть уже преодоление страдания. Страдания умиравшего древнего мира привели к религиозному опыту христианства; пассивные страдания перешли в активные, победные страдания.

Римлянина эпохи упадка, кончившего самоубийством от невыносимости жизни, заменил христианский мученик. Так и в нашу эпоху. Неполнота христианского религиозного сознания, неспособность его победить мир привели к страданиям нового человека, новым страданиям, неведомым старине. Таким новым страдальческим опытом была жизнь богоискателей нашей эпохи, жизнь Ницше, жизнь лучших из революционеров и лучших из декадентов. Это страдание нового человека требует нового преодоления, разрешения его в опыте нового, более полного религиозного сознания. Новая религиозная жажда есть не только жажда искупления, но и творческая жажда осуществления нового мира. Сознание, освобожденное от гипнотической власти обожествленного страдания, увидит, что сущность мира не есть страдание и сущность любви не есть только сострадание. История мира есть история страдальческая, но смысл мира в исходе из страдания, т. е. в победе над злом. Страдание не есть самое прекрасное в мире, так как еще прекраснее будет творческое блаженство.

Поверхностному, безрелигиозному взгляду на жизнь представляется самым важным, единственно важным факт страдания. В страдании видят единственную форму зла, в страдании же видят и единственную форму добра. Но важно не то, что люди страдают, и желанно не то, чтобы люди перестали страдать и начали наслаждаться. Идеология страдания есть особый вид гедонизма, так как ставит сущность человеческой жизни в зависимость от чувственного плюса или минуса, от страдания или наслаждения. Но достоинство человека и цель его жизни находится по ту сторону страдания и наслаждения, неудовлетворенности и удовлетворения, отрицания этого чувственного мира или утверждения его. Страдание не есть ни добро, ни зло, оно – результат зла, который должен быть мужественно изжит. И потому важно не существование страданий людских, а существование зла, которое привело к страданию, греха как первоисточника всякого страдания, и необходимо не уничтожение страдания, которое и нельзя внешне, механически уничтожить, а уничтожение зла, победа над грехом и творчество добра. Вот почему опыт современного человечества социально и научно победить страдание и сделать людей счастливыми есть безумие. Страдание потому так страшно, что оно всегда есть знак того, что в мире совершилось преступление. Нельзя ответственность за страдание и зло возлагать на других, на внешние силы, на власть, на социальные неравенства, на те или иные классы: ответственны мы сами, как свободные сыны; наша греховность и наше творческое бессилие порождают дурную власть и социальные несправедливости, и ничто не улучшается от одной внешней перемены власти и условий жизни. Социальные несправедливости не потому плохи, что от них страдают люди, а потому, что изобличают существование злой воли, что родились в грехе. И задача мировой истории есть победа над злой волей в мире, над корнем зла, а не механическое устроение счастья. Идеология страдания, этот вывернутый наизнанку гедонизм, лишает смысла историю и отрицает задачу жизни. Если страдание само по себе ценно, то бороться со страданием невозможно; тогда остается пассивно терпеть все страдания жизни и благодарить за них Господа. Гедонизм, эта вывернутая наизнанку идеология страдания, видит в страдании самом по себе зло и оказывается бессильным бороться с корнями зла, с источником страдания. Ложная идеология страдания, отождествляющая всякую любовь с состраданием, требует от человека, чтобы всякое страдание было разделено им, принято на себя. Если хоть кого-нибудь ждет гибель, то я не могу спастись, не имею права спастись, должен сам погибнуть – вот что говорит религия обожествленного страдания. Но отрекаться от спасения во имя того, что другие гибнут, значит погибель ставить выше спасения, значит погибающего ставить выше спасающегося. Это и есть идеология зла, защита богоотступничества; это последний соблазн, соблазн Великого Инквизитора, это расслабленная женственность. Гибели никто не обязан разделять, и из того, что кто-то в мире уклоняется к небытию, не следует, что я должен уклоняться к небытию. Религиозный долг – участвовать во всеобщем спасении мира и всего живущего, а не участвовать во всеобщей гибели. Должно перетянуть гибнущего на сторону спасения, а не самому перетянуться на сторону гибели. Сострадание, которое повлекло бы спасающегося вслед за гибнущим, было бы абсолютным злом, великой ложью, дьявольской хитростью. Гибнет окончательно и безвозвратно каждое существо по своей вине, и эгоизм страдания тех, которые предпочли небытие, избрали себе зло, не может, не должен стоять на пути к спасению. Если же не по своей вине гибнет существо, то это не есть гибель, такое существо не погибает, такое существо, возжаждав добра и божественной жизни, всегда может спастись. Есть круговая соборная ответственность всех людей за всех, каждого за весь мир, все люди – братья по несчастью, все люди участвовали в первородном грехе, и каждый может спастись лишь вместе с миром. На этом покоится сама идея церкви и церковного спасения. Но за окончательное избрание зла каким-либо существом и за страдание на злом пути никто не ответствен, и никто не должен разделять этих страданий. Окончательно и бесповоротно зло должно быть отнесено в сферу небытия, отрезано от бытия; оно достойно лишь огня. Но никто из нас не знает, кто спасется, а кто обречен на гибель, кто вступил на путь бесповоротного зла, а кто может еще вернуться к Богу. Мы должны жить с сознанием, что каждое существо может спастись, может искупить грех, может вернуться к Богу и что не нам принадлежит окончательный суд, а лишь Самому Богу. Последняя тайна судьбы каждого существа от нас скрыта; это – тайна свободы, и потому к каждому существу мы должны относиться как к потенции брата во Христе, который может спастись. Но если бы мы увидели того, кто окончательно и бесповоротно избрал путь зла, то он не мог бы уже вызвать к себе никакого сострадания. Человек достоин жалости; ко всякому человеку должно относиться с добротой; но зло недостойно никакой жалости; к злу должно быть беспощадное отношение.

В конце истории воплотится сила зла, церковь диавола. То будет последний результат безбожного пути мировой жизни, подобно тому как теократия будет последним результатом пути богочеловеческого. Как связь Творца с творением, так и разрыв творения с Творцом должны иметь свои окончательные, последние воплощения, в которых выявится вся полнота бытия этой связи и вся пустота небытия этого разрыва. Но зло окончательное, выявленное, сосредоточенное, воплощенное достойно лишь огня, лишь уничтожения. Ложь творения, взомнившего себя божеством, будет разрушена, и будет возвеличено творение, согласное с планом Божества, т. е. космос. Апокалиптические казни пророчески изображают это разрушение призрачного творения и это создание *нового неба* и *новой земли*. В новом небе и новой земле – вся полнота бытия, вся мощь божественного творения; в старом небе и старой земле – действительно лишь все то творческое, что войдет в царство Божье, остальное – призрак, ложь, обман. Ожидание мессианского исхода, страшного суда над злом и торжества царства Божьего в мире проходит через всю мировую историю. Нерелигиозная эсхатология питалась религиозными пророчествами, вывернутыми наизнанку или взятыми частично. Только христианская эсхатология разрешает проблему прогресса и проблему страдания. В тысячелетнем царстве Христовом будет утерта каждая слеза, и слезинка ребенка, из-за которой Ив. Карамазов отвергнул прогресс и мир, получит высший смысл. Вне христианского смысла история не может иметь никакого смысла: история не может быть принята, прогресс должен быть отвергнут. Вопрос о сущности зла есть основной вопрос жизни и смерти, и нет решения этого вопроса вне религии Св. Троицы, вне мистической диалектики Троичности, отраженной во всем, что в мире творится. Творение, предоставленное своим собственным силам, бьется над решением проблемы бытия и не находит ни счастья, ни смысла, не спасается от смерти и страдания. Личность ждет универсального разрешения своей судьбы, и в этом скрыта уже жажда веры и религиозного исхода. Чтобы *человеком* стать, нужно, чтобы Бог был и чтобы Богочеловек являлся.

ГЛАВА VI. О ХРИСТИАНСКОЙ СВОБОДЕ[69]

Вопрос о свободе религиозной, о свободе совести, такой жгучий и больной вопрос, ставится коренным образом ложно в современном мире. Свободу совести защищает безрелигиозный, холодный к вере мир как формальное право, как одно из прав человека и гражданина; мир же церковный, охраняющий веру, слишком часто и легко свободу совести отрицает и религиозной свободы боится. В сущности, и те и другие ставят вопрос религиозный на почву политическую, формальную, внешнюю: одни боятся веры и хотели бы охранить себя от ее притязательной силы, другие боятся неверия и также хотели бы охранить себя от его растущей силы. Но в этих страхах и ограничениях нет ничего религиозного. И те, которые ограждают свободу совести как формальное, бессодержательное, политическое право, и те, которые политически же отрицают подобное право и внешне, формально охраняют веру, одинаково чужды свободе и далеки от ее святости.

Спор ведется в плоскости, в которой исчезает религиозная проблема свободы и остается лишь политическое озлобление. Религиозная проблема потонула в политике, в формализме, во внешнем и принудительном, и вина должна быть разделена между двумя враждующими лагерями, лагерем, лишь внешне отстаивающим право свободы совести, и лагерем, отрицающим это право и насилующим совесть. Что люди, чуждые вере, враждебные религии, не могут говорить о религиозной совести и бороться за религиозную свободу, это, казалось бы, само собою очевидно. А слишком часто в наше время борются за религиозную свободу те, которые коренным образом религиозную свободу отвергают. Могут ли говорить о религиозной свободе позитивисты, материалисты, атеисты? Зачем она им? Для них это ведь звук пустой. Им нужно только внешне и формально оградить себя от насилий и принуждений со стороны власть имеющих. Все это имеет определенный политический смысл, но лишено всякого религиозного смысла и значения. Чтобы бороться за свободу религиозной совести, нужно иметь религиозную совесть и признавать метафизический смысл свободы. Свобода религиозной совести есть нечто положительное и содержательное, а не отрицательное и формальное. За свободу религиозной совести могли бороться в эпоху английской реформации индепенденты, для них религиозная совесть не была пустым звуком. Но что значит, когда в наше время за свободу религиозной совести борются марксисты, либералы-позитивисты, народники-атеисты? Тот, кто формально отстаивает право свободы совести, тот обнаруживает этим отсутствие и религиозной свободы и религиозной совести. Свобода религиозная, свобода совести не есть право. В подобной постановке вопроса нет ничего религиозного, это – политический вопрос. *Свобода в религиозной жизни есть обязанность, долг.* Человек обязан нести бремя свободы, не имеет права сбросить с себя это бремя. Бог принимает только свободных, только свободные нужны ему. Великий Инквизитор у Достоевского, враг свободы и враг Христа, говорит с укором Христу: «Ты возжелал свободной любви человека, чтобы свободно пошел он за Тобой, прельщенный и плененный Тобою». Достоевский ставит вопрос о христианской свободе на религиозную почву и дает невиданную еще по силе апологию свободы. По Достоевскому, человек должен вынести бремя свободы, чтобы спастись. Христианская религия есть свобода во Христе. Насильственное спасение невозможно и ненужно.

Свобода в христианской религии не есть формальный принцип, как в политическом либерализме, не есть свобода безразличная, бессодержательная. Психология формальной свободы выражается в формуле: я хочу, чтобы было то, что я хочу. Психология материальной свободы выражается в иной формуле: я хочу, чтобы было то-то. В формальной свободе воля не имеет предмета избрания и устремления. В материальной свободе такой предмет есть. Для христианства не может быть безразлично содержание религиозной совести, и дорожит оно не пустой формой свободы, которую можно наполнить любым содержанием. Христианство всегда говорит «то-то» и потому никогда не смешивает свободы с произволом. На формальную почву не может быть поставлен вопрос о христианской свободе, он должен быть поставлен на почву материальную, т. е. свобода в христианстве должна быть осознана как *содержание* христианской религии. Все, что я буду говорить, направлено к обнаружению той истины, что христианство есть *религия свободы*, т. е. что свобода есть содержание христианства, есть материальный, а не формальный принцип христианства. Христианину безмерно дорога свобода, потому что свобода есть пафос его веры, потому что Христос есть свобода. Формальное же право свободы не имеет религиозного значения. Нельзя настаивать на формальной терпимости в делах веры. Терпимость как формальный и бессодержательный принцип, эта безразличная терпимость, так распространенная в наше время, есть результат религиозной холодности и безразличия, отсутствия волевого избрания и любви. Христианство, как и всякая настоящая вера, – исключительна и нетерпима к тому, что считает злом, заблуждением и пустотой. Христианство не может быть кое-чем, оно претендует быть всем. Эту исключительность и нетерпимость можно только уважать, без них нет интенсивной религиозной жизни. И если свойства эти не противны свободе и не должны вести к принуждению и насилию, то потому только, что свобода входит в содержание христианской веры, что религия Христа исключительна в своем утверждении свободы и нетерпима в своем отрицании рабства, насилия и принуждения. Враги и попиратели свободы – враги и попиратели Духа Христова и самого существа христианства. Насилующие дух не могут быть христианами, и христиане не могут быть насильниками духа. Христианство и духовная свобода – одно.

«И познаете истину, и истина сделает вас свободными»

«И познаете истину, и истина сделает вас свободными»

«Если Сын освободит вас, то истинно свободны будете»

«Если Сын освободит вас, то истинно свободны будете»[70].

«Где Дух Господень, там свобода»

«Где Дух Господень, там свобода»[71]. Дух безмерной свободы разлит по всему Евангелию, каждое слово Христа есть слово освобождающее. Путь истины и есть путь свободы во Христе, ибо Сын освобождает. В религии Христа свобода ограничена только любовью, христианство – религия свободной любви и любящей свободы. Новый Завет – завет любви и свободы. Любовью и свободой исчерпывается содержание новозаветной веры, преодолевающей ветхозаветное законничество и языческий натурализм. Враги и попиратели свободы в христианском мире всегда впадают в язычество или юдаизм. Христианский быт, попирающий и насилующий дух свободы, есть быт языческо-иудейский, не принявший еще в себя новозаветный дух любви и свободы. Христианство должно быть нетерпимо, но как религия свободы оно должно быть нетерпимо к принуждению.

Эту основную истину о христианской свободе удивительно сильно чувствовали и могущественно защищали лучшие славянофилы – А.Хомяков, Ю.Самарин, И.Аксаков. Хомяков учит о свободе как об одном из определений сущности Вселенской Церкви. Истина о свободе возвышается над вероисповедными различиями, над распрей восточной и западной церквей. Вселенское чувство церкви, восприятие церкви изнутри должно вести к хомяковскому пониманию свободы в церкви. Хомяков идеализировал историческое русское православие и часто бывал несправедлив к католичеству, но у него было верное чувство церкви, бесконечно свободное. Остается мучительный вопрос и недоумение: что преобладало в исторической действительности, христианство как путь свободы, или христианство как путь принуждения?

Историческая церковная действительность неустанно ставит вопрос, есть ли христианство путь свободы или путь принуждения? Сама постановка этого вопроса религиозно не может быть оправдана, но иррациональностью истории всегда вопрос этот ставился и будет ставиться. Христианство в истории слишком часто срывалось на путь принуждения, подвергалось искушению и отрекалось от свободы Христовой. Католическая, да и православная иерархия нередко подменяла свободу принуждением, шла на соблазн Великого Инквизитора. Абсолютный папизм как предел снимает бремя свободы – вот в чем его ужас и провал. И всякий, отказавшийся от несения бремени свободы, от долга быть свободным, последовательно вынужден стать папистом и признать догмат непогрешимости. Только там, в католичестве, есть настоящее водительство душами со всей жутью, которую несет за собою снятие бремени свободы с души человеческой.

В абсолютном папизме торжествует соблазнительный для людей путь принуждения, путь, облегчающий людей от непосильной свободы. За свободного человека и свободное человеческое общество все мучительное и трудное решает папа, материальное явление в эмпирическом мире, через которое голос Божий принудительно воспринимается. Папизм есть как бы превращение веры в принуждение. Истина христианства, преломленная в папизме, воспринимается принудительно, насильственно, и в этом принудительном восприятии истины нет уже подвига свободного избрания того, что любишь, подвига свободного отречения от того, что принуждает. Когда правда Христова становится видимой материальной точкой на земле, когда правда эта насильственно вводится в души человеческие, она теряет свой искупительный и спасительный характер. Не превращается ли свободная вера в принудительное знание, когда истина Христова становится авторитетом, материально воспринимаемым и не требующим подвига избрания? Абсолютизация папизма обостряет эту проблему, но она существует не только для католичества, она должна быть поставлена и для православия, равно как в католичестве постановкой этой проблемы не уничтожается подлинная святыня западной церкви.

Вера есть «обличение вещей невидимых», т. е. акт свободы, акт свободного избрания. Невидимые вещи не насилуют нас, не принуждают, подобно вещам видимым. Мы обличаем невидимые вещи с опасностью, с риском, полюбив их и свободно избрав их. В вере все ставится на карту, все можно приобрести или все потерять. А такая свобода избрания возможна лишь в том случае, если в вере нет принудительности, нет насилующих гарантий. Знание тем и отличается от веры, что оно принудительно и гарантировано, оно не оставляет свободы выбора и не нуждается в ней. Знание безопасно, оно обличает вещи видимые, принуждающие. В вере есть свобода и потому есть подвиг, в знании нет свободы и потому нет подвига. Христос – предмет веры и любви христианской не принуждает, не является в образе материально насилующим; Он является в обличии раба, погибшего низкой смертью. Нужно свободное избрание, подвиг любви, чтоб увидеть в рабьем и униженном образе Христа царственную мощь Сына Божьего, Единосущного Отцу. Это – невидимая вещь, этого нельзя знать, это не насилует нас. Для поверившего, для совершившего акт свободного избрания Христос воскрес и тем явил свою божественную мощь, просветляющую и спасающую мир. Для того же, кто не верит, свободного избрания не совершает, кто только знает видимые, принуждающие вещи, для того Христос погиб на кресте и больше ничего. Чудо воскресения открывается лишь свободе, оно закрыто для принуждения. Вера предполагает свободный подвиг отречения от принудительной, насильственной власти видимых вещей, в царстве которых правда всегда поругана и распята. Христианство есть религия распятой правды, правды, поруганной миром видимых, насилующих вещей. Поэтому христианство есть религия свободы, свободного обличения невидимых вещей, в царстве которых правда прославлена. Распятая правда может быть лишь свободно принята. Она не принуждает. Когда снимается бремя свободы, распятая правда не может уже быть воспринята, она становится видимой вещью, царством этого мира. Снять бремя свободы и подменить свободу принуждением значит уничтожить тайну веры, которая и есть тайна благодатной свободы и свободной любви, значит превратить религиозную жизнь в принуждение видимых вещей, закрепить необходимость. Религиозная вера всегда лежит в глубинах мистики, мистики свободного волевого избрания, свободной любви, свободного обличения мира невидимых, непринуждающих вещей. Подрезать этот мистический корень – значит лишить религиозную жизнь всех ее цветов и плодов. Религиозная жизнь превратится в традиционный быт, в обывательскую обрядность, в мертвые формы. Нельзя Христа, воскресшего и прославленного, насильственно ввести в сознание людское. Насильственным остается лишь Христос, распятый и поруганный, Который виден и неверующим, и врагам. Отрицание и поругание свободы христианской, свободы религиозной совести есть отрицание и поругание искупительного смысла распятой, страдающей правды, т. е. неверие в Христа. Верить в Христа значит утверждать свободу религиозную, значит прозревать невидимый мир свободы за видимым миром принуждения. Насилие и принуждение в делах веры и совести есть подчинение порядку природы и отрицание порядка благодати.

В религиозной жизни все должно начинаться изнутри, от рождения к новой жизни, от свободы, любви и благодати жизни церковной, а не извне, не от природного порядка. Быть свободным и значит быть в церкви. Мы слишком рабы, а не сыны церкви, и от нашей несвободы рождается внешняя принудительность церкви. Мы прежде должны стать свободными, т. е. почувствовать себя внутри церкви, и тогда только получим право говорить о зле церковной действительности. Рабы природной и государственной необходимости не могут даже говорить о церкви и не смеют судить о ее болезнях. Жизнь церкви раскрывается в нашем внутреннем религиозном опыте. Нельзя ждать, что церковь извне к нам придет. Извне ничего не видно. Все страдают от своей измены церкви, а говорят внешне и без права о зле и насилиях в церкви. Но насилие и зло побеждаются лишь ростом благодати, лишь свободной любовью. Ставить же условия своего вхождения в свободно-благодатный порядок – это ничего не значит, кроме неспособности вырваться из порядка насильственно-принудительного.

Православие может держаться только свободой, только на почве свободы можно защищать относительные преимущества православия перед католичеством и другими вероисповеданиями. Свобода протестантско-отрицательная становится формальной, бессодержательной свободой. Отрицание церкви есть отрицание свободы во Христе, отрицание общения в любви, основанного Христом, отрицание содержания и смысла свободы. Ведь сущность веры христианской в том и заключается, что отвергается возможность свободы вне Христа: только Христос делает нас свободными, вне Христа рабство и принуждение. Поэтому церковь вся зиждется на свободе, на свободном общении в любви. Тот, кто чувствует в церкви принуждение, не чувствует бесконечной свободы, тот вне церкви. Внутри церкви нет ничего, кроме свободы, ограниченной любовью или, точнее, наполненной любовью. Насильственное пребывание в церкви, принудительное приобщение к ее жизни есть словосочетание, лишенное всякого значения. Несвободное, нелюбовное пребывание в церкви, чувствование церкви как принуждения и насилия есть conradictio in adjecto[72].

Церковь может быть воспринята лишь мистически, как общество таинственное и благодатное. Не мистическое восприятие церкви ведет к смешению общества таинственного и благодатного с обществом природным и законническим. Лишь в таинственном порядке бытия осуществляется церковное общение живых и умерших и совершаются все таинства Церкви Христовой. В порядке природном, видимом, принудительном хлеб и вино не превращаются в тело и кровь Христову. Жизнь церкви есть таинственная, мистическая жизнь, никого не принуждающая и не насилующая, хотя и пронизывающая мир эмпирически природный. Смешение церкви с косным бытом и внешней иерархией и есть нерелигиозное смешение порядка благодатного, основанного на свободе, с порядком природным, основанным на принуждении. В этом – вечный соблазн религиозной жизни. Тот не видит церкви, кто видит лишь принуждающий его быт и насилующий его иерархический строй. Всякая попытка рационально анализировать и критиковать церковь приводит к распылению церкви, к распадению на песчинки. Видны лишь камни, Христа же не видно. Ведь и в священном предании церкви, без которого нет церкви, ничего принудительного и насильственного нет, все свободно и таинственно. Священное предание, как и вся жизнь церкви, дано лишь в мистическом восприятии, а мистическое восприятие тем и отличается от чувственного, от восприятия порядка природы, что оно свободно, а не принудительно, в нем есть избрание любви. Все то, что навязывает нам церковь как авторитет, который принуждает и насилует, есть лишь соблазн, лишь срыв религиозной жизни.

Церковь есть богочеловеческий организм и богочеловеческий процесс. Свободная активность человеческой воли органически входит в тело церкви, является одной из сторон церковной жизни. Благодатные дары Св. Духа не зависят ни от чего человеческого, они изливаются свыше и составляют незыблемую святыню церкви. Но врастание человечества в божественную жизнь есть процесс творческого и свободного волевого устремления. Это процесс не человеческий и не божеский, а богочеловеческий, т. е. церковный. Церковная жизнь и есть таинственное соединение божеского и человеческого, активности и свободы человеческой и благодатной помощи Божьей. Бог как бы ждет от человека свободного и творческого почина. Унижение и падение церкви и есть унижение и падение человеческой активности, отвращение воли человеческой от воли Бога, безбожный отказ человека нести возложенное Богом бремя свободы. Люди ответственны за мерзость запустения в церкви, так как они свободны в религиозной жизни. Не церковь ответственна за то, что почти вся интеллигенция из нее ушла и что почти вся духовная иерархия пришла в состояние небывалого нравственного упадка, – виноваты люди. Не церковь плоха, а мы плохи: церковь неизменно хранила святыню, мы же святыню предавали и постоянно ей изменяли. Только повышение свободной человеческой ответственности и творчества может повысить сознание незыблемой святыни церкви. Только *свободные* в силах утверждать церковь несмотря ни на что, преодолевая все соблазны. Церковь не раз переживала трудные минуты в своей истории, и всегда в ней находились праведники, которыми держалась ее святыня. В эти трудные минуты судьба церкви зависит не от внешних вещей, не от принудительных охранений, не от государственных вмешательств, не от политических переворотов, не от общественных реформ, а от напряженного мистического чувства церкви верных, от мистической свободы прежде всего. Но в церкви мистика соединена с религиозной традицией и преемственностью, свобода связана с любовью и универсальностью.

Жизнь в церкви несовместима с раболепными чувствами и рабьими страхами. То, что переживается нами как рабье принуждение в церкви, то есть лишь наша слабость, наша религиозная незрелость или человеческий грех иерархии и быта, слишком о себе возомнившего. Но рабы в церковь не входят, входят лишь сыны. По сущности церковного самосознания церковь состоит из сынов, из свободных и любящих, к ее жизни не приобщаются рабы, изнасилованные и тяготящиеся. Отказавшийся от своей воли и своей свободы не принимается в церковь, не нужен церкви, в этом ведь сущность христианства. Для христианства это сама собою разумеющаяся тавтология. Христианское послушание есть акт вольной воли, а не принуждения. Церковь ждет от сынов своих верности матери, требует рыцарского к себе отношения; рыцарство же не есть рабство и рабству противоположно. Церковная жизнь есть жизнь в порядке свободы и благодати, лишь мирская жизнь есть жизнь в порядке необходимости и закона. Но эти два порядка не разделены отвлеченно, они конкретно проникают один в другой, и в этом заключается драма христианской истории. Христианская история есть проникновение, внедрение порядка благодатной свободы в порядок законнической необходимости. И христианская история есть вместе с тем вечный соблазн проникновения и внедрения порядка законнической необходимости в порядок благодатной свободы, соблазн смешения. Христианство было принято природным, языческим человечеством, по крови и плоти своей жившим в натуральном порядке и нуждавшимся в законе. Мир не мог еще существовать без принуждения и закона, он не родился еще для благодатной жизни в порядке свободы и любви. Плоть и кровь человечества притягивали его к языческой еще земле.

Соединение христианской церкви с языческим государством было исторически и провиденциально неизбежно. Но результатом этого неизбежного соединения было образование языко-христианства, христианизированного язычества или объязычившегося христианства. Свобода и необходимость, благодать и закон сплелись в исторической действительности, два царства проникали друг в друга и смешивались. Великая правда этого соединения была в том, что языческое государство признало благодатную силу христианской церкви, христианская же церковь еще раньше признала словами апостола, что «начальствующий носит меч не напрасно»[73], т. е. что власть имеет положительную миссию в мире (независимо от ее формы). Таким образом, христианство перешло на большую дорогу истории, стало вселенской силой. Соблазнительность же этого соединения – в возможном смешении необходимости с свободой, закона с благодатью. Цезарепапизм и папоцезаризм – срывы и соблазны христианской истории. Да и сама идея «христианского государства» есть срыв и соблазн. Церковь освящает не христианское государство, а языческое государство, признает неизбежность начала власти и закона против анархии и распада в мире природном и благословляет власть на служение добру, никогда не благословляя злых деяний власти. Церковь не может ни подчиниться государству, ни подчинить государство себе. Государство – порядок принуждения и закона – остается в сфере Ветхого Завета человечества, завета еврейского и языческого. Ветхий Завет необходим христианскому миру, но он не есть откровение новозаветное. Государство и закон есть Ветхий Завет человечества, церковь и благодать есть Новый Завет человечества. Внутри новозаветного откровения нет закона, нет государства, нет семьи, нет никакого принудительного порядка, есть только благодать, любовь, свобода. «Христианское государство» есть смешение Нового Завета с Ветхим, благодати с законом, свободы с необходимостью. Но соединение христианства с государством имело воспитательное значение по внутреннему возрасту человечества; ведь Новый Завет не отменяет Ветхого Завета для ветхого еще человечества. Заповедь «не убий» имеет принудительное значение для мира, не победившего в себе воли к убийству.

В церковном обществе нет места для принуждения, всякое принуждение нецерковно. Принуждение внутри церкви есть contradictio in adjecto, так как церковь есть общение в любви, есть порядок благодатный. Мирское общество и языческое государство могут покоряться церкви и служить ей, могут в путях истории защищать веру и воспитывать человечество, но из недр церкви принуждение идти не может и никогда не шло. Гонения на свободу совести никогда не были церковными, то был грех человеческий. Преследования и принуждения в делах веры и совести невозможны и нецерковны не в силу права свободы совести или формального принципа веротерпимости, что не важно и не относится к сущности религии, а в силу долга свободы, обязанности нести бремя, в силу того, что свобода есть сущность христианства. Насильственно удерживать в церкви или насильственно вводить в церковь — вот слова, лишенные всякого смысла и значения. Ведь не принадлежат к церкви те чиновники, которые говеют лишь по долгу службы. Когда государство, область принуждения и закона, вторгается в церковь, область свободы и благодати, то происходит подобное тому, как когда знание, принудительное обличение видимых вещей, вторгается в веру, свободное обличение вещей невидимых. Государство относится к церкви совсем так, как научное знание относится к религиозной вере. Государственная церковь, государственное христианство есть такая же ложь и невозможность, как и научная вера, как и религия, основанная на знании. Когда государство хочет принудить людей к восприятию истины церкви, оно поступает так же, как если бы наука хотела принудить людей воспринять истину веры. Церковь и вера тут уничтожаются государством и наукой, так как происходит подмена свободного восприятия принудительным. В принудительном восприятии всегда дан лишь мир видимых вещей, лишь мир чувственный, природный. Государство и наука и есть сфера природная, чувственная, видимая. Те, которые вносят государственную принудительность в дела церкви и веры, те верят лишь в видимое, чувственное, природное, для них остается закрытым сверхприродное, сверхчувственное, невидимое. Обличение вещей невидимых не может совершаться чрез принуждение. В церкви и в вере дана абсолютная истина и абсолютная жизнь, и именно поэтому сфера церковной жизни должна быть отграничена от государства и от знания как сфер принудительных и неабсолютных.

Принудительное государство, как и принудительное знание, нужны природному миру и природному человечеству, но эти принудительно-природные начала не могут быть внесены в церковь и в веру. Человек принужден жить разом в церкви и в государстве, потому что он принадлежит к двум мирам, к миру благодатной свободы и к миру природной необходимости. Но религиозный смысл мирового процесса в том и заключается, что свобода побеждает необходимость, благодать побеждает закон, мир сверхприродный побеждает мир природный. Победу эту нельзя мыслить механически и внешне, она совершается внутренне и органически, осуществляется таинственно и для непосвященных непостижимо. Окончательное преодоление государства будет вместе с тем окончательным преодолением природной необходимости. В душе мира совершается сдвиг в сторону царства свободы и благодати. На эмпирической поверхности этот таинственный процесс отражался разно и иногда до жуткости странно, до соблазнительности неясно, так как воля человеческая постоянно подвержена соблазнам. Взаимопроникновение и смешение благодатного и свободного порядка церкви с принудительным и законническим порядком государства в истории есть не только победа благодати и свободы над принуждением и законом, но и вечная угроза возобладания принуждения и закона над свободой и благодатью. Слишком ведь ясно для религиозного сознания, что церковь как порядок свободы и благодати не может подчиниться государству и порядку необходимости и закона и не может сама стать государством, т. е. жизнью по принуждению и закону. Церковь станет царством, царством Божьим и на земле, как и на небе, когда мировая душа окончательно соединится с Логосом, соединится Невеста с Женихом, т. е. преобразится весь принудительный порядок природы в порядок свободно-благодатный. Это будет преодолением и отменой всякой необходимости, всякого закона, связанного с грехом, всякой государственности, т. е. окончательным откровением Божьего творения. И это будет, потому что правда Христова не может быть кое-чем, она должна быть всем, т. е. космическим царством. То будет не христианское государство, не теократическое государство, что внутренне порочно, а теократия, т. е. преображение царства природного и человеческого, основанного на принуждении, так как зло лежит внутри его, в Царство Божье, основанное на свободе, так как зло побеждено в нем. Языческое государство совершило свою религиозную миссию, и теперь оно прежде всего должно осознать себя не христианским, а языческим, не Градом Божьим, а необходимым порядком закона и природного принуждения. Власть несет священную функцию, когда она есть служение, но власть неблагодарна, не новозаветна. Христиане града своего не имеют, града грядущего взыскуют. Языческое государство не может и не должно быть упразднено и отвергнуто, его функция остается в силе, пока грех и зло лежат на дне человеческой природы, но государство должно быть разоблачено как язычески-ветхозаветное, а не христиански-новозаветное. Государство современное, русское или иное, потому уже не смеет называться христианским, что оно не есть государство христиан, и с большим основанием может быть названо государством нехристов. Вопрос об отношении церкви и государства может быть решен лишь в связи с соединением церквей и признанием некой правды католической. Религиозное разграничение языческого государства и христианской церкви, принуждения и свободы, закона и благодати есть великая историческая задача, и выполнение ее столь же провиденциально, как некогда было провиденциально соединение церкви и государства, взаимопроникновение новозаветной благодати и ветхозаветноязыческого закона. Это великое историческое дело требует религиозного дерзновения и свободного почина воли. Лишь свободные могут взять на себя ответственность, лишь виновные сыны, а не обиженные рабы – свободны.

ПРИЛОЖЕНИЕ. УТОНЧЕННАЯ ФИВАИДА

(Религиозная драма Гюисманса[74])

I

Самое благородное явление, рожденное на почве декадентства французского – утонченного упадочничества, слишком мало вызывает к себе внимания и на родине, и у нас и ждет еще справедливой оценки. Я говорю о Гюйсмансе, так мало еще оцененном, так мало популярном даже в то время, когда «декадентская» литература стала слишком популярной. Гюисманс стоит в стороне от большого литературного потока. Слишком многим он покажется скучным писателем, в нем мало занимательного, мало того, что могло бы стать модным. Нужен особый вкус, чтобы полюбить Гюисманса, чтобы плениться его романами-исследованиями, чтобы почувствовать упоительность в самой их скучности. Романы Гете тоже скучны, и в них есть особая прелесть. Даже крупные, очень талантливые модернистские писатели получили налет пошлости от популяризации, от модных увлечений ими. К Гюисмансу не пристала никакая пошлость моды и популярности. Он остался серьезным, утонченным до муки, настоящим мучеником упадочности. В нем нет и следов вульгарной пошлости, легкомысленной поверхностности и буржуазности модернистского духа, модного модернистского искусства и стиля (бесстильного). Его благородная душа, душа средневековая и католическая, в глубине своей неизменно благочестивая, но слабая и безвольная, слишком исключительно чувственная, была изъязвлена оскорбительностью современной культуры, пошлостью современной Франции, уродством жизни, буржуазным духом эпохи. Все, что любила эта душа, все то умирало в современности, она не находила уже ни великого искусства, ни великой мистики былого. Гюисмансу близки только такие люди, как Барбе д'Оревили, Бодлер, Верлен, Малармэ, Вилье де Лиль-Адан. Все кажется ему в окружающей жизни чужим, далеким, уродливым до боли. Он прежде всего человек, глубоко оскорбленный, изъявленный, раненный тем «миром», в котором призван жить и которого не принимает. В. Иванов верно сказал про Гюисманса, что с него «содрана кожа», что «воспринимающий внешние раздражения всей поверхностью своих обнаженных нервов, затравленный укусами впечатлений, пронзенный стрелами внешних чувств, он, естественно, бросился, спасаясь от погони, в открывшийся ему мистический мир, но и в прикосновениях к нему обречен был найти еще более утонченную муку и сладость чувственного»[75]. Утонченная чувственность, оторванная от воли, довела Гюисманса до крайней упадочности. Благородство же его природы, серьезность его и католические истоки духа не допустили его превратиться в декадента пошлого, в самодовольного скептика, охранили в нем богочувствие и возвратили его к вере. Гюисманс стал мучеником декадентства, как бы новым пустынножителем. Я видел фотографию Гюисманса. Он стоит в своей комнате, прислоненный к стене, над ним Распятие. И сам он оставляет такое впечатление, точно он сораспялся Христу, пригвожден. Лицо такое тонкое, благородное, серьезное и страдальческое. Я слышал рассказ человека, который часто видел Гюисманса в церкви молящимся: он необыкновенно молился, этот декадент, автор ультраупадочнического романа «A rebours»[76] и сатанистского романа «La bas»[77]. Последние годы своей жизни он был oblat[78], т. е. почти монахом. Мне передалось личное впечатление от Гюисманса, тронул меня его образ, и я сильнее еще почувствовал его душу. Нелегко ему далась жизнь. Этот человек утонченной чувственности не мог жить мимолетными ощущениями и не мог прийти к самодовольству. Декадентство было для него мученическим опытом. Решительно нужно признать, что Гюисманс – самый большой и серьезный писатель Франции последней эпохи[79]. По сравнению с ним как не тонок, самодоволен в своем скептицизме, поверхностен популярный Анатоль Франс, этот излюбленный писатель современной Франции, или Реми де Гурмон[80], излюбленный более изысканными кругами.

Гюисманс вышел из натуралистической школы Золя, и эта печать натурализма осталась на нем всю жизнь. Слишком истонченный, рафинированный натурализм в дальнейшем своем развитии переходит в декадентство. Натуралистическая чувственность истончается до чувственности декадентской. Чувственность сексуальную, чувственность красок, звуков и запахов, все чувственное восприятие вселенной сначала Гюисманс берет натуралистически, потом декадентски, наконец, мистически. Гюисманс показывает, что углубленная и утонченная чувственность ведет от натурализма к мистицизму. Человек, отдавшийся чувственному миру, если он тонок и глубок, приходит к кризису чувственности, очень знаменательному, переводящему уже за грани чувственного мира. Натурализм есть чувственность недостаточно глубокая и тонкая, воспринимающая лишь поверхность. В глубине мира чувственного Гюисманс открывает мистическое. Все его писания – важные документы о глубочайшей и тончайшей мистике чувственного, документы, опровергающие натурализм. Но в известном смысле реалистом Гюисманс остался навсегда, реалистическая манера осталась и в его католических книгах. Реализм не мешал ведь Бальзаку написать чудесный мистический роман «Seraphita»[81], реализм Бальзака не мешал ему быть мистиком и по-своему религиозным[82].

В предисловии к своему известному декадентскому роману «A rebours», написанном через двадцать лет после его появления, Гюисманс многое объясняет в своем развитии. Книга эта, на которой и основана его декадентская репутация, была встречена шумным негодованием и непониманием. Золя обвинил Гюисманса в измене натурализму и не понял, куда он идет, но верно почуял, что происходит что-то неладное. Понял истинный смысл книги Гюисманса только замечательный писатель католического духа Barbey d'Aurevilly, который писал в 1884 году: «После такой книги автору ничего не остается, кроме выбора между пистолетом и подножьем Креста». Вся последующая литературная деятельность Гюисманса говорит о том, что он выбрал подножье Креста и что диагноз и прогноз был верно поставлен. В «A rebours» Гюисманс дошел до предела, до безысходности. Дальше уже начинается чудесное, натуральный процесс заканчивается. Книги Гюисманса – не романы, ни в старом, ни в новом смысле этого слова. В них нет старой романической фабулы, нет и нового импрессионизма. Все, что писал Гюисманс, – лишь история его одинокой души, его мучений и обращений, и только. Все герои Гюисманса – он сам в разные периоды его жизни, и, кроме этого единственного героя, никаких действующих лиц нет. Так никто еще не писал, как Гюисманс, никто так не углублял истории души, не утончал ее интимной чувственности. Свою автобиографию, почти исповедь, рассказал Гюисманс так искренне, без всякой рисовки, так просто, как никто. Иным покажется скучной манера Гюисманса. Пусть читают более занимательных писателей. Но хвала тому, кто своей историей одинокой души обострил дилемму – «пистолет или подножье Креста» и пришел к подножью Креста через муки декадентства. В следующем своем замечательном романе «La bas» Гюисманс исследует современный сатанизм в связи с сатанизмом средневековым, описывает черную мессу[83]; но там уже чувствуется под сатанистскими разговорами и экспериментами его благочестивая католическая душа, чуждая активно-волевого демонизма. В «En route»[84] – самой интересной книге Гюисманса – он описывает переход одинокой души к католичеству. А последние его книги «La Cathédrale», «L'Oblat», «Sainte Lydwine de Schiedam»[85] – уже настоящие католические книги. Отрывки из Гюисманса собраны в книгу «Pages catholiques»[86], которая рекомендуется католическим духовенством. Гюисманс замечателен как исследователь католического культа и католической мистики, книги его наполнены глубокими мыслями о готике, о литургике, о примитивах, о мистических книгах и ценными замечаниями по истории искусства и литературы. Гюисманс – настоящий ученый. Его не интересует вопрос о том, «повинен ли в адюльтере господин такой-то с госпожой такой-то», к чему, по его мнению, свелась вся почти французская литература. Он так серьезен, так тонок, так много мучился. Он слишком пессимист, слишком внимательно читал книгу Иова, Экклезиаст, Подражание Христу, Шопенгауэра и почуял суету и боль мира.

«A rebours» имеет дурную декадентскую репутацию. Но это замечательная, единственная в своем роде книга.

Des Esseintes, герой «A rebours», его психология и странная жизнь есть единственный во всей новой литературе опыт изобразить мученика декадентства, настоящего героя упадочности. Des Esseintes – *пустынножитель декадентства*, ушедший от мира, которого не может принять, с которым не хочет идти ни на какие компромиссы. Этот новый пустынножитель создает себе иной мир, ни в чем не похожий на низкую современную действительность, отдается ему с готовностью пожертвовать своей жизнью. У христианских пустынножителей был реальный мир, во имя которого они отрицали этот мир. У пустынножителя декадентского есть лишь мир искусственный, выдуманный, не обладающий реальностью. Но в отрицании действительности и в преданности своей фантазии сказываются черты почти героические. Он – фанатик. Изображение мученичества и пустынножительства современного упадочного человека – главная заслуга Гюисманса, кроме него никто на это не дерзал. Оскар Уайльд был мучеником декадентства в жизни (не в литературном творчестве), но мученичество его было порождено преследованиями извне. У Гюисманса все шло изнутри. Des Esseintes (псевдоним самого Гюисманса) постепенно потерял вкус ко всем мирским благам, к современным людям, к современной литературе, к современному быту, ко всей жизни современного великого города. Все его оскорбляло и ранило. Восприимчивость его притупилась, он истощен, обессилен. В нем видны черты упадочной утонченности, родственные латинскому декадансу. В нем есть что-то бескровное, призрачное, чувственность его почти уже бесплотна. Его тянет в «утонченную Фиваиду», в пустыню для эстетов и декадентов. Постепенно уходит он от мира, уединяется, окружает себя иным миром любимых книг, произведений искусства, запахов, звуков, создает себе искусственную чувственную обстановку, иллюзию иного мира, мира родного и близкого. Des Esseintes грозит гибель, доктор требует, чтоб он вернулся к обыкновенной здоровой жизни, но он не хочет идти ни на какие компромиссы с ненавистной действительностью. Ему не к кому и не к чему возвращаться. Литературные круги давно ему опротивели, в этом мире все стало ему чуждо. Буржуазия ему ненавистна, аристократия выродилась. Только в среде католического духовенства может Des Esseintes еще надеяться найти общение, подходящее к его вкусам. Действительность современного Парижа так ужасает и отвращает его, что слаще ему задыхаться и рисковать жизнью в экзотически чувственной атмосфере созданных им искусственных запахов, чем жить с современными людьми и отдаваться их интересам.

«A rebours» — настоящее ученое исследование, книга эта полна тончайшими замечаниями по истории литературы, по истории искусства и мистики. Когда Des Esseintes уходит от мира действительного в мир любимых изысканных книг, подобранных с такой любовью и знанием, Гюисманс дает целое исследование о латинском декадансе. Когда этот пустынножитель уходит в мир запахов или цветов, Гюисманс дает настоящее исследование по мистике запахов и цветов. Des Esseintes доходит до отчаяния, он замечает, что «рассуждения пессимизма бессильны помочь ему, что лишь невозможная вера в будущую жизнь одна только могла бы успокоить его». Книга заканчивается словами: «Господь, будь милостив к христианину, который сомневается, к маловеру, который хочет верить, к каторжнику жизни, который пустился в путь один, в ночи, под небом, которое не освещается уже утешительными маяками древней надежды».

Роман «La bas» создал Гюисмансу репутацию сатаниста. К его переходу в католичество отнеслись подозрительно, потому что в «La bas» он слишком перемешал сатанизм и католичество, слишком кощунственно описал черную мессу. Но только отсутствие психологического чутья могло привести к подозрению, что у Гюисманса есть сатанинский уклон воли. Гюисманс никогда не мог быть сатанистом, не мог отдаться сатанизму даже тогда, когда был так занят этим явлением в «La bas», книге очень интересной и поучительной. Его благочестивая католическая душа чувствуется в «La bas» так же, как и в последующих католических романах.

Дюрталь, главный псевдоним Гюисманса, очень интересуется сатанизмом, он предпринял исследование о средневековом сатанизме, поражен образом средневекового сатаниста Gilles de Rais и ищет следов сатанизма в современной Франции. К тайнам современного сатанизма он приобщается через одну женщину, с которой у него был кратковременный, но мучительный роман. Женщина эта оставляет впечатление жуткое, это – одержимая сатанинским сладострастием, она практикует католическую религию и, вместе с тем, через одного католического священника-сатаниста участвует в черной мессе. У Дюрталя женщина эта очень скоро вызывает чувство отвращения и ужаса, и он бежит от нее. Он раз всего присутствует при совершении черной мессы, но внутренне не участвует в ней, с ужасом и негодованием уходит. В «La bas» Гюисманс изобличает ничтожество и жалкость современного сатанизма, отсутствие в нем силы и фантазии. Все эти черные мессы – отвратительная и скучная мерзость. Искание возвышенного, сильного, влекущего сатанизма – жалкий самообман. Сатанизмом пленяются легче всего истерические женщины, это они бьются в конвульсиях во время совершения черной мессы. Пусть читают «La bas» имеющие вкус к сатанизму, этот вкус убивает Гюисманс. У Гюисманса, утонченного упадочника с притупленной восприимчивостью и больной чувственностью, был интерес к сатанизму, он пожелал экспериментально проверить природу сатанизма, игравшего такую роль в родные ему средние века, но не было у него никогда сатанинского уклона воли. Воля у него была слабая, но благочестивая, чувственность же была упадочная и слишком истонченная. «La bas» не есть ни проповедь сатанизма, ни объективное его изображение, а изобличительный документ против сатанизма. Парижский сатанизм модерн, который был одно время в моде и которого коснулся Гюисманс в период своего декадентства, даже не страшен, слишком жалок и ничтожен. Но в качестве исследователя сатанизма Гюисманс тонко подмечает, что явление это, подобно тени, тянется за католичеством. Настоящую черную мессу может совершать только католический священник, без католического аббата не будет настоящего кощунства и надругательства. В католичестве есть обратная сторона, есть связь с темными силами. Недаром на католических храмах изображены отвратительные чудовища.

Вопрос о черной магии имеет большое значение для раскрытия сущности христианства. Есть основание предполагать, что то, что в язычестве было натуральным таинством, совсем не демоническим, то после Христа и Его таинств становится черной магией и сатанизмом. Христианство изгнало из природы духов, освободило природу от демонологии, но изгнанные духи вернулись в обличии демоническом и породили сатанизм. Тут скрыта какая-то тайна. В черной магии есть своекорыстная жажда власти над естеством и веществом и вечная постыдная зависимость от естества и вещества.

В «La bas» есть очень тонкая сексуальная психология. Психологии любви вообще у Гюисманса нет, в его романах нет никаких романов. Но есть психология пола, и особенно она интересна в отношении Дюрталя к женщине, одержимой сатанизмом. Тут ставится очень глубокая проблема: сближает ли, соединяет ли мужчину и женщину сексуальная жизнь? Психология пола у Гюисманса дает отрицательный ответ: не соединяет, не сближает, а разъединяет и отчуждает, убивает влечение, делает противным предмет влечения. В основе сексуальной жизни есть что-то демоническое, нет радости, нет соединения. Во всяком случае, тут ставится очень большой и больной вопрос. Женское сатанистское сладострастие предстает в «La bas» в самом непривлекательном, отвратительном виде, ничем не прикрытое. Гюисманс дает важные материалы для психологии пола, в материалах этих чувствуется глубоко пережитое. Во всех книгах Гюисманса разлита атмосфера сексуальной чувственности, но нет пафоса любви, нет эротики. Упадочная чувственность убила не только возможность любви, но и мечту о любви. Это очень характерно для Гюисманса. Женщина является для него исключительно соблазном, злым видением. В «La bas» сатанизм предстоит перед ним в образе одержимой женщины. В «En route» женский образ постоянно мучит и соблазняет его в церкви, во время молитвы, отвращает его от религиозной жизни. В этом для Гюисманса есть что-то невыразимо мучительное. Иные моралисты пробовали уже признать Гюисманса порнографическим писателем. Какая нечуткость! Гюисманс рассказывает об испытанных мучениях, дает тончайшую психологию упадочной сексуальности, но он дорогой ценой купил себе право писать обо всем этом. Гюисманса можно противопоставить всей современной французской литературе.

«La bas» заканчивается криком отчаяния, болезненным протестом против современной жизни, против современной Франции и Парижа. Гюисманс говорит, что народ его очень болен и что человеческими средствами нельзя его излечить. Можно рассчитывать только на сверхчеловеческую помощь. Но взгляд Гюисманса обращен назад, к средним векам. Он бежит в средние века от современности, все его последующие книги рассказывают об этом бегстве. Много глубоких мыслей брошено в последних главах «La bas». «Этот век позитивистов и атеистов все уничтожил, кроме сатанизма, которого он не мог сдвинуть ни на один шаг». «Самая большая сила диавола в том, что он заставил себя отрицать». Это очень тонко. В конце романа «La bas» разговоры ведутся в разгар буланжизма[87], и пошлые крики «да здравствует Буланже» терзают слух утонченных героев Гюисманса, поглощенных мистикой. «Нынешний народ не приветствовал бы так ученого или артиста, или даже сверхъестественное существо, какого-нибудь святого». «Но он делал это в средние века». «Здесь, внизу, все разложилось, все умерло, но там, наверху! я верю, там готовится излияние Св. Духа, сошествие Божественного Параклета»[88]. Здесь только выразил Гюисманс свои новые чаяния, и на этом следует остановиться.

Среди буржуазного Парижа, плененного буланжизмом, странный разговор происходит на колокольне St. Sulpice между Дюрталем и звонарем, проповедником идеи иоаннитов о Третьем Завете Св. Духа[89]. Говорят о вещах далеких и чуждых и современному Парижу, и всему современному миру. Звонарь Gévingey – религиозный энтузиаст, он последователь Иоахима из Флориды, средневекового пророка Вечного Евангелия и Третьего Закона Духа[90]. «Если Третье Царство – иллюзия, какое утешение может остаться христианам перед лицом всеобщего расстройства мира, который мы не ненавидим лишь из милосердия?» «Есть три царства: царство Ветхого Завета, Отца, царство страха; царство Нового Завета, Сына, царство искупления; царство Евангелия от Иоанна, Св. Духа, которое будет царством избавления и любви. Это – прошлое, настоящее и будущее; это – зима, весна и лето; одно, – говорит Иоахим из Флориды, – дало всходы, другое – колос, третье даст хлеб. Два лица Св. Троицы открылись, Третье должно открыться». «Третье царство, – замечает Дюрталь, – провозглашается словами: да приидет Царствие Твое». Звонарь говорит, что действие Параклета должно очистить не только дух, но и тело. «Но в таком случае это будет земной рай!» «Да, это – царство свободы, добра, любви!» «Нужно делать различие между явлением Параклета и победоносным возвращением Христа. Одно предшествует другому. Нужно, чтобы общество сначала возродилось, охваченное Третьей Ипостасью – Любовью, чтоб Иисус сошел, как Он обещал, с облаков, и царствовал над народами, уподобившимися Его образу». Что же будет с папой? «Времена с первого явления Мессии делятся на два периода: период Спасителя, страдающего и искупляющего, в который мы живем, и другой, которого мы ждем, период Христа, очищенного от унижений, прославленного великолепием Своего Лика. И есть разные папы для каждой эры; священное писание возвещает двух первосвященников». «Дух Петра живет в своих заместителях. Он будет жить до наступления эпохи Св. Духа. Тогда Иоанн, который оставался в стороне, начнет свое священство Любви, будет жить в душах новых пап». «Но зачем папа, когда Сам Иисус будет виден?» «В день, когда появится Иисус, первосвященство Рима прекратится». «Если позор нашего времени преходящий, то уничтожить его может лишь вмешательство Божье, потому что ни социализм и ни другие нелепые мечты рабочих, невежественных и озлобленных, не могут изменить природы людей и реформировать народы. Это выше сил человеческих». Но Дюрталь не заражается религиозным энтузиазмом Иоаннитов. «На что же вы надеетесь, если не верите в пришествие Христа?» – «Я, я ни на что не надеюсь». – «Я вас жалею, вы, значит, не верите ни в какое улучшение в будущем?» – «Я верю, увы, что старое небо грезит над опустошенной и излгавшейся землей». Дюрталю предстоял еще долгий путь, о котором рассказано в «En route», «Cathédrale» и других романах Гюисманса. А когда он пристал к христианскому берегу, он так устал, так был обессилен, что не до новых идей ему было, не до Третьего Завета. Религиозного энтузиазма нельзя ждать от Гюисманса, с трудом несет он муку жизни.

«En route» – самая интересная книга Гюисманса, в ней описывается его обращение в католичество. Тут чрезвычайно тонкая психология двойственности, вечное колебание веры и сомнения, утонченная смесь декадентства с католичеством. Дюрталь ходит в церковь, плененный красотой католического культа. У Дюрталя-Гюисманса преобладает литургический интерес к католической религии. Никто еще не проникал так в литургические красоты католичества, не истолковывал так готики. Одно это делает Гюисманса большим писателем. Шатобриан пытался дать эстетическую апологию католичества. Но Гюисманс выше его как исследователь католической эстетики. Он вошел в церковь через искусство и красоту. Для него в жизни остались только красота и искусство, все остальное опостылело ему. Но та культура, которая убивает католичество, убивает также красоту и искусство. Католическая культура создала великие храмы, великий культ, великую эстетику и мистику, великие книги. Обращение в католичество не может быть отречением от красоты, католичество есть оправдание красоты. Гюисманс не был еще католиком, когда уже зачитывался христианскими мистиками, любил храмы и культ, он давно уже любил католическую культуру. Что же он терял от перехода в католичество? Терял женщин, но женщины дают ему лишь муку. Правда, от муки этой не так легко отказаться. Дюрталь не в силах сам справиться с религиозными противоречиями своей больной души, он ищет духовного водительства. Он решается идти к католическому аббату и ему поверить свои мучения. Он хочет жить под духовным руководительством. Дюрталь-Гюисманс жаждет снять с себя бремя свободы, отречься от своей воли, отдаться водительству. Католичество идет навстречу таким душам, помогает им, притягивает их к себе. Для Дюрталя-Гюисманса христианская религиозная жизнь не есть повышение волевой активности, обострение ответственности, а прекращение волевой активности, снятие ответственности. Католичество сильно и властно, оно давит слабых и безвольных. Гюисманс женственно отдается католичеству. Он делает последнее усилие воли отказаться от своего прошлого и поверить, а после этого изнемогает, волевая активность в нем замирает. Для Гюисманса христианство не столько религия свободы, сколько религия, освобождающая от свободы. Свобода измучила его в декадентстве, в католичестве он от нее отказывается. Подлинной свободы по безволию своему он не знает. В психологии Гюисманса открывается тайная связь декадентства и католичества, общий им упадок воли. Но в католичестве есть и другая сторона, сторона могучей воли и власти, руководящая безволием и бессилием. Католическая мистика и католический культ — чувственны, чувственны прежде всего, в них есть сладость и истома, что-то влекущее и обезволивающее. Гюисманс чувственно принял католичество, соблазнился и пленился им, волевая же религиозная активность осталась в нем слабой. Православие труднее было бы так принять. Религиозная мистика и эстетика неизбежно имеют чувственную сторону, но в здоровой религиозной жизни она сочетается со стороной волевой и мужественной, со свободной ответственностью. Избыток принуждающей воли и власти в католической иерархии имеет обратной своей стороной избыток чувственности и пассивности в католическом культе и в мистике подчиненных и пасомых. Это особенно чувствуется в судьбе Гюисманса.

Дюрталь еще не верил и не обратился, когда говорил уже: «Меня захватило католичество, я опьянен его атмосферой ладана и воска, я блуждаю вокруг него, тронутый до слез его молитвами, плененный до глубины души его псалмами и пением. Я чувствую отвращение к своей жизни, к самому себе, но отсюда далеко еще до рождения к новой жизни». Дюрталь любит старое, средневековое католичество и боится, что в католичестве современном не найдет он уже чарующей мистики и красоты. Его мучит то, что «католицизм современный далек от мистики, потому что религия католическая настолько же низменна, насколько мистика высока». Беспокоит его, что католическое духовенство не поймет его: «Они ответят мне, что мистика была интересна в средние века, что она находится в противоречии с современностью. Они подумают, что я сумасшедший, будут убеждать меня делать как все, мыслить как все».

Дюрталя тянет в монастырь, настоящий монастырь, который перенес бы его в атмосферу средневековья. Его духовный руководитель советует ему поехать в монастырь траппистов[91], в котором сохранилась еще атмосфера католической святости. Описание этого монастыря в «En route» – чарующе прекрасно, это классические страницы, которые читаются с трепетом. Дни, проведенные Дюрталем в монастыре траппистов, пережитая им борьба, из которой он выходит настоящим католиком, – все это так важно и ценно для религиозной психологии. Многие религиозные искатели нашей эпохи почувствуют в монастырских днях Дюрталя родное себе и близкое. Дюрталь думал найти в монастыре полный покой, а оказалось, что «именно монастыри обуреваемы темными силами; там ускользают от них души, и они во что бы то ни стало хотят их покорить себе. Нет на земле места, которое так охотно посещалось бы темными силами, как келия; никто не мучится так, как монах». И все же, когда Дюрталь возвращается в опостылевший и далекий Париж, он вспоминает о днях, проведенных в монастыре траппистов, как о пережитой радости; все парижское вызывает в нем отвращение. Там, у траппистов, была такая сгущенная мистическая атмосфера, чистая и прекрасная. «En route» заканчивается словами: «Если бы, – говорит Гюисманс, думая о писателях, которых ему трудно будет не увидеть, – если бы они знали, насколько они ниже последнего из послушников, если бы они могли вообразить себе, насколько божественное опьянение свинопасов траппистов мне интереснее и ближе всех их разговоров и книг! О, Господи! Жить, жить под тенью молитв смиренного Симеона!» Симеон – это траппист, который потряс душу Дюрталя своей святостью. Обращение Гюисманса было настоящим подвигом. Он проделал страшную, трогающую нас до глубины души работу.

В «La Cathédrale» отражается психология католического периода, но с вечными колебаниями и сомнениями. Дюрталя все более и более тянет в монастырь. Но его удерживает неспособность к подвигу, страх перед усилиями и перед суровой жизнью. Его чувственно притягивает созерцательная мистика монастыря, но у него нет сил для волевой религиозной активности. Он все договаривается о том, чтобы взять на себя поменьше тяжестей. Разговоры Дюрталя с аббатом имеют двойной интерес: в них дана религиозная психология декадента-католика и в них же дано научное исследование католичества. Ведь «La Cathédrale» – замечательное ученое исследование готики, католической литургики и мистики. Гюисманс углубляется до исследования тончайшей мистики цветов, животных, красок, вообще религиозной символики. «La Cathédrale» – это книга о католических храмах, культе и символике, она неоценима для тех, кто хочет изучить католичество в тончайших его изгибах[92]. В книге этой можно научиться таким тонкостям мистики католичества, над которыми лишь очень немногие задумывались. Гюисманс делает огромное усилие перенести современного человека в мистическую атмосферу средневековой символики.

В «L'Oblat» описывается дальнейший католический путь Дюрталя. Но книга эта уже менее интересна, многое в ней повторяется, утомляют мелочи католической жизни. «Sainte Lydwine de Schiedam» – жизнеописание католической святой печалит своим творческим бессилием, подрезанностью крыльев. Гюисманс хочет реставрировать средневековое католичество с мелочным педантизмом, с духовной робостью. Он упивается болезнями и страданиями святой Лидвины, и образ святой выходит у него почти отталкивающим, принижающим, а не вдохновляющим. Характерен католический срыв св. Лидвины: она смотрит на свои страдания как на искупительную жертву, подобную жертве Христовой. В этой совсем уж католической, католической без муки сомнений, книге Гюисманса нет подъема и вдохновения. Под конец жизни Гюисманс покорно и смиренно нес непосильную тяжесть своих болезней, и его пленило в святой Лидвине это смирение перед болезнями, это мистическое упоение болезнями. В тяготении Гюисманса к средневековому католичеству была мечтательность и подъем, его окрыляло восхищение перед литургическими красотами и мистическими богатствами еще далекого католичества. Но когда он вошел в католическую жизнь, сказалось роковое отсутствие творчества, активности и воли в его религиозности. Прошла тревога и творчество угасло. Все его творчество было лишь повествованием о пережитых муках. Дерзновения воли нет у него, нет религиозного почина. Так же принял католичество и Верлен: в католических стихах Верлена те же переживания, что и у Гюисманса. Через Гюисманса мы подходим к тайне католичества.

II

У Гюисманса есть *индивидуальное* религиозное чувство, но нет *вселенского* религиозного чувства. *Его* судьба, *его* мука, *его* гибель, *его* трагические противоречия – вот исключительный предмет его интереса. В христианстве Гюисманса нет отношения к другим людям и к человечеству, нет даже этой проблемы. Есть у него религиозное отношение к предметам, но нет религиозного отношения к людям. Его не мучит вопрос о судьбе человечества, о связи своей индивидуальной судьбы с судьбой вселенской. Он никогда не задумывается о социальной стороне той католической религии, которую принимает, никогда не думает о связи католичества с мировой историей. Гюисманс не выходит из себя, переходит за грани своей индивидуальности лишь в восприятии красоты. Он так до конца и не воспринял христианства внутренне, как вселенскую правду. Гюисманс – очень типичный католик, католик даже в декадентский свой период. Но целая половина католичества его почти не интересует, ему остается чуждым католичество как власть, действующая в мировой истории, полная человеческой активности, в высшей степени волюнтаристическая. Чувственно-пассивная сторона лишь одна сторона католичества, но она непонятна без другой стороны, властной и активно-волевой. В католичестве индивидуальные душ и отдаются водительству с сладостной пассивностью, но в католичестве же есть и водительство душами, устроение вселенского царства. Читая Гюисманса, можно подумать, что католичество есть исключительно религия литургических и мистических красот, религия женственная. Но для католичества св. Тереза и Григорий VII одинаково характерны[93]. Мистика католическая – преимущественно чувственная, в ней много сладострастной истомы. Но власть католичества над историей волевая и мужественная. Мистическая чувственность и религиозная эстетика есть одно из орудий власти католического царства над миром и душами людей. Католическая церковь идет навстречу слабым и изможденным, тем, которые жаждут отречься от своей воли и сложить с себя ответственность. Но сама учащая церковь властна, волюнтаристична, она берет на себя ответственность за души пасомых и сознает свою свободу. Тут сказывается основное для католичества деление церковного общества на клир и мирян, на пасущих и пасомых, на учащих и учащихся, на активно-водящих и пассивно-ведомых.

Даже в богослужении католическом и таинствах сказывается это деление, отражается эта пропасть. Под двумя видами приобщается лишь клир, мир же приобщается под одним видом, мир отделен от совершения таинства и допускается к крови Христовой лишь через иерархию учащую и пасущую. В православной церкви каждый молящийся участвует в совершении таинства Евхаристии[94], потому что церковь есть свободное общение в любви всех верующих. В православии иерархический принцип не играет такой роли и не руководит так душами. Православие и есть по преимуществу религия литургическая, в нем меньшее занимает место элемент дидактический.

Католический разрыв церковного общества на две части сказался еще в том, что мир был лишен священного писания как непосредственного источника религиозной жизни и духовенство стало между Евангелием и душами человеческими[95]. Активный и волевой характер католической иерархии связан с пассивным и чувственным характером религиозности мирян. Пассивный и безвластный характер православной иерархии связан внутренно с более активной и волевой религиозностью мирян[96]. Сравните св. Серафима Саровского[97], величайшее явление мистической святости в православии, с св. Терезой, мистической святостью католичества. Православная мистика более мужественная и волевая, католическая мистика более женственная и чувственная[98]. В восточноправославной мистике Христос принимается внутрь человека, становится основой жизни, в западнокатолической мистике Христос остается предметом подражания, объектом влюбленности, остается вне человека. Подражание страданиям Христовым, вплоть до принятия стигматов, есть последнее слово католической мистической чувственности. Сладость страстей Господних, упоение ранами Христовыми – вот пафос католической мистики. На Востоке Христос – субъект, дан внутри человека, на Западе Христос – объект, дан вне человека. Восточная мистика, восточное богословие, восточная метафизика выработала идею θχωσις'а – обожения человеческой природы (Дионисий Ареопагит, Максим Исповедник, Григорий Нисский и др.). На Западе человеческая природа остается внебожественной, далекой, лишь устремленной и жаждущей. Идея обожествления человека у Мейстера Эккерта и германских мистиков получена с Востока, от Дионисия Ареопагита, развивалась в протесте против католического разобщения человека и Божества и ведет к пантеизму. В католичестве непосредственное чувство

Христа слабее, чем в православии. На Востоке – мистическая насыщенность, на Западе – мистический голод. Эта разница сказалась и в архитектурном стиле храмов. В храме готическом чувствуется вытягивание человека к Божеству, в храме восточноправославном – распластание человека и схождение Божества. Чувственная мистика св. Терезы и мистика квиетизма[99] – обратная сторона властного деспотизма и юридического формализма католической иерархии. Тут есть таинственная связь. Таинственный промысел Божий в истории установил для таинственных целей разделение христианского мира на тип восточноправославный и западнокатолический. Но в разделении этом есть и человеческий грех, и потому воля человеческая должна быть направлена к воссоединению и восполнению. Два типа и два пути одинаково нужны для вселенской полноты религиозной жизни. Без православной насыщенности, обожествляющей изнутри человеческую природу, и без католической устремленности, творящей религиозную культуру, одинаково неосуществимы вселенские цели Церкви.

Судьба Гюисманса трагична и поучительна. Он пережил новую муку и пришел к тому, что стал жить прошлым, отдался целиком реставрации прошлого. Он слишком католик и недостаточно христианин. В католичестве Гюисманса, как и Верлена, чувствуется дух рафинированной упадочности. Современность знает целый ряд мучеников нового духа. Мучениками были Бодлер и Оскар Уайльд, Ницше и Вейнингер. В мученичестве их что-то приоткрылось. Но Гюисманс вернулся в церковь и исцелил в ней свои раны. Он особенное имеет для нас значение. Именно на судьбе Гюисманса ясно видно, что религиозное возрождение ныне возможно лишь путем усиления волевой активности и творческого подъема. Господь ждет от вернувшихся к Нему активности и творчества, свободы и дерзновения. В этом скажется высшая покорность Богу, праведное богоборчество, а не злое противление. Утонченная упадочность предваряет возрождение, но само возрождение идет от сдвига воли, от активного почина.

Из судьбы Гюисманса всего менее можно извлечь утверждение об упадке и гибели католичества. Католичество – страшная мировая сила, оно и не думает разлагаться, оно крепко и вечно возрождается. Католическое движение теперь очень сильно, никакие гонения, духовные и материальные, не могут ослабить его, скорее укрепляют. Католичество гонят во Франции, но там оно – огромная сила. Католичество приспособляется к современности то в форме модернизма, то в форме социального католицизма, то в форме католического декадентства, то в форме оккультизма и выживает. Скоро, быть может, мы увидим возрождение католической литературы, подобное тому, которое видело начало XIX века. Это чувствуется уже у Гюисманса, у Верлена, которых интересно сопоставить с христианствующими романтиками начала прошлого века[100]. Символизм есть уже путь к иному, к католическому возрождению. Католичество не одолеют и впредь, потому что в истории его жили не только грехи человеческие, жила в ней и вселенская Церковь Христова. Католичество остается осью западной истории. Все проходит, все минует, все тлеет, одно католичество остается. Оно вынесло все испытания: и Возрождение, и Реформацию, и все еретические и сектантские движения, и все революции. Чувство вселенскости, которое дает католичество, поражает своей мощью и приводит в трепет даже неверующих. Даже неверующие должны признать, что в этой исключительной силе католичества скрывается какая-то тайна, рационально необъяснимая. Католичество должно было бы уже погибнуть, если верить в неотвратимую историческую необходимость и социальную закономерность, в вечное приспособление жизни к новым условиям. Сила католичества есть иррациональный остаток для всякого рационального объяснения истории. XVIII век, полный рационалистического пыла, не раздавил ненавистного ему чудовища, а в XIX веке оно вновь поднялось и возродилось к новой жизни. Папа Лев XIII многими головами выше пап предшествующих эпох. То, что представляется рационалистам и позитивистам остатком средневековья, могущественно и славно и в веке XX. В лоно католичества возвращается ряд людей нового духа. Католичество по-прежнему притягивает своей красотой и мощью. Оно кровно связано с культурой, с мировыми историческими традициями. Католический модернизм говорит лишь о внутреннем кризисе, но не о крахе.

Великая европейская культура – католическая культура. Говорю о культуре, а не об американской цивилизации. Величайшие культурные памятники связаны с католичеством. Принято думать, что католичество всегда было против культурного прогресса, и есть основание это думать. Ведь католичество, говорят, сожгло Джиордано Бруно, замучило Галилея и совершило много других преступлений. Но то же католичество было очагом культуры и творчества, с ним связана такая красота культуры, что не сравнится с ней ничто, рожденное в недрах антирелигиозного движения, имевшее менее благородное происхождение. Ведь всякая культура связана с культом, в культе даны уже богатства и ценности культурного творчества[101]. Вот почему обычные разговоры об исключительной аскетичности католичества и вообще христианства имеют относительное значение и применимость. Католичество в истории было культурным богатством, а не аскетической бедностью. В истоках, корнях своих европейская культура – религиозная и христианская, или языко-христианская. И искусство, и философия, и общественность зародились в лоне католической церкви. Языческая культура вошла в католичество. Католическое средневековье было эпохой культурной и творческой, эпохой богатой, полной высшего томления. Оскопление, культурное обеднение, ослабление творчества и убиение красоты связаны с рационалистической, рассудочной, антирелигиозной культурой. Революционный социализм и анархизм гораздо враждебнее культуре, творчеству и красоте, гораздо аскетичнее, беднее, чем католичество. Католичество вдохновляла объективная, сверхчеловеческая цель и ценность; прекрасные храмы, статуи и картины, богатый культ и культуру ставило оно выше счастья человеческого, пользы людской. Вот чего не понимает и не принимает современный гуманизм. Гуманистический социализм – потребителен и распределителен и потому принижает культуру объективных ценностей. В основе обедненной, оскопленной, аскетической культуры лежит мотив рационалистического иконоборства, вражда к мистической символике культа, переходящая и на всю культуру. Вся природа Гюисманса противилась рационалистическому иконоборству, была за мистическую символику, и то была католическая и культурная природа. Рационалистический дух, убивающий мистику и символику христианства, создает культуру, обедненную, оскопленную, иссушенную, аскетическую в дурном смысле этого слова. Богатая культура, культура красивая и творческая связана кровно с христианской мистикой и символикой, с культом, с тем духом, который создал икону, зажег перед ней лампаду и воскурил ладан. Борьба рационалистического духа с иконой, лампадой и ладаном роковым образом превращается в борьбу с культурой, с культурной символикой, с мистическими истоками культуры. Рационализм подрезывает корни культуры и творчества[102]. И с иконоборческим духом должно бороться не только во имя веры, но и во имя культуры, не только во имя религиозной мистики, но и во имя культурной символики. Вне вселенской церкви нет культуры, нет таинственной ее преемственности. Литургические красоты церкви, католической и православной, должны были бы убедить в той истине, что между христианской религией и культурой существует не антагонизм и противоречие, как теперь любят говорить, а глубокая связь и причинно-творческое соотношение. Св. Франциск Ассизский – христианская религия, аскетическая святость, но св. Франциск Ассизский и культура, мировая культура и красота, от него пошло раннее итальянское Возрождение. Никто ведь не осмелится утверждать, что современный вокзал – культура, а старый храм – не культура. Культура в своем цветении всегда символична, полна знаками иного, потустороннего, она зарождается в храме и из храма идет в мир. Это ведь самая подлинная историческая правда, просто факт, которого нельзя отрицать. Вот почему исследования Гюисманса о литургике, о готике, о религиозной символике связаны с самым существом культуры, в них чувствуется дух великой, не измельчавшей и не оскопленной культуры. Мечта о великой культуре, о всенародной органической культуре, есть неизбежно мечта о культуре сакраментальной, символической, по истокам своим мистической. С этим связана и мечта о синтетическом всенародном искусстве, мечта Вагнера, Малармэ, Рескина, Вл. Соловьева, Вяч. Иванова. Великая всенародная культура есть прежде всего великий всенародный культ, всенародный храм, в котором и из которого все творится. Сам Гюисманс был так замкнут в своей пассивной индивидуальной чувственности, так был обессилен, что не лелеял этой мечты. Он ничего не говорит о всенародном возрождении, требующем воли, активности и творчества.

В писаниях Гюисманса ясно видно и величие католичества, вся его красота и притягательность, и слабость католичества, все его недостатки и уродства. Предоставленное себе католичество так же мало способно преодолеть злое в себе, как и предоставленное себе православие. Лучшие люди стремились к восстановлению единства вселенской церкви и несли в себе чувство вселенскости. Есть великая религиозная тайна и святыня, которые хранятся в чистоте православным Востоком, но есть не менее великая религиозная сила, которая действует на католическом Западе. Взаимное восполнение восточных и западных начал, любовное слияние в единой правде должно привести к более высокому, вселенскому типу религиозной жизни. Я говорю не только о том, что официально находится в пределах церковной ограды западной и восточной, но и о том, что по видимости находится вне этой ограды. Воссоединение восточной и западной религиозности должно начаться не с соглашения официальных церковных правительств, а с взаимного устремления религиозных типов и духовных культур.

Западные декаденты вроде Гюисманса, да и все западные романтики, родились на почве католичества, проникнуты католическим духом. Кризис французского декадентства был бегством к католичеству (Бодлер, Верлен, Гюисманс). Также и романтики начала XIX века становились католиками. Это явление знаменательно. Есть тоска и томление, рожденные на почве католичества и католичеством не утоленные. Католическое возрождение проходит через романтику и декадентство. Православие не порождает из себя романтики и с трудом соприкасается с декадентством или сатанизмом. На православном Востоке есть, конечно, и романтики, и декаденты, но они внеправославного происхождения, на Западе же – происхождения католического. Православно-восточная мистика пронизывает человеческую природу природой божественной, как бы обожествляет ее изнутри, насыщает. Читайте св. Макария Египетского, этого нежного, полного любви восточного мистика, в самой глубине его существа вы найдете божественное. Это один тип. Католическая мистика полна томлениями по божественному, оставляет божественное вне человека как предмет подражания и страстного влечения. Отсюда – подражание страстям Господним, стигматы и проч. Этот тип мистического опыта дан уже у бл. Августина, который разговаривает с Богом, как страстный любовник, и для которого божественное – объект, а не основа. В католичестве было томление по чаше св. Грааля[103] с каплей крови Христовой: мир католический ведь был лишен приобщения крови Христовой. Отсюда романтическое томление. В восточной мистике – насыщенность. На Западе, в католичестве, сильнее творчество, в этом великая правда Запада. Тень сатанизма вечно тянется за католичеством потому, что католичество обожествляет человеческую природу не внутренним насыщением, а страстным, воспаленным устремлением вверх. В православии нет этой тени сатанизма, в нем дан путь обожествления человеческой природы изнутри. Но обожествление это совершается в жизни святых, в святыне церкви, в старчестве, оно не переносится на путь истории, в общественность, не связано с волей и властью. В католичестве нет подлинного, изнутри идущего обожествления человеческой природы, но есть обожествление человека извне в папизме. Этим исторически объясняется самообожествление человека в гуманизме. Преодоление католического обожествления папы и гуманистического обожествления человека на Западе, раскрытие творческой религиозной активности, потенциально заложенной в восточном православии, должно повести к подлинному υεωσις'у в исторической жизни человечества. Абсолютная святыня православной церкви, святыня св. Максима Исповедника, св. Макария Египетского и св. Серафима Саровского, став динамической силой всемирной истории и всемирной культуры, приведет к сакраментальному завершению истории, к богочеловеческому исходу из трагических противоречий нашего бытия. Западная католическая культура с ее томлением и устремлением вверх имеет свою творческую миссию, но на почве восточноправославной мистики легче рождается сознание апокалипсическое, так как Церковь православная не претендовала быть, подобно католической, уже осуществленным Градом Божьим на земле. Тогда начнется великое и всемирное религиозное возрождение, по которому томятся многие в наши дни. Томился и Гюисманс – мученик декадентства, пустынножитель утонченной Фиваиды.

ПРИМЕЧАНИЯ

1 – Хомяков А. С. Собр. соч. 3-е изд. М., 1900. Т.2. С.223. Эту же цитату Н. А. Бердяев приводит в своей книге «А. С. Хомяков» (М., 1912. С.45).

2 – Понятие «меонизм», например, использовал Н. М. Минский в книге «При свете совести. Мысли и мечты о цели жизни» (Спб., 1890) для характеристики собственной философии. Оно образовано от греческого понятия «не-сущее». На истоки «меональной философии» Минского указал в своей весьма ядовитой рецензии Вл. Соловьев. «Другие теософические системы, – отмечал он, – александрийский неоплатонизм, еврейская каббала – усвоивши себе вполне эту идею отрицательного абсолюта (у каббалистов он имеет и особое название – эн-соф, которое мы рекомендуем г. Минскому вместо его измышленного «меона»), не ограничиваются, однако, ею, а развивают и положительное содержание абсолютного начала» (см.: Вестник Европы. 1890. Кн. 3 (март). С.440 – 441).

3 – В это время Бердяев был очень близок к кругу московских православных философов, также разрабатывавших проблему «церковного», или «соборного», сознания. В этом кругу господствовало резко критическое отношение к Канту. Так, например, В. Ф. Эрн считал Канта наиболее последовательным выразителем «меонизма» и философским предтечей германского милитаризма (название одной из его статей – «От Канта к Круппу»).

4 – Нельзя отрицать заслуг теософии и оккультизма в постановке проблемы отношения религии к познанию, в утверждении важности религиозного посвящения для мудрого знания. В древности открывается великая мудрость, а не пустота, и религию начинают изучать религиозно. Ложь тут начинается тогда, когда за религию выдается магическое знание.

5 – Термин «иллюзионизм» использовал Н. Г. Чернышевский (см.: Н. Г. Чернышевский. Соч. в 2-х томах. Т.2. М., 1987. С.486). Затем этим термином В. Ф. Эрн характеризовал новоевропейский рационализм и особенно неокантианство (см.: Б. Ф. Эрн. Борьба за Логос. С.358).

6 – Более точно позиция Шеллинга характеризуется как «панентеизм».

7 – Эфирное тело – такое же природное, естественное, как физическое. Чудо же воскресения – сверхприродно и сверхъестественно.

8 – Арианство – течение в христианстве, названное по имени его основателя, александрийского священника Ария (ум. в 336 г.). Рационалистически толкуя христианское учение о двойственной (богочеловеческой) природе второго лица божественной Троицы – Христа, Арий пришел к выводу о неединосущности Бога-Отца и Бога-Сына. Из этого с неизбежностью вытекало отрицание центрального догмата христианства – идеи боговоплощения. Арианство было осуждено как ересь на Никейском Вселенском соборе христианской церкви в 325 г.

9 – Монофизитство – религиозно-политическое учение, основанное константинопольским архимандритом Евтихием (451 г.). В отличие от ортодоксальной доктрины Евтихий утверждал, что хотя Христос рожден от двух природ (божественной и человеческой), но обладает только одной – божественной, в то время как человеческая природа в Христе несамостоятельна.

10 – Это прекрасно обосновывается в статьях кн. С. Н. Трубецкого «О природе сознания».

11 – Отождествляя церковь с «душой мира», Бердяев демонстрирует очень свободное отношение к христианской догматике, в рамках которой отсутствует учение о «душе мира». Это понятие характерно для античной философской традиции (Платон, стоики, неоплатоники), а также для философии ренессансной и романтической. Как отметил Шеллинг, античное учение о «мировой душе» сводилось «к идее организующего начала, формирующего мир в систему» (Ф. В. Й. Шеллинг. Соч. в 2-х томах. Т.1. М., 1987. С.93).

12 – В этом я сознательно возвращаюсь к традициям Киреевского и Хомякова.

13 – В современной литературе более распространена квалификация А. Бергсона в качестве интуитивиста.

14 – Природа сотворенная творящая (лат).

15 – Бердяев имеет в виду книгу И. Канта «Религия в пределах только разума» (1793 г.).

16 – В этой апологии язычества сказалось влияние Д. С. Мережковского, с которым Бердяев часто встречался зимой 1907 – 1908 гг. в Париже. «Атмосфера Мережковских, – вспоминал он, – …очень способствовала моему повороту к православной церкви» (Самопознание. С.153).

17 – На противопоставлении западноевропейского «рацио» восточнохристианскому «логосу» построил свою концепцию русской философии В. Ф. Эрн. См. статью «Нечто о Логосе, русской философии и научности» в кн. «Борьба за Логос», а также: В.Эрн. Григорий Саввич Сковорода. Жизнь и учение. М., 1912.

18 – Укажу для примера на Пуанкаре, философски сознательного ученого, который отстаивает теорию знания, близкую к прагматизму.

19 — Скоро, скоро настанут времена, когда наука восстановит в своих правах многие истины алхимии, астрологии, магии, когда реабилитированы будут знания средневековья и Возрождения.

20 — Тезис В. Ф. Эрна, детально развитый им в книге «Борьба за Логос» (С.111).

21 — Школа Виндельбандта и Риккерта (Так называемая «баденская школа» (иначе – «фрейбургская школа») неокантианства, уделявшая большее внимание «наукам о культуре» по сравнению с «марбургской школой», больше обращенной к проблемам «чистой» гносеологии, методологии науки. – Ред.) ошибочно усматривает в познании свободное избрание и тем этизирует гносеологию.

22 — У Липпса мы встречаем уже иной тип эмпиризма, не рационалистический и не позитивистический; он как бы признает опыт самой «жизни», а не только опыт «знания». Даже у эмпириокритициста Корнелиуса есть попытка вырваться из удушливой атмосферы рационалистического эмпиризма.

23 — Сведение к нелепости (лат).

24 — На критике критицизма я подробно остановлюсь в главе «Гносеологическая проблема».

25 — Верую – ибо нелепо (лат.).

26 — Кн. С. Трубецкой в своих исторических и теоретических работах блестяще проследил судьбу идеи Логоса в философии, но, к сожалению, не довел своего дела до конца (С. Н. Трубецкой. Учение о Логосе в его истории. Спб., 1900. – Ред.).

27 — Бердяев следует за той интерпретацией евангельского рассказа об искушениях Христа, которая представлена Достоевским в романе «Братья Карамазовы» («поэма» Ивана Карамазова «Великий Инквизитор»). Христос отвергает «чудесный» способ утверждения веры, но

встречает такое возражение Инквизитора: «человек ищет не столько бога, сколько чудес».

28 – В европейской философии родственный Лопатину взгляд на причинность и свободу развивает Бергсон.

29 – Учение Л. М. Лопатина о причинности особенно подробно развито во 2-м томе его «Положительных задач философии» (М., 1891).

30 – Это упоминание «Софии» неорганично для философии Бердяева и свидетельствует лишь о его солидарности с «софиологами» С. Н. Булгаковым и П. А. Флоренским.

31 – Цитата из стихотворения Ф. И. Тютчева «Silentium!».

32 – В положении о становлении Бога в творческом акте содержится, по существу, вся программа той философской концепции, которая будет развернута Бердяевым в «Смысле творчества».

33 – Гносеология Когена, Риккерта и т. п. есть одно из метафизических направлений. Необходимо принципиально отделить логику, методологию наук от всех этих гносеологических авантюр. Научная логика должна быть свободна от метафизических гносеологий.

34 – «Я есмь путь и истина и жизнь» – Ин. 14:6.

35 – Н. О. Лосский. Обоснование интуитивизма. Спб. 1906.

36 – Под модернизмом я имею главным образом в виду новейшие формы критицизма и позитивизма.

37 – Из новейших немецких философов у Лосского есть некоторое родство с Фолькельтом, остроумно критикующим Канта и умеренно защищающим реализм и интуитивизм, а также отчасти с Липпсом. Можно найти еще точки соприкосновения с Джемсом и с Бергсоном.

38 – К этому положению по-своему подходят современные прагматисты, но формулируют его очень несовершенно и неудовлетворительно.

39 – Цитата из «Песни Миньоны» (из романа В.Гете «Ученические годы Вильгельма Мейстера») в переводе Л. А. Мея.

40 – Цитата из стихотворения М. Ю. Лермонтова «Дары Терека».

41 – Уже после напечатания моего этюда «О происхождении зла и смысле истории» я познакомился с интересной книгой В. А. Кожевникова о Н. Ф. Федорове, замечательном человеке и мыслителе. Я был поражен сходством некоторых моих религиозно-философских мотивов с религиозно-философскими мотивами Федорова. Таков прежде всего мотив отношения к предкам, к «отчеству», сознание необходимости работать для предков и для восстановления их жизни не менее, чем для потомков.

42 – Теодицеей называется проблема оправдания Бога, но само это словосочетание вызывает возражение. В сущности, не Бог оправдывается в теодицее, а мир оправдывается Богом, с миром примиряется наше сознание.

43 – Таковы в XIX в. Шеллинг, Вл. Соловьев и особенно Фр. Баадер.

44 – Не эманируют, а творятся. Идея эманации противоположна идее творчества. Учение об эманации отрицает и лицо Творца и лицо творимых, отрицает свободу и самостоятельность творения.

45 – Манихейство – религиозно-философское учение, создателем которого является выходец из Месопотамии Сураик (214 – 277 гг.), получивший почетное имя Мани (дух, ум). Согласно его учению, бытие образуют два самостоятельных и противоборствующих начала: доброе и злое (свет и тьма). Этот дуализм составляет наиболее характерную черту манихейства, рассматривающего предысторию мира как борьбу светлой и темной иерар-

хий, создающих соответственно «первочеловека», или «небесного Адама», и «сатану». Сам мир рассматривается как смешение света и тьмы, борьба между которыми должна привести к окончательному разделению светлой и темной иерархий.

46 – Понятие «положительное всеединство» применялось Шеллингом для характеристики Абсолюта (Бога), а в русской философской традиции – славянофилами и Вл. Соловьевым, использовавшим его при раскрытии идеи Богочеловечества. «Наиболее близка мне была идея Богочеловечества, – признавал Бердяев, – которую продолжаю считать основной идеей русской религиозной мысли. Но соловьевцем я никогда не был» (Самопознание. С. 173).

47 – Слово бытие я здесь все время употребляю не в общем и отвлеченном смысле, а в метафизическом смысле истинно-сущего. Замечательный анализ идеи бытия дан русским философом Козловым.

48 – У Вл. Соловьева есть остроумное учение о различии между бытием как состоянием, которое Гегель превратил в отвлеченную идею, и сущим как конкретным, живым носителем бытия, субстратом, существом (Строго говоря, «различение между сущим и бытием, на чем настаивает и Соловьев», принадлежит Шеллингу (см. А. В. Гулыга. Вл. Соловьев и Шеллинг. – Историко-философский ежегодник'87. М., 1987. С.267). – Ред.). Идея сущего есть основная идея русской философии. Но для моих целей можно оперировать со словом «бытие».

49 – Абсолютное и относительное потому не могут мыслиться соотносительными в одной плоскости, что этим Абсолютное было бы превращено в относительное. Одно относительное предполагает другое относительное, это реальное соотношение. Логическая же и грамматическая противоположность между абсолютным и

относительным никакого реального соотношения за собою не скрывает.

50 – Учителя церкви видели в зле небытие. Таков был взгляд бл. Августина, св.Григория Нисского и др.

51 – Близость Бердяева к философии «общего дела» Н. Ф. Федорова наиболее очевидна именно в утверждении идеи «завоевания» воскресения.

52 – Этим я лишь отрицаю религиозный дуализм, который разрывает мир на добрый дух и злую плоть. Метафизика неизбежно ведет к спиритуалистическому монизму, который утверждает в природе связь духа и материи, одухотворенность материи. Бытие состоит из духовных существ, и «материя» есть лишь определенное соотношение этих существ и их определенное состояние.

53 – Даже если другие планеты и населены, то за человечеством остается центральное значение. Религиозное сознание побеждает давящую бесконечность звездного неба иной бесконечностью, раскрывающейся в божественных связях человека.

54 – Ин. 1:1.

55 – Эккерт был мистиком огромной силы, но он был пантеист, превратил христианство в религию отвлеченной духовности и явился мистическим истоком протестантизма.

56 – Судьба еврейского народа необъяснима позитивистически и явно указывает на провиденциальный план истории. И загадка этой таинственной судьбы не может быть разрешена иначе, как религиозно. Еврейство никогда не ассимилируется и никогда не найдет того земного царства, о котором так страстно мечтает.

57 – Ис. 1:11–13.

58 – Эта фраза была сказана Розановым в докладе «О сладчайшем Иисусе и горьких плодах мира», прочитанном в 1907 г. на одном из заседаний религиозно-фи-

лософского общества и включенном затем в его книгу «Темный лик. Метафизика христианства» (СПб., 1909. С. 252–268). В качестве полемического ответа Розанову Бердяев написал статью «Христос и мир» (см.: Русская мысль. 1908. № 1).

59 – Средневековая философия не исчерпывалась схоластикой. Так, например, гениальный Иоанн Скотт Эригена многое предвосхитил в философии Шеллинга и Гегеля.

60 – Римская империя (лат.).

61 – Этим нисколько не отрицается папа как первенствующий епископ Вселенской Церкви.

62 – Германская мистика и есть то, что было великого и вечного в протестантизме.

63 – Откр. 19:7.

64 – Хилиазм христианский следует решительно отличать от хилиазма еврейского, который воскресает в социализме.

65 – Н. Федоров сказал бы – отечества с сыновством.

66 – Мистическое сектантство всех времен обыкновенно выходит из истории, отказывается нести бремя истории, отсекает себя от мирового единства. В сектантстве всегда чувствуется провинциализм.

67 – Риккерт утверждает индивидуализирующий метод для исторических наук в противоположность генерализирующему методу естественных наук.

68 – Поистине гениальное решение проблемы ада было дано Сведенборгом.

69 – Здесь ставится проблема свободы изнутри. Здесь интересует меня лишь вопрос о том, чем должна быть свобода для тех, которые чувствуют себя внутри Христовой Церкви.

70 – Ин. 8:32–36.

71 – 2Кор. 3:17.

72 – Противоречие в определении (лат.).

73 – Приблизительная цитата из послания ап. Павла, где сказано: «Ибо начальник есть Божий слуга, тебе на добро. Если же делаешь зло, бойся, ибо он не напрасно носит меч» (Рим. 13:4).

74 – В качестве приложения к «Философии свободы» Бердяев поместил опубликованную в июльском номере журнала «Русская мысль» за 1910 г. статью «Утонченная Фиваида (религиозная драма Дюрталь-Гюисманса)». Заголовок статьи, посвященной одному из крупнейших представителей западноевропейского символизма, также символичен. Он представляет собой контаминацию нескольких культурно-исторических и географических смыслов. Обыгрывая тот факт, что имя «Фивы» принадлежит двум различным городам, Бердяев уже в названии статьи задает образ разорванности, раздвоенности – «драмы» духовного мира Гюисманса. Древнегреческий город Фивы, являвшийся центром Беотийского союза городов в VI–IV вв. до н. э., избран Бердяевым как символ утонченно-роскошной, склоняющейся к упадку античной языческой культуры. Древнеегипетская столица Фивы – некогда цветущий центр цветущей цивилизации – и христианскую эпоху превратился в место монашеского отшельничества и пустынножительства. В сочетании этих крайностей – утонченно-чувственной упадочности и «мироборчества» – и заключается, согласно Бердяеву, драматическая и даже трагическая «Фиваида» Гюисманса.

75 – См. Иванов В.: «По звездам», с. 295.

76 – «A rebours» – «Наизнанку».

77 – «La bas» – «Бездна».

78 – Человек, пожертвовавший свое имущество монастырю и живущий в нем.

79 – Рядом с Гюисмансом может быть поставлен столь непохожий на него Вилье де Лиль-Адан, а из предшествующих – Барбе д'Оревили.

80 – Реми де Гурмон (1858–1915) – французский поэт и писатель, представитель символизма.

81 – Роман Бальзака «Серафита».

82 – К Бальзаку, величайшему писателю Франции XIX в., еще вернутся и оценят его глубже.

83 – «Черная месса» или «литургия Сатаны», которую служат, согласно позднесредневековым представлениям, сохранившимся в среде верующих католиков вплоть до XX в., продавшие душу дьяволу. Совершаемая ночью в католическом храме, такая месса представляла собой богохульство и надругательство над самим ритуалом, а также осквернение всех предметов христианского культа.

84 – «En route» – «В пути».

85 – «Le Cathédrale» – «Собор»; «Sainte Lydwine de Schiedam» – «Святая Лидвина из Схидама».

86 – «Pages catholiques» – «Католические страницы».

87 – Буланжизм – общественное движение во Франции в конце 80-х гг. XIX в., выдвинувшее требование военного реванша за поражение Франции в войне против Пруссии в 1870–1871 гг., а также роспуска парламента и пересмотра республиканской конституции 1875 г. Получило название по имени своего лидера генерала Ж. Буланже (1837–1891 гг.).

88 – Божественный Параклет – в переводе с греческого – Утешитель. В Евангелии от Иоанна о нем сказано так: «И Я умолю Отца, и даст вам другого Утешителя, да пребудет с вами вовек, Духа Истины, Которого мир не может принять, потому что не видит Его и не знает Его; а вы знаете Его, ибо Он с вами пребывает и в вас будет» (Ин. 14:16–17; см. также Ин. 14:26).

89 — В ордене иоаннитов (госпитальеров) особым почитанием пользовался апостол Иоанн, передавший слова Христа о пришествии в будущем Утешителя и Духа Истины: «Он будет свидетельствовать о Мне» (Ин. 15:26). Отсюда иоанниты делали вывод о незавершенности божественного откровения и необходимости третьего откровения («заветы»), которое явится завершающим дополнением по отношению к Ветхому и Новому Заветам.

90 — Потрясающий образ Иоахима из Флориды хорошо нарисован в книге Жебара «Мистическая Италия» (Gebhart Emile. *L'Italie mystique; histoire de la renaissance religieuse au moyen age*. Paris, 1890).

91 — Трапписты — монашеский орден, основанный в 1636 г. де Рансе — аббатом цистерцианского монастыря Ла Трапп, получившего название от узкого входа в местную долину (la Trappe). Устав ордена ориентирован на возврат к традициям восточнохристианского аскетизма.

92 — В «Le Cathédrale» вставлено ценное исследование о картине фра Беато Анжелико «Le couronnment de la Vierge» («Увенчание Девы» (фр.)).

93 — Для демонстрации своего тезиса о двойственной, пассивно-активной природе католицизма Бердяев избирает наиболее ярких представителей средневековой религиозности. Св. Тереза (1515–1582) — испанская писательница, монахиня. Наряду со св. Иаковом считается покровительницей Испании. При жизни преследовалась инквизицией, в 1662 г. причислена к лику святых католической церкви. Символизирует пассивно-покорную сторону католичества. Папа Григорий VII, или Гильдебранд (1073–1085), известный своей борьбой с германскими королями, кульминацией которой стало покаяние Генриха IV в Каносском замке в 1077 г. — наглядный пример характерного для средневековой римско-католической церкви стремления к мировому господству.

94 – Таинство Евхаристии – центральное таинство христианского культа, символизирующее (для верующих – реально воспроизводящее) причащение к Христу в акте употребления ритуально освященного вина (символ крови Господней) и хлеба (символ тела). В православной традиции оба вида причастия доступны всем верующим членам церкви. В традиции католической миряне причащаются лишь «телом Господним», а духовенство – и «кровью», и «телом».

95 – Бердяев имеет в виду два обстоятельства. Во-первых, в практике римско-католической церкви сложилась устойчивая традиция использования Библии на латинском языке, основанная на признании в качестве священных лишь трех языков: еврейского, греческого и латинского. Отсутствие Библии на народных языках делало весьма труднодоступными для большинства западноевропейцев-мирян тексты Священного Писания. Во-вторых, в XIII в. в связи с резкой активизацией еретических движений (альбигойцы, вальденсы, катары и др.), участники которых основывали свои программы на неортодоксальных толкованиях ветхо- и новозаветных текстов, католическая иерархия ввела запрет для мирян на самостоятельное чтение и толкование Библии.

96 – Имею в виду исключительно внутреннюю активность, а не внешнеисторическую.

97 – Св. Серафим Саровский (1759–1833) – иеромонах Саровской пустыни, один из авторитетнейших представителей русского православного старчества. В миру – Прохор Мошнин, выходец из старинного курского купеческого рода.

98 – В западной литературе в последнее время очень повысился интерес к католической мистике. Укажу на книгу Delacroix «Etudes d'historie et de psychologie du mysticisme», написанную с научной точки зрения, и на

книгу Pacheu «Psycologie des mystiques chrétiens», написанную с католической точки зрения. Прославленная книга Джемса «О религиозном опыте» (У. Джемс. *Многообразие религиозного опыта*. М., 1910) тоже свидетельствует о повышении интереса к мистике.

99 – Ложь квиетизма (Квиетизм (от лат. *quietus* – спокойный, безмятежный) – возникшее в XVIII в. направление в католицизме, подчеркивающее необходимость абсолютно покорного и бесстрастного подчинения человека божественной воле) изобличает поистине удивительный мистик Рюсброк. См. *Rusbrock l'Admirable, traduit par E. Hello*, с. 20–26.

100 – Все, что было значительного и глубокого во французской литературе второй половины XIX в., связано с католичеством.

101 – Античная культура – происхождения культового, религиозно-языческого, сакраментального. Эта язычески-религиозная плоть культуры вошла в католичество. Символика католической культуры связана глубоко с символикой культуры языческой. Но символика культуры всегда имеет истоки или религиозно-языческие, или религиозно-христианские. Рационалистическое просвещение антисимволично и антикультурно.

102 – Великая германская культура – детище протестантской мистики, а не протестантского рационализма. А такие явления германской культуры, как Гете и Новалис, Фр. Баадер и Шеллинг, Шопенгауэр и Р. Вагнер, вообще с протестантизмом имеют мало общего.

103 – «Чаша св. Грааля» – один из символов западноевропейской средневековой культуры, получивший первую литературную обработку в незавершенном романе Кретьена де Труа (XIII в.) «Персеваль, или Повесть о Граале». В этом романе святыня, хранящаяся в труднодоступном замке Грааль, отождествлена с одним из

важнейших атрибутов таинства Евхаристии – чашей для причащения «кровью Господней». В позднейших переделках, подражаниях и продолжениях этой литературной темы Грааль был переосмыслен либо как камень ветхозаветного пророка Даниила, либо как алхимический «философский камень», либо как талисман кельтской мифологии. Например, в романе Вольфрама фон Эшенбаха «Парцифаль» (закончен около 1210 г.) Грааль изображен уже как волшебный камень.

НИКОЛАЙ АЛЕКСАНДРОВИЧ БЕРДЯЕВ

Николай Александрович Бердяев (1874–1948) – выдающийся философ, мыслитель, писатель, один из крупнейших представителей религиозной философии XX века. Его жизнь и творчество являются ярким примером поисков гармонии между личной свободой, религиозной верой и философской мыслью.

Бердяев родился в Киеве в семье потомственных дворян. С ранних лет проявил склонность к размышлению и интерес к гуманитарным наукам. Получив блестящее образование, он изучал философию и естественные науки в Киевском университете, где вскоре увлёкся марксизмом. В молодости он активно участвовал в революционной деятельности, за что был арестован и выслан в ссылку. Этот опыт заставил его пересмотреть свои взгляды.

Ключевым поворотом в его жизни стало осознание ограниченности материалистических теорий. Бердяев начал углубляться в религиозную философию, что привело к его разрыву с марксистским движением. С конца 1900-х годов он стал видной фигурой в русской религиозно-философской мысли. Его идеи находили отклик у таких мыслителей, как Сергей Булгаков, Павел Флоренский и Василий Розанов.

После революции 1917 года Бердяев оставался в России, продолжая работать над своими философскими трудами. Однако в 1922 году он был выслан из страны на так называемом «философском пароходе». Этот вынужденный изгнанник обосновался сначала в Берлине, а затем в Париже, где продолжал писать и читать лекции. Несмотря на тяжёлые условия эмиграции, Бердяев сумел создать ряд значительных трудов, включая «Философию свободы» и «Смысл истории».

В своих работах Бердяев поднимал темы свободы, творчества, личности, метафизики зла и отношения человека к Богу. Он был сторонником персонализма – философии, которая ставила личность в центр мироздания. Его идеи оказали влияние на многие поколения философов и теологов как в России, так и за её пределами.

Скончался Николай Александрович Бердяев в 1948 году в Кламаре (Франция). Его наследие продолжает вдохновлять всех, кто стремится осмыслить роль свободы в жизни человека и общества.

Православная библиотека – Orthodox Logos

- *Песня церкви - Праведники наших дней* – Артём Перлик
- *Сказки* – Артём перлик
- *Патристика* – Артём Перлик
- *Следом за овцами - Отблески внутреннего царства* – Монахиня Патрикия
- *Откровенные рассказы странника духовному своему отцу*
- *Семь слов о жизни во Христе* – праведный Николай (Кавасила)
- *О молитве* – святитель Игнатий (Брянчанинов)
- *Об умной или внутренней молитве* – преподобный Паисий (Величковский)
- *В помощь кающимся* – святитель Игнатий (Брянчанинов)
- *Христианство по учению преподобного Макария Египетского* – преподобный Иустин (Попович), Челийский
- *Философские пропасти* – преподобный Иустин Челийский (Попович)
- *Священное Предание: Источник Православной веры* – митрополит Каллист (Уэр)
- *Толкование на Евангелие от Матфея* – святой Феофилакт Болгарский, архиепископ Охридский
- *Толкование на Евангелие от Марка* – святой Феофилакт Болгарский, архиепископ Охридский
- *Толкование на Евангелие от Луки* – святой Феофилакт Болгарский, архиепископ Охридский
- *Толкование на Евангелие от Иоанна* – святой Феофилакт Болгарский, архиепископ Охридский
- *Таинство любви* – Павел Евдокимов

- *Мысли о добре и зле* – святитель Николай Сербский (Велимирович)
- *Миссионерские письма* – святитель Николай Сербский (Велимирович)
- *Живой колос* – праведный Иоанн Кронштадтский (Сергиев)
- *Дидахе. Учение Господа, переданное народам через 12 апостолов*
- *Домострой* – протопоп Сильвестр
- *Лествица или Скрижали духовные* – преподобный Иоанн Лествичник
- *Слова подвижнические* – преподобный Исаак Сирин Ниневийский
- *Миссионерские письма* – святитель Николай Сербский (Велимирович)
- *Точное изложение православной веры* – преподобный Иоанн Дамаскин
- *Беседы на псалмы* – святитель Василий Великий
- *Смысл жизни* – Семён Людвигович Франк
- *Философия свободы* – Николай Александрович Бердяев

www.orthodoxlogos.com

www.ingramcontent.com/pod-product-compliance
Lightning Source LLC
Chambersburg PA
CBHW060551080526
44585CB00013B/522